에이플러스 공무원 면접

시대에듀

머리말

공무원, 이제 여러분의 차례입니다.

공무원 수험생 여러분, 필기시험의 합격을 진심으로 축하드립니다. 지금 이 순간 필기시험 합격의 기쁨과 함께 면접에 대한 불안감을 느끼는 수험생들이 많으리라 생각됩니다. 과거의 공무원 면접은 요식행위로써 특별한 문제가 없는 한 합격 가능한 통과의례 정도로 여겨졌던 때도 있었습니다. 그러나 시대에 변화에 따라 공무원 면접에도 다양한 시도가 있었고, 최근 공무원 면접의 경우 응시자의 공직가치관, 공직적합성, 직무능력을 실질적으로 평가하려는 성향이 강합니다. 이를 위해 면접 평가요소를 개편하기도 하는 등 면접 준비의 중요성이 그 어느 때보다 커진 상황입니다.

면접은 블라인드 방식으로 응시자의 신상정보나 성적 등 주요 사항을 비공개로 진행하고 있으며, 발표와 자기기술서를 바탕으로 한 경험상황 면접을 통해 응시자의 역량을 면밀히 파악하는 방향으로 변화하고 있습니다. 따라서 수험생 여러분께서는 공무원 최종 합격을 좌우하는 면접을 보다 철저하게 대비해야 할 것입니다.

막막해 보이는 공무원 면접도 면접 평가요소를 바탕으로 추론해 보면 대략의 윤곽이 그려집니다. 본서는 최신 공무원 면접의 출제 경향과 기출문제를 철저히 분석하여 쉽고 빠르게 공무원 면접을 대비할 수 있도록 구성하였습니다.

독일 속담에 "Ende gut, alles gut(끝이 좋아야 모든 게 좋다)."라는 말이 있습니다.
공직으로 나서기 전 마지막 관문 앞에 선 수험생 여러분께 승리의 여신이 함께하길 바랍니다.

시대에듀 적성검사연구소 편저자 일동

자격증 • 공무원 • 금융/보험 • 면허증 • 언어/외국어 • 검정고시/독학사 • 기업체/취업
이 시대의 모든 합격! 시대에듀에서 합격하세요!
www.youtube.com ➡ 시대에듀 ➡ 구독

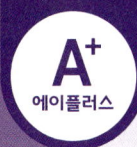

이 책의 구성

PART 01
공무원 면접 Warm Up

합격생 후기부터 면접 기본 지식, 평가요소 등 면접의 전체적인 내용을 알기 쉽게 수록하였습니다.

PART 02
실전 공무원 면접

공무원 면접 4대 평가요소에 맞춰 풍부한 면접 기출 질문을 분류하고 예상 답변을 제시하였습니다.

PART 03
부록

최신 이슈 · 상식, 공무원 헌장 등 공무원 면접시험 준비에 도움이 될 만한 다양한 정보들을 수록하였습니다.

공무원 면접의 이모저모

01 2024 공무원 면접의 대표 키워드 '공직가치'와 '공직 전문성'

2024년 시행된 공무원 면접의 대표 키워드는 여전히 '공직가치'와 '공직전문성'이었다. 면접은 일반적으로 개인발표와 경험 및 상황 면접으로 구성된다. 발표 면접에서는 주로 주제문을 통해 '공직가치'를 도출해내는 유형이 출제되었으며, 지원하는 직무 관련 정책이나 현안 등을 미리 준비해두어야 하는 질문들도 출제되었다. 발표 면접에 이어 진행되는 경험 및 상황 면접에서는 공직 가치관, 직무 수행 능력을 심층적으로 검증하는 질문들이 출제되었다.

02 공개경쟁채용시험 필기시험 합격자 면접시험 포기등록

2018년 시험부터 필기시험 합격자를 대상으로 면접시험 응시 의사를 확인하고, 응시자격 등의 관련 정보를 확인하기 위해서 온라인(인터넷)등록을 통해 면접 대상자를 확인하고 요건 해당 시 추가합격자를 결정하기로 하였다. 따라서 면접시험을 포기하고자 하는 수험생은 합격자 발표 시 공지하는 기간 내에 반드시 온라인 등록을 하여야 하고, 필기시험 합격자 중 동 기간 내 포기등록을 하지 않으면 자동으로 면접 등록이 된다.

03 직무역량 중심 채용 추진

블라인드 채용 정착을 위해 전문 면접관 양성교육, 구조화된 면접문제 연구개발 및 공무원시험 전용 면접장을 확보해 안정적인 면접평가 환경을 구축한다.

안정적인 면접환경 구축

전용 면접장 확보

면접시험 출제 매뉴얼 제작

면접 강화

전문 면접관 양성·활용

블라인드 채용

면접시험 운영방식 및 합격자 결정기준

※아래 내용은 변동 가능하니 시행처의 최신 공고를 확인해 주세요.

◉ 블라인드(無자료) 면접
1. 2005년부터 응시원서에서 학력란 기재항목 삭제
2. 면접시험 위원에게 응시자의 출신학교, 경력, 시험성적 등을 일체 미제공

◉ 면접위원 수 및 면접 운영방식

구분	면접위원	면접방법 / 시간
7급 공채	3인 1조	• 경험·상황 면접과제 작성(20분) • 개인발표문 작성(30분) • 개인 발표 및 경험·상황 면접(40분)
9급 공채	2인 1조	• 경험·상황 면접과제 작성(20분) • 5분 발표 과제 검토(10분) • 5분 발표 및 경험·상황 면접(30분)

※ 직급 및 직무별로 면접기법과 면접시간은 다르게 할 수 있으나, 동일 직급(직무) 지원자에게 할당되는 면접시간은 동일

◉ 면접위원 선정·운영 및 면접조 편성
1. 공정·엄정한 면접시험 집행을 위해 면접위원 선정 담당부서(시험출제과)와 면접시행부서(공개채용과)를 분리 운영
   - ▶ 엄선된 면접위원 명단은 면접 당일까지 외부와 일체 격리된 국가고시센터에서 대외비로 관리하다가 면접 당일에 면접시험 장소로 인계
   - ▶ 면접시험 시행부서 통제하에 면접위원을 무작위 추첨하여 각 면접조에 배정
2. 면접조가 최종 확정된 후, 면접위원과 응시생들에게 각각 제척·기피·회피 사유 해당 여부를 확인
3. 면접시험장에서 응시생과 면접위원이 상호 접촉할 수 없도록 철저히 통제하여 면접위원과 응시생들과의 사전담합 등을 원천적으로 봉쇄

면접시험 평정요소 및 합격자 결정방법

❶ 평정요소
- ▶ 소통·공감
- ▶ 창의·혁신
- ▶ 헌신·열정
- ▶ 윤리·책임
- ▶ 시험실시기관의 장이 필요하다고 인정하는 평정요소

❷ 평정방법: '우수', '보통', '미흡' 등급으로 구분

우수
위원의 과반수가 4개 평정요소 모두를 "상"으로 평정한 경우

보통
그 외의 경우

미흡
위원의 과반수가 4개 평정요소 중 2개 항목 이상을 "하"로 평정하거나, 위원의 과반수가 어느 하나의 동일한 평정요소에 대해 "하"로 평정한 경우

❸ 합격자 결정방법: 면접시험 결과(판정 등급)와 필기시험 성적 등에 따라 최종 합격사 결정

우수
7·9급 필기시험 성적순위에 관계없이 '합격'. 다만 우수 등급을 받은 응시자의 수가 선발예정인원을 초과하는 경우에는 추가 면접시험(심층면접) 실시

보통
우수 등급을 받은 응시자 수를 포함하여 선발예정인원에 달할 때까지 7·9급 필기시험 성적이 높은 사람부터 차례대로 합격

미흡
7·9급 필기시험 성적순위에 관계없이 '불합격'. 다만 미흡 등급을 받은 응시자의 수가 탈락예정인원을 초과하는 경우에는 추가 면접시험(심층면접) 실시

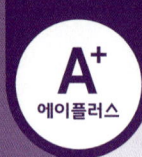

이 책의 목차

PART 1 공무원 면접 Warm Up

CHAPTER 01	합격생이 말해 주는 The Real 면접 후기	3
CHAPTER 02	면접 일반	10
CHAPTER 03	자기기술서	36
CHAPTER 04	5분 발표	46
CHAPTER 05	주제 발표(PT 면접)	55
CHAPTER 06	집단토의	68

PART 2 실전 공무원 면접

CHAPTER 01	소통 · 공감	83
CHAPTER 02	헌신 · 열정	98
CHAPTER 03	창의 · 혁신	139
CHAPTER 04	윤리 · 책임	154

PART 3 부록

CHAPTER 01	최신 이슈	175
CHAPTER 02	상식	192
CHAPTER 03	공무원 헌장	240
CHAPTER 04	NCS 기반 면접 알아보기	248
CHAPTER 05	인성검사	250

PART 01

공무원 면접 Warm Up

Chapter 01	합격생이 말해 주는 The Real 면접 후기
Chapter 02	면접 일반
Chapter 03	자기기술서
Chapter 04	5분 발표
Chapter 05	주제 발표(PT 면접)
Chapter 06	집단토의

우리의 모든 꿈은 이루어질 것이다.
그것을 밀고 나갈 용기만 있다면.

- 월트 디즈니 -

Chapter 01 | 합격생이 말해 주는 The Real 면접 후기

국가직 9급 일반행정직 합격자 ○○○

※ 수록된 내용은 실제 면접을 본 응시자(국가직 9급 일행직)의 의견을 바탕으로 작성된 것입니다. 면접 대비 시 참고해 주시기 바랍니다.

01 면접 진행 시나리오

1. 면접 진행 순서

공무원 면접은 '면접시험장(응시자 대기장) 이동 → 응시자 교육/각종 서식 작성 → 대기 → 5분 발표 과제 검토 → 신분 확인 및 입실 → 면접'의 순서로 진행됩니다. 각 과정에 따라 진행되는 일들에 대해서 설명 드리면 다음과 같습니다.

(1) 면접시험장(응시자 대기장) 이동

공무원 면접은 오전/오후조로 나눠서 진행됩니다. 응시표와 신분증, 필기구를 지참해서 오전조는 8시까지, 오후조는 12시 20분까지 면접장에 입실해야 합니다. 지정된 시간 이후에는 입장이 불가능하니 오전조이신 분들이라도 지방에 사신다면 근처에 숙소를 예약하셔서 하루 전 숙박하시는 것을 추천드립니다. 저도 예전에 어떤 분 면접 후기에서 보았는데 지방에 사시는 분이 당일에 시간 맞춰 가시려다가 늦게 도착하셔서 면접을 보지 못하신 적이 있다고 하셨습니다. 확인해 보시면 **면접시험장까지 가는 셔틀버스가 있으니 셔틀버스나, 택시 등 본인 선택에 따라 면접시험장으로 늦지 않게만 이동하시면 될 것 같습니다.**

(2) 응시자 교육/각종 서식 작성

면접시험장에 도착하신 후 응시 조와 번호, 순서 등을 확인하시고 대기장에 들어가셔서 본인의 응시 조 테이블 혹은 의자에 비치된 명찰을 가슴에 패용하고 착석하시면 됩니다.

자신의 조 및 순번은 사이버 국가고시센터 홈페이지(http://www.gosi.kr)에서 미리 확인하실 수 있으며, 코로나19 등 감염병 예방 및 혼잡 방지를 위해 면접 일자별 응시대상자에게 본인의 조 및 순번이 휴대전화 문자메시지로 전달됩니다. 저는 면접시험장에 일찍 도착해서 그런지 도착한 이후에 문자메시지를 받았습니다.

대기장에서 오리엔테이션을 한 후에는 작은 지퍼백과 조별로 큰 지퍼백이 주어지는데 이 지퍼백에 각자 가져 온 전자기기를 제출합니다. 전자기기를 제출한 뒤에는 20분간 경험·상황 면접 과제를 작성하고, 면접시험 평정표(2매)까지 작성합니다. 나중에 긴장해서 본인이 개별질문지에 어떻게 작성했는지 잊어 버릴 수 있기 때문에 개별질문지에 작성한 내용들을 따로 메모해 두시는 것을 추천드립니다.

(3) 대기

개별질문지 작성 후에는 화장실을 갈 수 있는 대기시간이 주어집니다. 이때 개별질문지에 어떠한 내용을 작성했는지 메모해 둔 사항들을 잊어 버리지 않도록 확인하며 되새기기 바랍니다.

(4) 5분 발표 과제 검토

개별 면접실로 이동하기 전에 발표문 검토장에서 앞서 작성한 '5분 발표 과제'를 10분간 검토합니다. 발표문 검토장에 입실하면 필기구를 제외한 모든 소지품은 가방에 넣어야 합니다. 주어진 작성 시간 이후에 추가로 작성하는 것이 발견되면 부정행위로 간주되기 때문에 10분 안에 검토를 마쳐야 합니다.

(5) 신분 확인 및 입실, 면접

① 5분 발표 과제 검토 이후에는 면접실로 이동합니다. 면접실로 이동하였는데 로비에 자녀들과 함께 오신 부모님들이 많으셨습니다. 혹시, 부모님과 함께 가시는 분들은 이동 중에 부모님이 인사해도 인사하시면 안 됩니다. 인사하지 말라고 하십시오.

② 면접장에 도착해서는 시험관리관에게 다시 응시표와 신분증을 제출한 후 본인 여부를 확인합니다. 대기하고 있다가 벨 소리가 울리면 입장합니다. 노크하고 면접실 문을 닫은 후 인사하고 소개를 합니다. 평정표는 오른쪽에 있는 면접위원에게 제출 후 앉으라고 말씀을 하셔서 제출 후 앉았습니다. 면접위원 분들과 마주보고 앉게 되면 면접시험장에 도착했을 때나 대기하고 있었을 때보다 더 큰 긴장감이 밀려옵니다. 긴장한 상태에서도 면접을 잘 진행하기 위해서는 사전에 여러 번 시뮬레이션해 보는 것이 좋을 것 같습니다.

③ 면접위원 분들께서 마지막으로 하고 싶은 말이 있는지 물어보시는 분들도 많았다고 하는데 저에게는 면접 시간이 빠듯했던 탓인지 물어보지 않으셨습니다. 하지만 많은 분들에게 면접위원들이 물어보시면 없다고 하지 말고 **마지막으로 최대한 자신을 어필해야 한다**고 들었는데, 그런 점에서 많이 아쉬웠습니다.

(6) 종료

면접이 끝나면 정신이 없더라도, 꼭 면접위원 분들께 바른 자세로 인사하고, 나오는 것 잊지 마세요. 면접이 끝나고 나갈 때까지가 면접의 과정이니, 마지막까지 좋은 인상을 남겨 주는 것이 좋을 것 같습니다.

[2024 국가직 면접 특이사항]

2024년 국가직 면접의 경우, 인사혁신처가 행정환경 변화에 대응하여 공무원 인재상을 새롭게 정립하고 면접 평정요소를 개정한 후(2023.8.1.) 실시한 첫 면접이었습니다. 2024년 국가직 면접 내용은 대부분 인적성, 공직관, 지역정책 및 업무에 대한 이해, 시사 관련 질문 등으로 면접 내용에 있어서 이전과 다른 큰 변화는 보이지 않았습니다. 면접 빈출 질문을 중심으로 기존에 면접을 준비하던 방식대로 준비하는 것이 좋겠습니다.

[2024 지방직 면접 특이사항]

2024년 지방직 면접의 경우, 일부 지역은 5분 발표 면접을 실시하지 않았습니다. 이는 변동 가능한 사항이니 시행처의 최신 공고를 잘 확인하고 준비하는 것이 중요합니다.

02 합격생이 들려 주는 생생 면접 Tip

1.
면접 준비(스터디, 강의 수강, 교재에 대해서)

힘들게 공부해서 필기시험에 합격한 만큼 면접 준비를 더욱 철저히 하기 위해서는 스터디를 해야 하는지, 강의를 수강해야 하는지, 어떠한 교재를 사야 하는지 등 고민이 많을 것 입니다. 하지만 '어떤 것이 정답이다.'라고 말할 수는 없는 것 같습니다. 제 주변에도 면접 교재를 사서 참고하고 스터디를 진행했다는 사람도 있고, 선생님 강의를 들었다는 사람도 있어서 정말로 천차만별인 것 같습니다.
하지만 저도 그렇고 합격한 사람들이 하나같이 느끼는 것은 실제 말로 많이 연습해 보는 것이 중요하다는 것입니다. 그렇기 때문에 스터디를 진행하거나 강의를 들으면서 모의 면접을 하는 사람들이 많은 것 같습니다. 많은 분들이 머릿속에서는 생각이 나는데 긴장이 돼서 말로는 표현이 안 되는 경우를 경험해 보셨을 것입니다. 면접장에서 그런 불상사가 발생하지 않게 하려면 말로 많이 연습해 보는 것이 정말로 중요합니다. 스터디나 선생님 강의를 들어서 모의 면접을 진행할 수 있으신 분들이라면 창피하다거나 귀찮다고 생각하지 마시고 최대한 많이 말로 연습해 보시는 것을 추천드립니다.

물론 교재를 통해 혼자서 준비하시는 분들도 말로 많이 해보시면 좋습니다. 저는 스터디를 했지만 교재로 준비하시는 분은 반드시 최신 교재를 구입하셔서 최신 정보를 얻으시고 교재별로 수록되어 있는 기출 복원 질문의 답을 글로 써 보신 후에 거울 앞에서 반드시 실제로 말해 보시면 좋을 것 같습니다. 예전에 어떤 분은 녹음해서 본인 음성을 들어 보셨다고 하셨는데 그것도 좋은 방법이라고 생각합니다.

2.
면접질문

(1) 면접실 분위기는 어떠한지?

공무원 시험의 마지막 절차인데다 합격 후에는 함께 업무를 진행할 상급자인 면접위원과 면대면으로 진행되기 때문에 면접을 필기시험보다 더 걱정하고 긴장하는 분들이 많다고 생각합니다. 물론, 저도 마찬가지였습니다. 하지만 실제 경험해 본 면접실의 분위기는 생각했던 것보다 괜찮았습니다. 함께 일할 예비 동료로 생각해 주셔서인지, 아니면 본인들의 자녀들과 비슷한 나이 또래라고 생각해서 그러시는 것인지는 모르겠지만 **긴장을 풀고 편하게 답변할 수 있도록 배려해 주신다는 것이 느껴졌습니다.** 물론 너무 긴장을 풀면 안 되겠지만 적당한 긴장감만 가지고 자신감 있게 면접에 임하신다면 본인 실력을 모두 발휘하실 수 있을 것이라 생각됩니다.

(2) 아는 것을 모두 설명하는 것이 좋은지, 핵심만을 설명하는 것이 좋은지?

면접 진행 시간은 정해져 있기 때문에 두괄식으로 간략하게 답변하는 것이 매우 중요합니다. 물론 자신을 어필하기 위해 최대한 자세하고 많은 내용을 이야기하고 싶을 수 있지만 아는 내용이라고 신이 나서 또는 자신을 더욱 어필해야겠다는 생각에 장황하게 말하다 보면 사실과 다른 내용을 말할 수 있습니다. 경험형 질문의 경우에는 면접위원들이 이를 알아채지 못할 수 있지만 공직가치나 지원한 직렬과 관련된 정책에 대한 질문에 대해서 잘못 이야기한다면 실무를 진행하고 있는 면접위원들은 응시자들보다 더 자세히 알고 있는 사항들이므로 안 좋게 받아들여질 수 있습니다. 따라서 이러한 불상사를 방지하기 위해서라도 면접에서는 두괄식으로 핵심만을 설명하여야 합니다.

(3) 면접 질문별로 구체적으로 준비해야 할 내용

① 공직가치

공직가치에 관한 문제는 직렬을 가리지 않고 매년 출제되고 있다고 합니다. 면접위원 입장에서 공무원의 의무, 공직관, 공직가치를 묻는 질문은 응시자가 임용 후 공직에 들어왔을 때 어떻게 행동할 것인지 미리 알아보기 위한 질문이기 때문에 안정적인 직장을 위해서 공무원에 지원하였더라도 너무 솔직한 것보다 본인이 얼마나 공직에 어울리는 사람인지 더욱 어필하는 것이 중요합니다. 그러기 위해서는 면접 준비할 때 공무원 헌장과 공무원의 의무를 반드시 읽어 보셔야 합니다. 해당 내용을 직접적으로 묻지는 않지만 특정 사례나 제도를 제시하고 이와 관련된 공직가치를 묻는 질문이나 본인은 어떻게 행동할 것인지 등을 묻기 때문에 암기하고 이에 대해 사전에 많이 생각해 보시면 좋습니다.

② 지원한 직렬에 대한 정보

지원한 직렬에 대한 전문 지식이나 지역의 현안에 대해 질문도 많이 물어보는 것 같습니다. 특히 지방직이나 서울시에서 더욱 많이 물어본다고 합니다. 요즘 공무원들에 대한 불만들이 많아지면서 공직 전문성을 강화하기 위한 질문 같습니다. 면접 준비하시면서 지원한 직렬이나 지역의 관공서 홈페이지에 들어가서 정책이나 최근 뉴스들은 알아 두시면 좋습니다. 그리고 전문 지식의 경우에는 공부하셨던 선택 과목에서 지원한 직렬과 관련된 용어들을 따로 정리해서 반복해 보시는 것을 추천드립니다.

3. 면접 당일 복장

공무원 면접시험 응시 요령 안내에서는 단정한 평상복 옷차림을 권장하지만 해당 내용을 따라 평상복 옷차림으로 면접에 가신다면 크게 후회하실 겁니다. 면접장에 가면 남성이고 여성이고 할 것 없이 거의 대부분이 정장에 구두를 신고 옵니다. 정장은 결혼식이나 장례식 등 필요한 곳이 많기 때문에 정장을 하나 구비해 두시면 좋을 것 같습니다. 그렇다고 정장을 반드시 사시라는 말씀은 아닙니다. 앞으로 정장을 입을 일이 별로 없을 것 같다고 생각되시는 분들은 지방자치단체별로 면접용 정장 무료 대여 사업을 실시하고 있는 곳들이 많기 때문에 해당 서비스를 통해 대여하시는 것을 추천합니다.

지원 품목 및 대상, 내용 등이 지자체별로 상이할 수 있으니 자신이 거주지 혹은 주소지별 지자체 홈페이지 등에서 상세 내용을 살펴보시기 바랍니다.

4. 마지막으로 해주고 싶은 말

공직에 계신 분들이라 매우 엄격하고 면접도 매우 딱딱할 것 같다고 걱정하지 않으셔도 됩니다. 오히려 일반 사기업 입사 면접보다도 압박 면접이나 얼굴을 붉히게 하는 질문들은 없습니다. 또 면접위원 분들이 '긴장한 것 같은데 편하게 하세요.', '좋은 결과가 있으시길 빌어요.', '같은 부서에서 일할 수 있기를 빌어요.' 등과 같이 친절하고 분위기를 편안하게 만들어 주시는 말씀도 많이 해주시기 때문에 너무 긴장하지 않으셔도 됩니다. 그리고 어떻게 해서든지 미흡은 안 주시려고 중간에 말을 풀어나가는 데 힌트가 될 만한 키워드들도 이야기해 주시기 때문에 걱정하지 마시고 **자신감을 갖고 솔직하게 면접에 임하시면 좋은 결과가 있을 것입니다.**

Chapter 02 면접 일반

> 면접(Interview)을 통해서 필기시험으로는 파악하기 힘든 응시자의 가치관, 인성 및 태도 등을 평가할 수 있다. 또한 토의 면접, 개별 면접, 발표 면접 등을 통해 응시자를 다각도로 평가하는 것이 가능하다.

01 면접의 기본

1. 면접의 의의

(1) 면접의 의도

면접이란, 필기시험이 끝난 후 최종적으로 응시자의 인품, 언행, 지식의 정도 등을 알아보는 구술시험 또는 인물시험이다. 보통 필기시험 또는 서류전형으로 응시자의 기초 실력은 확인할 수 있으나 그것만으로는 응시자의 됨됨이를 모두 알 수 없기 때문에, 면접을 통해 잠재적인 능력이나 창의력 또는 업무추진력, 사고력 등을 알아내고자 한다.

(2) 면접의 의의

면접은 일반적으로 서류 심사와 직무적성검사 등을 실시한 후 최종적으로 응시자를 직접 만나 인성과 지식수준, 성장가능성 등을 평가하여 그 조직에서 필요로 하는 인재인지를 판단하는 시험이다. 면접시험은 응시자의 태도, 인물, 교양, 인생관 등 인성이나 발전 가능성, 의욕 등을 중점적으로 관찰하고자 하는 데 의미가 있는 것이므로 응시자도 필기시험에서와 같이 정답을 제시하려고 노력하기보다는 면접위원에게 진솔함을 전달할 수 있도록 노력하여야 한다.

(3) 면접의 추세

과거의 면접은 필기시험에 의해 채용이 거의 결정되고 난 뒤, 최종합격을 위한 형식적인 대면을 하는 정도였다. 그러나 **최근에는 필기시험(서류전형)에 의한 실력평가와 응시자의 잠재력이나 의욕 및 됨됨이를 보다 깊이 연구하고, 면접 기준을 점차 강화하는 추세**가 역력하므로, 최종합격을 위해서는 면접시험에 대한 철저한 준비가 필요하다.

2. 면접의 특징

(1) 대면성

면접위원과 응시자가 직접 대면하여 실제 목소리로 이야기를 듣고 표정을 보면서 상대의 반응을 즉각적으로 살핀다는 특징이 있다.

(2) 직접성

다른 사람이 대신 참여할 수 없으며 응시자 본인의 역량을 직접 평가받는다.

(3) 종합성

응시자의 외적 · 내적 특성을 종합적으로 평가한다.

3. 면접시험의 유형 및 대책

(1) 단독 면접

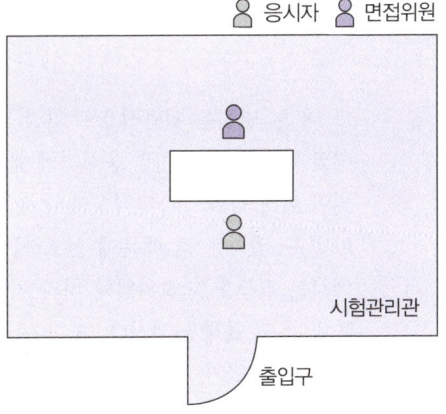

단독 면접이란 응시자와 면접위원이 일 대 일로 마주하는 형식을 말한다. 면접위원 한 사람과 응시자 한 사람이 마주 앉아 자유로운 화제를 가지고 질의응답을 되풀이하는 방식이다.

① 단독 면접의 장점

　필기시험 등으로 판단할 수 없는 성품이나 능력을 알아내는 데 가장 적합하다고 평가받아 온 면접 방식으로 응시자 한 사람 한 사람에 대해 여러 면에서 폭넓게 파악할 수 있다. 응시자의 입장에서는 한 사람의 면접위원만을 대하는 것이므로 상대방에게 집중할 수 있으며, 긴장감도 다른 면접 방식에 비해서는 덜한 편이다.
② 단독 면접의 단점
면접위원의 주관이 강하게 작용해 객관성을 저해할 소지가 있으며, 면접 평가표를 활용한다 하더라도 일면적인 평가에 그칠 가능성을 배제할 수 없다. 또한 시간이 많이 소요되는 것도 단점이다.
③ 면접 준비 Point
단독 면접에 대비해서는 **평소 일 대 일로 논리정연하게 대화를 나눌 수 있는 능력을 기르는 것**이 중요하다. 그리고 면접장에서는 면접위원을 선배나 선생님을 대하는 기분으로 면접에 임하는 것이 부담도 훨씬 적고 실력을 발휘할 수 있는 방법이다.

(2) 다 대 일 면접

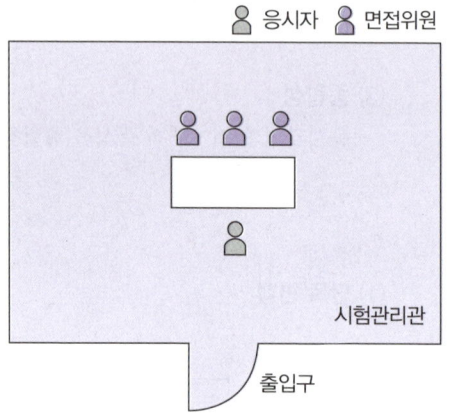

다 대 일 면접은 일반적으로 가장 많이 사용되는 면접 방법으로 보통 2~5명의 면접위원이 1명의 응시자에게 질문하는 형태의 면접 방법이다. 면접위원이 여러 명이므로 다각도에서 질문을 하여 응시자에 대한 정보를 많이 알아낼 수 있다는 점 때문에 선호하는 면접 방식이다. 하지만 응시자의 입장에서는 질문도 면접위원에 따라 각양각색이고 동료 응시자가 없으므로 숨 돌릴 틈도 없게 느껴진다. 또한 관찰하는 눈도 많아서 작은 실수라도 지나치는 법이 없기 때문에 정신적 압박과 긴장감이 높다. 따라서 응시자는 긴장을 풀고 한 사람이 묻더라도 면접위원 전원을 향해 대답한다는 기분으로 또박또박 대답하는 자세가 필요하다.
① 다 대 일 면접의 장점
집중적인 질문과 다양한 관찰을 통해 응시자가 과연 조직에 필요한 인물인가를 완벽히 검증할 수 있다.
② 다 대 일 면접의 단점
보통 면접 시간이 긴 편이고, 응시자에게 지나친 긴장감을 조성하는 면접 방법이다.

③ 면접 준비 Point

질문을 들을 때 시선은 면접위원을 향하며, 대답할 때에도 고개를 숙이거나 속삭이며 대답하는 소극적인 태도는 피한다. **면접위원과 대등하다는 마음가짐으로 편안한 태도를 유지하면** 대답도 자연스러운 상태에서 좀 더 충실히 할 수 있고, 이에 따라 면접위원에게 좋은 인상을 남길 수 있다.

(3) 집단 면접

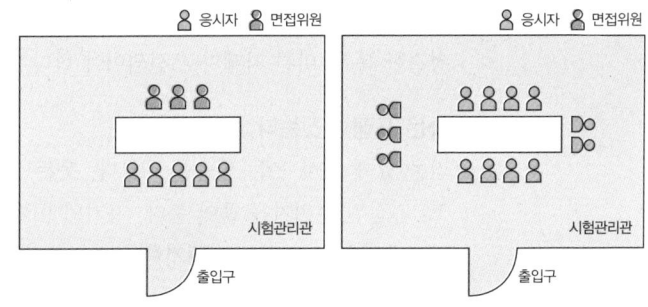

집단 면접은 다수의 면접위원이 여러 명의 응시자를 한꺼번에 평가하는 방식으로 짧은 시간에 능률적으로 면접을 진행할 수 있다. 각 응시자에 대한 질문 내용, 질문 횟수, 시간 배분이 똑같지는 않으며 모두에게 같은 질문이 주어지기도 하고, 각각 다른 질문이 주어지기도 한다. 또한 다른 응시자가 한 대답에 대한 의견을 묻는 등 그때그때의 분위기나 면접위원의 의향에 따라 변수가 많다. 집단 면접은 응시자의 입장에서 개별 면접에 비해 긴장감이 다소 덜한 반면에 다른 응시자들과의 비교가 확실하게 나타나므로 응시자는 몸가짐이나 표현력·논리성 등이 결여되지 않도록 **자신의 생각이나 의견을 솔직하게 발표하여 집단 속에 묻히지 않도록** 주의해야 한다.

① 집단 면접의 장점

집단 면접의 장점은 면접위원의 경우 비교 평가가 가능하기 때문에 결과적으로 평가의 객관성과 신뢰성을 높일 수 있고 응시자는 동료들과 함께 면접을 받기 때문에 긴장감이 다소 덜하다는 것을 들 수 있다. 또한 동료가 답변하는 것을 들으며, 자신의 답변 방식이나 자세를 조정할 수 있다는 것도 큰 이점이다.

② 집단 면접의 단점

응답하는 순서에 따라 응시자마다 불리한 점이 있을 수 있고, 면접위원의 입장에서는 개별 응시자에 대한 심화 질문이 제약적이다.

4. 면접 시 유의점

너무 자기 과시를 하지 않는 것이 좋다. 대답은 자신이 말하고 싶은 내용을 간단명료하게 말해야 한다. <mark>내용이 없는 발언을 한다거나 대답을 질질 끄는 태도는 좋지 않다.</mark>

집단 면접에 대비하기 위해서는 평소에 논리력을 계발하는 데 힘써야 하며, 다른 사람 앞에서 자신의 의견을 조리 있게 밝힐 수 있는 발표력을 갖추는 데에도 많은 노력을 기울여야 한다.

(1) 첫인상이 중요하다.

상대방에게 좋은 인상을 주지 않으면 어떤 얘기를 해도 전하고자 하는 바가 충분히 전달되지 않을 수 있다. 건강하고 참신한 이미지를 주기 위해서는 청결한 복장, 바른 자세가 우선되어야 한다.

(2) 좋은 표정을 짓는다.

거울 앞에 서서 웃는 연습을 해본다. 웃는 얼굴은 상대방을 편안하게 만들고, 긴장된 분위기를 풀어 준다. 자기의 이야기를 강하게 전하고 싶을 때는 상대방의 눈을 바라보며 얘기한다.

(3) 질문의 요지를 파악한다.

무엇을 묻고 있는지, 무슨 이야기를 하고 있는지 그 요점을 정확히 알아내야 한다. 질문의 요지를 파악할 수 없을 때는 주저하지 말고 "지금 하신 질문은 이러한 의미입니까?"라고 되물으며 의미를 이해한 다음에 대답해야 한다.

(4) 올바른 경어(敬語)를 사용한다.

올바른 경어를 사용하는 것은 간단해 보이지만 실제로는 그렇지가 않다. 경어는 시간·장소·지위 등의 환경이나 조건에 따라 구분해 쓰는 것이 중요하다.

(5) 자신 있는 부분에서 승부를 건다.

자신 있는 이야기는 설득력이 있으므로 질의응답 중 자기가 자신 있는 분야로 이야기를 끌어가야 한다. 또한 화제가 자신 있는 분야로 모아진다면 기회를 놓치지 않아야 한다.

(6) 불쾌한 질문에도 성의껏 대답한다.

불쾌한 질문을 받더라도 면접 중임을 명심하고 평정심을 잃지 않고 대답하는 것이 좋다. 또한 사소한 질문이라 생각되는 경우에도 성의껏 대답한다.

(7) 마지막 순간까지 최선을 다한다.

면접 질문에 대답을 못했거나 면접 분위기가 엉망이 됐다 할지라도 결코 도중에 포기해서는 안 된다. 모든 질문에 핵심을 찌르는 대답을 못했다 하더라도 끝까지 포기하지 않는 모습을 보이는 것이 중요한다.

(8) 결론부터 이야기한다.

결론을 먼저 이야기하고 나서 그에 따르는 설명과 이유를 나중에 덧붙이면 논지(論旨)가 명확하게 되고, 이야기가 깔끔하게 정리된다. 하나의 주제를 이야기하거나 설명하는 데는 3분이면 충분하다. 긴 이야기는 상대방을 지루하게 할 수 있다.

(9) 응시자 간의 실력에는 큰 차이가 없다는 것을 기억하라.

서류전형을 통과했다면 기본적인 능력에 있어서만큼은 인정을 받은 것이다. 동료 응시자가 학력이나 성적, 영어 실력이 뛰어나다고 해서 위축될 필요는 없다. 자신감을 가지고 당당하게 대응하는 것이 무엇보다 중요하다.

(10) 동료 응시자들과 서로 협조하라.

집단 면접의 경우 동료 응시자들과 이심전심으로 협력해야만 좋은 면접 분위기를 연출할 수 있다. 경쟁자로만 인식하지 말고 배려해 줄 수 있도록 하자. 특히 입실할 때나 퇴실할 때 순서를 잘 지키고 혼자만 먼저 앉는 등의 행동은 하지 않도록 한다.

(11) 답변하지 않을 때의 자세 또한 중요하다.

대부분의 응시자들은 답변하고 있을 때는 긴장하여 바른 자세를 유지하지만 답변이 끝나고 면접위원의 시선이 다른 응시자에게 향하면 자세가 흐트러지는 경우가 많다. 항상 동료 응시자의 답변 내용을 경청하면서 바른 자세를 유지하도록 한다.

(12) 개성 표현은 좋지만 튀는 것은 위험하다.

집단 면접에서 평범한 답변으로 좋은 점수를 기대하기는 힘들기 때문에 자신의 구체적인 경험이나 사실을 바탕으로 내실 있게 표현하며 개성을 드러내는 것이 중요하다. 그러나 다른 사람과 잘 융화되지 못할 것 같은 튀는 인상을 남겨서는 안 된다.

5. 면접 옷차림

노출이 심한 의상, 의자에 앉거나 걷는 데 불편한 의상은 피한다. 또한 면접장 안에서 모자, 장갑, 선글라스 등은 착용하지 않도록 한다.

2023년 국가직 면접에 이어 2024년 국가직 면접 공지사항에서도 간편복 차림을 추천하였다. 전반적으로 면접 복장에 대한 기준이 완화되는 추세라고 판단할 수도 있지만, 면접 옷차림은 정장이 기본 복장이며, 간편복 또한 지나치게 편한 옷차림이 아닌 적당히 예의를 갖춘 옷차림임을 고려해야 한다.

(1) 남성

① 헤어스타일
청결하고 깔끔한 인상을 주는 헤어스타일이 바람직하다. 젤이나 헤어스프레이 등을 이용하여 단정하게 마무리한다.

② 의상
상하 한 벌의 정장이 바람직하고 남색 또는 무채색 계열이 무난하다. 단색의 단조로움을 피하고 싶을 경우에는 가는 줄무늬나 체크무늬도 괜찮다. 기관에 따라 나름대로의 성향이 있으므로 그에 걸맞게 입는 센스가 필요하다.

③ 셔츠
흰색이 무난하지만 푸른색이나 베이지색 등 산뜻한 느낌을 주는 것도 좋다. 다만, 양복보다 밝은 색상을 선택하도록 한다. 그리고 와이셔츠의 칼라, 양복의 깃, 넥타이가 만나는 부분이 청결하고 단정한 느낌을 주어야 한다.

④ 넥타이
넥타이는 양복 및 셔츠의 색상과 조화를 이뤄야 하며, 넥타이를 맬 때는 선 자세에서 벨트를 살짝 가리는 정도의 길이가 적당하다.

⑤ 구두와 양말
검정색 구두가 단정하고 어떤 색의 양복과도 잘 어울린다. 그러나 양복의 색상이 갈색 계열인 경우에는 갈색 구두가 보다 잘 어울린다. 양말은 양복과 구두의 중간색이 적당하며, 흰색 양말은 절대 피해야 한다.

(2) 여성

① 헤어스타일
커트나 단발 스타일이 활동적인 느낌을 준다. 긴 머리의 경우에는 뒤로 묶는 것이 깔끔하고 단정하다. 앞머리는 눈을 가리지 않도록 주의하고 짙은 염색이나 강한 웨이브는 삼간다.

② 화장
자신의 분위기에 맞게 자연스럽고 밝은 이미지를 표현하는 것이 중요하다. 피부톤은 자신의 피부보다는 약간 밝은색으로 표현하되 번들거림이 없도록 한다.

눈썹은 자연스러운 곡선미를 살려 부드러운 느낌을 주도록 하고, 립스틱 색상은 너무 진하거나 어두운 색은 피한다. 색조 화장 시 브라운 톤은 이지적인 면을, 핑크 톤은 화사함을 표현하는 데 효과적이지만 진한 톤의 블러셔를 이용한 입체 화장은 피해야 한다.

③ 의상
단정한 스커트 투피스 정장이 좋으며, 슬랙스 수트 정장도 활동적인 이미지에 어울린다. 색상은 차분한 무채색이 무난하다.

④ 구두, 스타킹

구두, 스타킹은 통일감 있게 연출하는 것이 좋다. 구두는 심플한 디자인으로 굽이 너무 높아 불편한 것은 피한다.

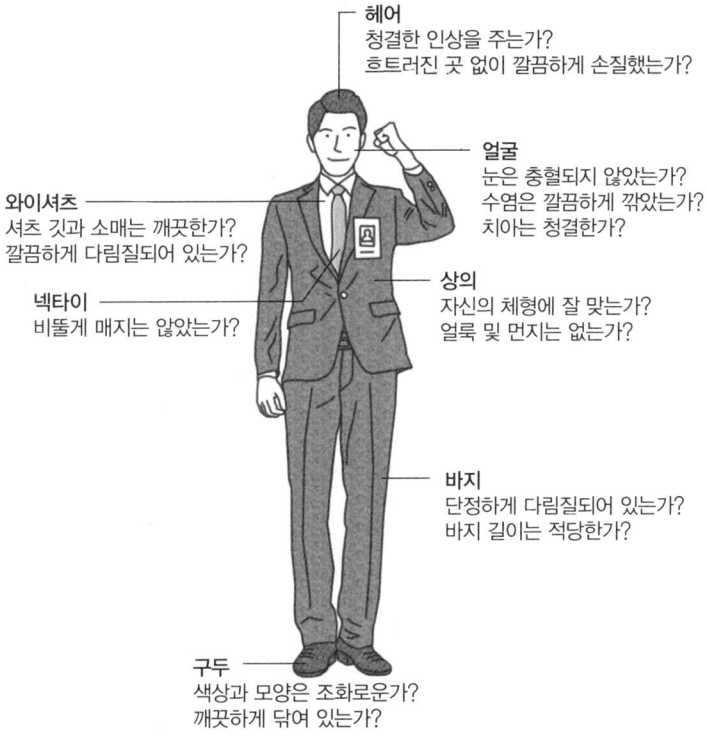

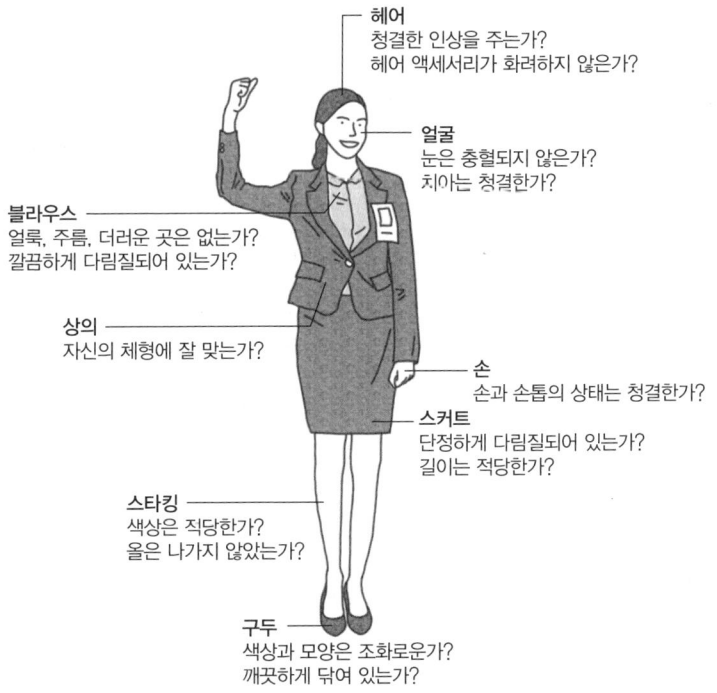

02 공무원 면접

1. 공무원 면접의 특징

국가직	9급	• 전체 과정: 자기기술서 작성(경험·상황 면접 과제, 20분) → 5분 발표 과제 검토(10분) → 면접장에서 본인 여부 확인 → 대면 면접 실시(30분) • 대면 면접 순서: 5분 발표(5분 이내) + 후속 질의·응답(5분 이내) → 경험·상황 면접(20분 이내)
	7급	• 전체 과정: 자기기술서 작성(경험·상황 면접 과제, 20분) → 개인 발표 과제 검토 및 작성(30분) → 면접장에서 본인 여부 확인 → 대면 면접 실시(40분) • 대면 면접 순서: 개인 발표(8분 내외) + 추가 질문(7분 내외) → 경험·상황 면접(25분 내외) * 7급의 경우 집단토의 면접이 있었으나, 2020년부터 2024년까지 실시되지 않았다. 집단토의 면접의 경우, 토의과제 검토·작성(10분) → 집단토의 면접(50분)의 순으로 이루어진다.
서울시	9급	• 전체 과정: 5분 발표 과제 검토(15분) → 신분 확인 → 대면 면접 실시(40분) • 대면 면접 순서: 5분 발표 + 후속 질문(15분 내외) → 개별역량 면접(25분) * 서울시의 경우, 9급과 7급 전부 사전조사서 작성이 없으며 대신 5개 평정 요소와 관련된 질문을 하는 개별역량 면접이 이루어진다. * 9급 면접은 7급 면접의 경험·상황 면접 과제처럼 정형화된 지원 동기와 상황형 질문이 빠진 형태로, 보다 유연하게 진행된다.
	7급	• 전체 과정: 개별역량 면접 과제 작성(20분) → 대면 면접(40분) • 대면 면접 순서: 개인 발표 + 후속 질문(15분 내외) → 개별역량 면접(25분) * 7급의 경우 본래 집단토의 면접이 있었으나, 2020년부터 2024년까지 실시되지 않았다. 집단토의 면접의 경우, 토의과제 검토·작성(10분) → 집단토의 면접(50분)의 순으로 이루어진다.
지방직	9급	• 전체 과정: 사전조사서(국가직의 자기기술서와 동일) 작성(15분) → 5분 발표 과제 작성(30분) → 면접장에서 본인 여부 확인 → 대면 면접 실시(30분) • 대면 면접 순서: 5분 발표(5분 내외) + 후속 질의·응답(5~10분 내외) → 경험·상황 면접(10~20분 내외) * 과제 작성 시간 및 면접 시간은 지역에 따라 차이가 있을 수 있다. * 지방직의 경우, 집단토의 여부는 지역에 따라 다르다. * 지방직의 경우, 임용기관에 따라 면접 전 인성검사를 실시하는 경우도 있다.
	7급	• 전체 과정: 사전조사서(국가직의 자기기술서와 동일) 작성(15분) → 5분 발표 과제 작성 및 검토(30분) → 면접장에서 본인 여부 확인 → 대면 면접 실시(30분) • 대면 면접 순서: 5분 발표(5분 내외) + 후속 질의·응답(5분 내외) → 경험·상황 면접(20분 내외)

※ 상기 내용은 일반적인 면접 절차이므로 실제 면접과 다소 차이가 있을 수 있습니다.

2. 일반적인 면접 절차

응시자 교육/각종 서식 작성
(출석 확인 및 면접시험 응시요령 교육/
경험·상황 면접 과제 작성 등/면접시험 평정표 작성)

▼

5분 발표 과제 검토
(7급의 경우 토의 과제 검토·작성/집단 토의 실시)

▼

신분 확인

▼

입실

▼

면접
[5분 발표 + 후속 질의·응답(10분 내외) + 경험·상황 면접(20분 내외)]

3. 면접 시 유의사항

 응시자 자기기술서와 5분 발표 과제 등은 미리 준비한 자료를 참고할 수 없다.

 일체의 전자 통신기기의 소지는 불가하며, 위반 시 부정행위자로 처리한다.

 입장 후부터 외부 출입이 금지되며, 흡연도 금지된다.

 면접 시에는 단정한 평상복 옷차림을 권장한다.

4. 2024년 공무원 면접 다시보기

(1) 공직가치에 관한 질문

2024년에도 공직가치에 대한 질문이 강세를 보였다. 또 다양한 직렬의 '5분 발표'에서 특정 사례나 제도를 제시하고 이와 관련된 공직가치에 대해 묻는 내용이 출제되었다.

[공직가치에 관한 5분 발표 주제(2024년)]

- 이순신 장군은 자신의 공적인 지위를 고려하여 율곡 이이와의 만남을 거절했다. 이를 공직가치과 관련하여 설명하시오. 24 국가직
- 공무원 행동강령 중 이권 개입 금지, 직위의 사적 이용 금지 등을 통해 도출할 수 있는 공직가치는? 24 국가직
- 부정청탁과 관련된 공직관은 무엇이며, 이는 왜 중요하다고 생각하는지? 24 국가직
- 소년법 제1조에 따르면 이 법은 보호소년에게 교정에 필요한 조치를 하고 적절한 환경을 제공하여 사회에 원활히 복귀하는 데 목적을 두고 있다. 여기서 찾을 수 있는 공직가치는 무엇인지 설명하시오. 23 국가직(교정직)

(2) 경험과 업무를 연결하는 질문

경험형 면접은 응시자가 공무원 임용 후 근무하고 싶은 기관과 담당하고 싶은 직무를 묻고 이를 위해 준비한 노력과 경험에 대해 질문하여, 응시자의 인성과 가치관, 공직자로서의 역량을 평가하는 문제들이 출제되었다.

- 공무원에게는 전문성과 창의성이 필요한데, 전문성과 창의성에 관련한 세부 방안에 대해 설명하고 전문성을 발휘해 성과를 낸 경험에 대해 설명하시오. 24 지방직
- 일을 할 때 힘들었던 적이 있는가? 이에 대한 극복 방법은? 24 국가직
- 업무에 가장 도움이 될 것이라 생각하는 자신의 능력과, 이 능력을 사용한 사례는? 24 국가직
- 평소 원칙을 지키는 편인가, 융통성이 있는 편인가? 그렇다면 원칙을 지켜(융통성 있게) 일을 처리한 경험이 있는가? 22 지방직

(3) 상황 제시형 질문

응시자에게 상황을 제시한 뒤 이를 통해 4가지 평정요소를 종합적으로 심사하는 상황 제시형 문제가 출제되었다.

상황 제시형 질문은 후속 질문을 통해 압박을 넣기도 하기 때문에 후속 질문까지도 일관성 있게 논리적으로 답변할 수 있어야 한다.

[상황 제시형 질문(2024년)]

- 보험 판매 급증으로 시간 내 모든 업무를 처리하지 못한 상황이다. 민원인들은 업무 연장을 요구하고 있으나, 규정상 업무시간은 준수해야 한다. 어떻게 대처할 것인가? 24 국가직
- 종합소득세 기간 동안 종합소득세 임시 신고센터를 행정복지센터 강당에 설치하는 일을 계획하고 있으나 세무서 방문이 익숙한 주민들의 혼란이 우려되는 상황이다. 이에 대해 어떻게 대처할 것인가? 24 국가직(세무직)

(4) 공직 전문성에 관한 질문

2024년에 실시된 공무원 면접에서도 공직 전문성의 강화를 위해 응시생이 지원한 직렬에 대한 전문 지식이나 지원한 지역의 현안 등에 대한 질문들이 출제되었다. 지엽적인 수준까지 요구하지는 않았지만 기본적인 지식과 주요 현안 정도는 미리 준비해 두어야 한다.

> **[전문성 관련 질문(2024년)]**
> - 공유서비스를 이용해본 경험에 대해 설명하고, 공유서비스가 기존업계와의 갈등을 해결할 방안은 무엇인지에 대해 설명하시오. 24 서울시
> - 아동복지와 관련한 우리 지역의 정책 및 사업에 대해 설명하시오. 24 지방직
> - 저출산과 지방 인구 감소에 대해 우리 지역이 추진 중인 사업에는 어떤 것이 있고, 응시자 본인이 생각하는 해결방안은 무엇인가? 24 지방직

5. 공무원 면접의 평정요소

인사혁신처는 행정환경 변화에 대응하여 국민 전체에 대한 봉사자로서 공무원의 인식·태도·가치 정립의 기준 필요성이 제기됨에 따라 공무원 인재상을 새롭게 정립하였으며, 그에 따라 면접 평정요소를 다음과 같이 개정(2023.8.1.)하였다. 각 평정요소는 개인발표 면접과 상황·경험형 면접을 통해 평가된다.

(1) 소통·공감

국민 전체에 대한 봉사자로서 국민과 함께 소통하고 공감할 수 있는지를 평가하는 요소이다. 국민 또는 행정 현장의 문제 상황 및 각종 수요에 대해 존중하는 마음으로 경청하고 상대방의 입장을 정확히 이해하려고 노력하며, 자신의 생각과 의견을 명확하게 전달하고 협력적인 태도로 이해관계를 조정하는 능력이 요구된다. 주로 경험·상황형 질문을 통해 평가되므로 관련 답변은 미리 준비해두는 것이 좋다.

(2) 헌신·열정

국가에 대한 헌신과 직무에 대한 열정적인 태도를 평가하는 요소로 자신의 이해관계보다는 소속 부서와 소속 부처 나아가 국가적 이해관계를 우선적으로 고려하고, 자신의 업무에 대한 자부심을 바탕으로 업무의 질을 높이고 성과를 얻기 위해 적극적으로 노력하는지를 평가한다. 주로 경험형 질문에서 직무 관련 활동 경험은 무엇인지, 열정적으로 활동했던 경험이 있는지 등의 형태로 출제된다.

(3) 창의·혁신

창의성과 혁신을 이끄는 능력을 평가하는 요소로 개편 전 평정요소인 '창의력, 의지력 및 발전가능성'과 유사한 요소이다. 판단력, 창의력, 전략적사고력, 변화관리 등이 중요하며 주로 상황형 질문에서 대처 방안에 대한 질문을 통해 다양한 관점으로 현상을 분석하고 새로운 시각으로 대안을 제시하며, 이를 실행하기 위한 계획을 우선순위를 정하여 추진할 수 있는지를 평가한다.

(4) 윤리·책임

공무원으로서의 윤리의식과 책임성을 평가하는 요소로 개편 전 평정요소인 '예의, 품행, 성실성'과 유사한 부분이 있다. 국민에 대한 봉사자로서 공무원이 갖추어야 할 윤리를 확립하고, 헌법과 법령을 준수하며 맡은 업무를 완성도 있게 수행하는지에 대해 평가한다. 9급 공무원의 경우 5분 발표를 통해 응시자의 공직관, 윤리관 등을 살펴보는 방식으로 평가한다.

4가지 평정요소 외에도 시험실시기관의 장이 필요하다고 인정하는 평정요소를 추가하여 평가할 수도 있다. 실제로 2024년 경력경쟁채용시험 중 민간경력채용 5·7급 시험과 중증장애인채용 시험에서 '직무 전문성'을 추가하여 5개의 평정요소로 면접을 실시하기도 했다.

[공무원 6대 의무]

「국가공무원법」 제7장 '복무' 규정에 따른 공무원 6대 의무는 다음과 같다.

- **성실의 의무**
  공무원은 법령을 준수해 직무를 성실히 수행해야 한다. 공무원에게 부과된 가장 기본적인 중요한 의무로 공공의 이익을 도모하고 그 불이익을 방지하기 위해 법령과 양심을 비춰 직무를 성실히 수행해야 한다.

- **복종의 의무**
  '공무원은 직무를 수행함에 있어서 소속 상관의 직무상 명령에 복종해야 한다. 다만 이에 대한 의견을 진술할 수 있다.' 공무원 업무의 특성상 명령체계가 정확하고 명확하게 갖춰져야만 업무가 제대로 진행될 수 있다. 그러므로 공무원들은 소속 상관의 직무상 명령에 복종해야 한다. 단, 상사의 지시에 복종하되, 상사의 의견이 옳지 않다고 생각하거나, 더 좋은 방안이 있다면 자신의 의견을 피력하는 유연성도 중요하다.

- **친절·공정의 의무**
  국민·주민 전체의 봉사자인 공무원은 업무를 임함에 있어, 친절·공정을 늘 숙지해야 한다. 이는 단순한 도덕상의 친절과 공정의 태도를 말하는 것이 아니라 법적 의무로, 위반하면 징계의 원인이 되기도 한다. 민원인에게 최대한 친절히 응대하고, 어느 한쪽에 치우치지 않고 공정하게 업무를 수행해야 한다.

- **비밀 엄수의 의무**
  재직 중은 물론 퇴직 후에도 직무 중 알게 된 사항에 대해 비밀을 엄격히 지켜야 한다. 자신이 처리한 직무에 관한 비밀뿐 아니라 직무와 관련해 알게 된 비밀도 포함된다.

- **청렴의 의무**
  직무와 관련해 직접적으로나 간접적으로 사례·증여 또는 향응 금지. 직무상 관계를 막론하고 증여하거나 증여받아서는 안 된다. 「부정청탁 및 금품 등 수수의 금지에 관한 법률」로 공무원의 청렴의 의무는 점점 더 강조되고 있으며, 교육·훈련 등을 통해 청렴도를 향상시키기 위해 노력하고 있다.

- **품위 유지의 의무**
  공무원은 직무의 내외를 불문하고 품위를 손상하는 행위를 하지 않아야 한다는 것으로, 공무를 수행함에 있어 공무원의 품위 손상은 개인은 물론이고 공직사회에 대한 국민의 신뢰를 실추시킬 우려가 있으므로 업무 수행 중은 물론이고, 이외에도 품위를 손상시킬 수 있는 행동을 하지 않도록 유의해야 한다.

[공무원 4대 금지 의무]

「국가공무원법」 제7장 '복무' 규정에 따른 공무원 4대 금지는 다음과 같다.

- 직장 이탈 금지
  공무원은 소속 상관의 허가 또는 정당한 이유 없이 직장을 이탈하지 못하며, 수사기관이 현행범이 아닌 공무원을 구속하고자 할 때 사전에 그 소속기관의 장에게 통보해야 한다. 아울러 직장뿐 아니라 출장지에서도 허위출장, 출장을 빙자한 개인용무, 사우나 등도 금지 사항에 속한다. 이 금지 행위를 위반한 경우에는 조사를 통해 징계조치된다.
- 영리 업무 및 겸직 금지
  공무원은 공무 이외의 영리를 목적으로 하는 업무에 종사하지 못하며 소속기관장의 허가 없이 다른 직무를 겸할 수 없다. 「국가공무원법」 제64조 그리고 「지방공무원법」 제56조에 의거해서도, 공무 이외의 영리를 목적으로 하는 업무에 종사하지 못하며, 소속기관장의 허가 없이 다른 직무를 겸할 수 없다. '영리를 목적으로 하는 업무'는 대통령령으로 정해져 있다. 유튜브 등의 인터넷 개인방송의 경우 '수익창출 요건'을 달성하면 소속기관장에게 겸직 허가를 받아 계속 활동할 수 있다.
- 정치 운동 금지
  공무원은 국민 전체의 봉사자로서 정당 가입, 특정 정당의 지지나 선거 운동에 참여해서는 안 된다.
- 집단 행위 금지
  공무원은 노동 운동이나 기타 공무 이외의 일을 위한 집단적 행위에 가담해서는 안 된다. 다만, 사실상 노무에 종사하는 공무원은 예외로 한다.

빈출 질문 답변 TIP

Q 자기 소개를 해보십시오(또는 1분간 자기 PR을 해보십시오).

A 이력서나 자기기술서에 있는 내용을 반복해서 말할 필요는 없으며, 자신의 장점에 대해 과장하지 않되 적극적으로 표현한다. 지나치게 겸허한 자세는 오히려 마이너스가 된다. "~하는 스타일이다.", "~하는 편이다."라는 표현보다는 자신의 성격이나 장점이 드러날 수 있는 구체적인 사건이나 경험을 예로 들어 설명한다.

직접 작성

Q 최근에 응시자 자신에게 가장 의미 있었던 일은 무엇입니까?

A 그 일을 통해 얻은 교훈은 무엇인지 함께 제시한다.

직접 작성

Q 지금 가장 후회하는 일은 무엇입니까?

A 자신의 경험 중 가장 후회되는 부분에 대해 임용 후 공직 생활에서는 반드시 보완하겠다는 의지를 보이고, 어떤 식으로 보완할 것인지에 대한 방법을 제시한다.

직접 작성

Q ○○을 할 줄 아십니까?

A 자신의 실력을 솔직히 말하고 앞으로 배우겠다는 의지도 함께 보여 준다. 구체적인 계획을 제시하는 것이 좋다.

> 직접 작성

Q 대학에서 동아리 활동은 어떤 것을 했습니까?

A 동아리 활동을 통해 무엇을 얻었는지를 강조하도록 한다. 중도에 그만두었을 경우, 그 이유를 대지 말고 그 대신에 한 일을 말한다.

> 직접 작성

Q 대학 생활에서 가장 잊을 수 없는 일은 무엇입니까?

A 가능하면 업무와 관련 있는 에피소드를 이야기하고, 구체적인 사건을 제시하며 본인이 어떤 역할을 했는지를 강조한다. 인상에 남는 일이 없다고 말하면 당연히 감점이다.

> 직접 작성

Q 창의성을 발휘해 본 경험이 있습니까?

A 자신이 과거 겪었던 상황에서 관행대로 하지 않고, 이전보다 더 나은 결과를 내거나 새로운 대안을 제시하여 문제를 슬기롭게 해결한 경험을 이야기한다.

> 직접 작성

Q 학과(전공)를 선택한 이유를 말해 보시오.

A 자신의 포부와 관련되기 때문이라고 말하는 것이 좋다. '점수에 맞추어서'라는 식의 이유는 적절하지 않다.

> 직접 작성

Q 응시자의 특기는 무엇입니까?

A 면접에서 특기는 낮추어 말하면 손해이므로 약간은 과장하여 말하는 것이 유리하다. 다른 사람들도 흔히 할 수 있는 특기가 아닌 남들이 못하는 것을 말한다. 구체적인 일화를 들어 설명하면 신뢰도를 높일 수 있다.

> 직접 작성

Q 다른 응시자들과 본인을 차별화할 수 있는 점은 무엇입니까?

A 남들에게 없는 나만의 장점을 이야기하고 이 장점이 다른 응시자들보다 더 직무에 더 적합하다는 점을 강조해야 하므로, 지원한 직무와 연계하여 설명하는 것이 좋다.

직접 작성

Q 자격증을 갖고 있다면 어떠한 것입니까?

A 지금까지 취득한 자격증을 말하고, 앞으로는 보다 수준이 높은 자격증을 취득하기 위해 노력하겠다고 말한다.

직접 작성

Q 실수하였던 이야기를 들려 주십시오.

A 실수나 실패담은 간결하게 말한다. 대신 실수나 실패를 통해 얻은 교훈과 앞으로의 대책을 말한다.

직접 작성

Q 지금까지 가장 힘들었던 일은 무엇입니까?

A 단순히 힘들었다거나 고생하였다는 말만 해서는 안 된다. 어떤 점이 어려웠으며, 그것을 어떠한 방법으로 극복하였는지, 또 극복한 의지와 방법을 임용 후 직무에도 반영할 수 있다는 점을 강조하여야 좋은 평가를 받을 수 있다.

직접 작성

Q 자신의 가치와 조직의 가치가 다르다면 어떻게 하겠습니까?

A 조직 생활에 잘 적응할 수 있는지 판단하기 위한 질문으로, 응시자가 개인과 조직의 차이를 얼마나 잘 극복하는지, 조직 속에서 얼마나 융통성을 잘 발휘할 수 있는지를 강조하여야 좋은 평가를 받을 수 있다.

직접 작성

Q 공무원의 장점과 단점은 무엇이라고 생각합니까?

A 장점부터 말한다. 단점부터 말하면 나쁜 인상을 줄 수 있다. 단점을 거론할 때에는 반드시 자기 나름의 해결책과 함께 말해야 한다. 해결책으로는 거창한 것을 이야기하지 말고, 작은 것을 재치 있게 제시하는 것이 좋다.

직접 작성

Q 장래의 꿈은 무엇입니까?

A 이 질문은 바로 단순히 장래희망이 아니라 지원 동기를 묻고 있음에 유의하여야 한다. 질문의 요지는 임용 후 이루려는 응시자의 계획이 무엇인가를 묻고 있는 것이다.

> 직접 작성

Q 10년 후 자신의 모습에 대하여 말해 보시오.

A 10년 후 당신의 개인 생활을 묻고 있는 것이 아니라 공직 생활을 통해 당신의 지금 계획이 어느 정도 성취될 것이며, 또 그때의 계획은 무엇인가를 묻고 있는 것이다. 10년 후 자신의 모습을 말할 때에는 반드시 직무와 관련시켜 말하여야 한다.

> 직접 작성

Q 삶의 보람은 무엇입니까?

A 질문의 요지는 임용 후 공직 생활에 있어서 삶의 보람을 묻는 것이다.

> 직접 작성

Q 조직 생활에 있어 중요한 것은 무엇이라고 생각합니까?

A 조직 생활에 있어 중요한 가치로는 소통, 배려, 협력, 연대 등 여러 가치가 있으며 이 중 개인적으로 가장 중요하게 생각하는 가치를 사례를 들어 설득력 있게 전달한다. 협력의 경우 연관하여 '타인과 협동하여 성과를 낸 경험이 있는가?'라는 꼬리 질문이 나올 수도 있다.

직접 작성

Q 어디까지 승진하고 싶습니까?

A 공직 내에서 구체적으로 어떠한 중요 역할을 맡고 싶은지에 대한 포부를 밝힌다.

직접 작성

Q 응시자가 가장 존경하는 인물은 누구입니까?

A 존경하는 인물을 말할 때에는 그 인물의 어떤 점을 존경하는지를 말하고, 그 존경하는 점을 자신도 본받겠다는 것을 강조하여야 한다.

직접 작성

Q 최근에 가장 관심을 갖고 있는 것은 무엇입니까?
A 사회 관심도에 관한 질문이므로 지원 동기와 연결시켜 말하는 것이 좋다.

직접 작성

Q 살면서 힘든 일이 생길 때 상의하는 사람은 누구입니까?
A 일반적으로 어려움을 느끼는 상황과, 이를 처리하는 과정에서 타인의 도움을 받는 방식에 대해 알아보는 질문이다. 이를 통해 조직 생활에서 나타날 자신의 모습이 어떨지 예측하는 질문이라는 것을 염두에 둔다.

직접 작성

Q 친구들은 본인을 어떻게 보고 있습니까?
A 친구로부터 들은 이야기를 그대로 말하는 것은 설득력이 없다. 단체 생활이나 친구와 같이 지낸 일화를 통해 표현하는 것이 좋다.

직접 작성

Q 남을 돌봐주는 일을 좋아하는 편입니까?

A 공무원은 봉사를 업으로 한다는 사실을 항상 기억하자. 이 또한 구체적인 일화를 들어 말하는 것이 좋다.

> 직접 작성

Q 여러 사람들과 어울릴 때 당신은 주로 어떤 역할을 많이 합니까?

A 주체적이며 책임감 있는 모습으로 두각을 나타낸 일화를 들어 장점을 강조할 필요가 있다.

> 직접 작성

Q 좌절감을 맛본 적이 있습니까?

A 좌절감을 딛고 일어난 일화는 감동을 준다. 심기일전의 경험담을 말한다.

> 직접 작성

Q 평소에 친구들과는 주로 어떤 이야기를 합니까?
A 최근의 관심사에 대한 이야기를 자신이 하고 싶은 직무와 연결시켜 말하면 좋다.

> 직접 작성

Q 휴일을 어떻게 보내는 편입니까?
A 스트레스를 어떻게 관리하는지 묻는 질문이다. 휴일에는 자기 나름대로 무엇에 열중하고 있으며 이를 통해 쾌감을 느끼고 스트레스를 해소한다고 답한다. 자기 홍보를 할 수 있는 취미나 여가법과 연결시켜 말하는 것이 바람직하다.

> 직접 작성

Q 생활신조는 무엇입니까?
A 자신의 장점과 결부되는 생활신조를 미리 준비해 둔다.

> 직접 작성

Q 평소에 건강관리는 어떻게 합니까?

A 걷기 같은 보편적인 운동법은 피하는 것이 좋다. 자기 나름의 특이한 건강관리법을 말하면 주의를 집중시킬 수 있다.

직접 작성

Q 합격한다면 임용 전까지 어떻게 지낼 계획입니까?

A 업무 관련 필요한 지식을 쌓을 수 있도록 자기 계발에 주력하겠다는 자세를 보인다.

직접 작성

Q 만일 합격하지 못하면 어떻게 하겠습니까?

A 이러한 질문은 응시자의 진취성과 도전정신 등의 마음가짐을 확인하는 데 목적이 있다. 심각하게 이야기하지 말고 합격한다는 가정하에 이야기하며 가볍게 회피하는 것이 좋다.

직접 작성

국가공무원 공채 면접시험 평정표

필기적 감 재정 용 란	(예시문): 본인은 (응시자 성명)임을 확인함		직렬(류)	
	본인필적:		응시번호	
			성 명	
			생년월일	
			자필성명	

평정요소	위 원 평 정		
	상	중	하
가. 소통·공감 　　국민과 소통하고 공감하는 능력			
나. 헌신·열정 　　국가에 대한 헌신과 직무에 대한 열정적인 태도			
다. 창의·혁신 　　창의성과 혁신을 이끄는 능력			
라. 윤리·책임 　　공무원으로서의 윤리의식과 책임성			
계	① ② ③ ④　　⓪	① ② ③ ④　　⓪	① ② ③ ④　　⓪
비고:			서명란
	면접위원	성명	서명

시험위원 유의사항

(1) 우수: 위원의 과반수가 4개 평정요소 모두를 "상"으로 평정한 경우
(2) 미흡: 위원의 과반수가 4개 평정요소 중 2개 항목 이상을 "하"로 평정한 경우와, 위원의 과반수가 어느 하나의 동일 평정요소에 대하여 "하"로 평정한 경우
(3) 보통: "우수"와 "미흡" 외의 경우

Chapter 03 | 자기기술서

자기기술서는 면접 당일에 응시자가 작성한 자기소개서와 유사한 성격의 서면으로, 국가직의 경우 2015년부터 '사전조사서'에서 '자기기술서'로 명칭이 바뀌었다. 지방직의 경우 지자체에 따라 사전조사서란 명칭을 유지하는 곳도 있다.

1. 자기기술서의 이해

(1) 자기기술서란?
응시자가 면접 시 작성하는 서류 중 하나로 국가직의 경우 경험형 및 상황형 질문으로 이루어져 있다. 이는 면접관이 응시자를 면밀히 파악하고 응시자의 공직가치, 전문성, 공익에 대한 봉사·헌신, 윤리·준법의식, 역사의식·헌법정신 등을 평가하기 위한 자료로 활용된다.

(2) 작성방법
① 면접 시 응시생들은 면접시험 평정표(2~3매), 합격통지용 우편봉투(1매), 자기기술서(1매)를 작성하게 되는데 일반적으로 자기기술서는 20분 이내에 작성해야 한다.
② 자기기술서를 작성할 때는 참고자료의 열람이 허용되지 않는다.
③ 자기기술서의 항목이 응시자의 개인적인 경험을 기술할 것을 요하기 때문에 될 수 있으면 구체적인 경험과 사실을 기술해야 하며 추상적 관념 등은 피하는 것이 좋다.
④ 보통 2~3개의 설문에 대해 답변을 하며 약 7~8줄 분량으로 작성하는 것이 적절하다.

(3) 작성 Point
① 답변을 할 경우에는 줄글보다는 항목(희망부서, 직무, 관련 경험 등)별 요약 형식을 추천하지만 자신의 경험을 가장 잘 전달할 수 있는 문체로 압축 서술하는 것이 핵심이다.
② 자기기술서에 정답이 있는 것은 아니다. 자기기술서를 바탕으로 면접위원들의 세부 질문이 이루어진다는 점을 생각하면 극단적인 경험이나 주장은 자제하는 것이 옳다.
③ 20분 이내에 설문에 답변하는 것은 그리 만만한 일이 아니다. 평소 다양한 주제로 글을 쓰는 연습과 자신의 경험을 풀어 낼 수 있는 논리력 및 분석력이 필요하다.

(4) 경험형 자기기술서 질문

① 지원한 직렬에 대한 경험에 기초한 내용을 바탕으로 응시자의 공직가치·인성·직무역량에 관한 증거를 찾고 평가하고자 하는 질문 유형이다.

② 면접 시 응시자가 사전 작성한 본인의 경험, 사례 등을 토대로 하여 심층 추가 질문이 이어진다.

> - 왜 해당 직렬에 지원하였는가? 지원 동기는? 24 공통
> - 팀워크가 중요한 상황에서 갈등을 해결했던 경험이 있는가? 24 경찰
> - 희망하는 직렬에서 쓰일 수 있는 본인의 강점은 무엇인가? 24 국가직
> - 전문성을 함양하기 위해 스스로 어떤 노력을 하였는가? 24 국가직
> - 관심 있는 지원부서의 정책은 무엇인가? 또 해당 정책의 보완점은? 24 국가직
>
> ※ 2024년 국가직 경험형 면접의 경우 근무하고 싶은 기관(부서), 직무, 관심있는 정책 등을 함께 기재하도록 하고 이를 위한 노력 및 향후 계획 등을 기술하도록 하였다. 이를 바탕으로 지원하는 기관의 정책에 대한 문제점 및 해결방안 등을 질문하여 응시자의 업무에 대한 이해도를 평가하고, 응시자의 성향과 직무수행능력을 파악하고자 하였다.

(5) 상황형 자기기술서 질문

① 공직가치와 연관된 특정 업무 상황을 제시하고 어떻게 행동할 것인지를 묻는 유형이다.

② 면접 시 특정의 상황에서 응시자가 대처하는 행동과 자세를 관찰·평가한다. 이때 면접위원은 의도적으로 꼬리 질문을 통해 압박을 가하기도 한다.

> - 구직자 대상 취업 프로그램 정책 추진 중 프로그램 내용이 우수하나 높은 비용으로 인해 소수의 인원만 참가 가능한 A기업과 프로그램 품질은 비교적 떨어지지만 낮은 비용으로 다수의 인원이 참가 가능한 B기업 중 1곳을 선택해야 하는 상황이다. 업무 담당자로서 어떤 기업을 선택할 것인가? 24 국가직
> - 업무 효율성 증진을 위한 새 문서프로그램 도입을 예정 중인데, 이에 대한 다른 직원들의 반대가 심한 상황이다. 어떻게 해결할 것인가? 23 국가직
> - 당신은 (가) 부처 입찰 담당 주무관이나. 당신과 안면이 있는 퇴직자가 (나) 기업 담당자인데, 당신에게 입찰 관련하여 사전면담을 요청하였다. 입찰 전에 따로 면담할 경우, 법률상으로는 문제가 없으나 타 업체와의 공정성 문제가 발생할 수 있다. 어떻게 처리할 것인가? 22 국가직

(6) 심층 질문

① 자기기술서를 바탕으로 심층 질문이 이루어지는데 면접위원들은 이를 통해 응시자의 공직관 및 공직 적격성을 철저하게 검증하게 된다. 면접위원들은 자기기술서를 읽고 면접에 참여하게 되나 시간적 여유가 그리 많지 않으므로 자기기술서의 내용을 세세하게 파악하기는 어렵다. 때문에 면접 진행 틈틈이 임기응변식의 돌발 질문이 이어질 경우가 많으므로 이에 대한 마음의 준비가 필요할 것이다.

② 추가적으로 이어지는 질문의 유형에는 응시자의 공직 지원 동기, 경험

등과 같은 동어반복형 질문도 있다. 이 경우 응시자의 공직관 및 소신을 다시 한 번 직접 확인하고 싶은 생각인 경우가 많으므로 자기기술서를 바탕으로 좀 더 세부적인 사항을 부가하여 본인의 소신을 밝히면 된다.

③ 희망 부서와 정책에 대한 질문을 통해 공직에 대한 헌신과 자세, 비전 등을 평가할 수 있다.

④ 다양한 딜레마적 상황의 사례형 질문을 제시하고 이에 대한 빠른 판단과 해결 방안을 평가하는 유형도 제시할 수 있다. 이러한 딜레마형 사안은 평소 다양한 사례를 접함으로써 최적의 판단을 내리는 지혜를 습득해야 한다.

2. 경험 면접 예시

작성한 자기기술서 내 경험과 관련한 구체적인 내용을 질문한다.

(1) 시작 질문(Opening Questions)

[예] 남들이 신경 쓰지 않는 부분까지 고려하고 절차대로 업무를 수행하여 성과를 내본 경험에 대해 구체적으로 말씀해 주십시오.

[예] 조직의 원칙과 절차를 철저히 준수하고 업무를 수행하여 성과를 향상시킨 경험에 대해 구체적으로 말씀해 주십시오.

(2) 후속 질문(Follow-up Questions)

1. 상황 (Situation)	상황	• 구체적으로 언제, 어디서 경험한 일입니까? • 어떤 상황이었습니까?
	조직	• 어떤 조직에 속해 있을 때의 경험이었습니까? • 그 조직의 특성은 무엇이었습니까? • 몇 명으로 구성된 조직이었습니까?
	기간	• 해당 조직에서 얼마나 일하셨습니까? • 해당 업무는 몇 개월 동안 지속되었습니까?
	조직 규칙	조직의 원칙이나 규칙은 무엇이었습니까?
2. 임무 (Task)	과제	• 과제의 목표는 무엇이었습니까? • (핵심 질문) 과제에 적용되는 조직의 원칙은 무엇이었습니까? • (구체 질문) 그 규칙을 지켜야 하는 이유는 무엇이었습니까?
	역할	• (핵심 질문) 당신이 조직에서 맡은 역할은 무엇입니까? • (구체 질문) 과제에서 맡은 역할은 무엇입니까?

	문제의식	• 규칙을 지키지 않을 경우 생기는 문제점·불편함은 무엇입니까?
		• (핵심 질문) 해당 규칙은 왜 중요하다고 생각하셨습니까?
		• 해당 규칙으로 인한 불편함이 있었습니까?
		  - 팀원들은 어떻게 생각하고 있었습니까?
		  - 해당 규칙이 어떤 영향을 주고 있었습니까?

3. 역할 및 노력 (Action)	행동	• (핵심 질문) 업무 과정의 어떤 면에서 규칙을 철저히 준수하셨습니까? • (핵심 질문) 어떻게 규정을 적용시켜 업무를 수행하셨습니까? • (구체 질문) 규정을 준수하는 데 어려움은 없으셨습니까?
	노력	• (핵심 질문) 그 규칙을 지키기 위해 스스로 어떤 노력을 기울이셨습니까? • (구체 질문) 본인의 생각이나 태도에 어떤 변화가 있었습니까? • (구체 질문) 다른 사람들은 어떤 노력을 기울였습니까?
	동료관계	• 동료들은 규칙을 철저히 준수하고 있었습니까? • (핵심 질문) 팀원들은 해당 규칙에 대해 어떻게 반응하였습니까? • (구체 질문) 팀원들의 규칙에 대한 태도를 개선하기 위해 어떤 노력을 하셨습니까? • (구체 질문) 팀원들의 태도는 당신에게 어떤 자극을 주었습니까?
	업무 추진	• 자신에게 주어진 업무를 추진하는 데 규칙이 방해되진 않았습니까? • (구체 질문) 그럼에도 규칙을 준수한 이유는 무엇입니까? • 업무 수행 과정에서 규정을 어떻게 적용하셨습니까? • (핵심 질문) 업무 수행 과정에서 규정을 준수해야 한다고 생각한 이유는 무엇입니까?
4. 결과 (Result)	평가	• 규칙을 어느 정도나 준수하셨다고 생각합니까? • (구체 질문) 그렇게 준수하실 수 있었던 이유는 무엇이었습니까? • (핵심 질문) 업무의 성과는 어느 정도였습니까? • (구체 질문) 성과에 만족하셨습니까? • (압박 질문) 비슷한 상황이 온다면 어떻게 하시겠습니까?
	피드백	• (핵심 질문) 주변 사람들로부터 어떤 평가를 받으셨습니까? • (구체 질문) 그러한 평에 대해 만족하십니까? • (구체 질문) 다른 사람들에게 본인의 행동이 영향을 주었다고 생각하십니까?
	배운 점	• (핵심 질문) 업무 수행 과정에서 중요한 점은 무엇이라고 생각하십니까? • (핵심 질문) 이 경험을 통해 배운 것이 있습니까?

3. 상황 면접 예시

특정 상황을 제시하고 응시자의 대응방식이나 해결책을 묻는 방식으로 진행된다.

상황 제시	관내에는 다양한 용도의 시설(사무실, 통신실, 식당, 전산실, 창고, 면세점 등)이 설치되어 있습니다.	실제 업무 상황에 기반
	금년도에는 소방배관의 누수가 잦아 메인 배관을 교체하는 공사를 추진하고 있으며 당신은 이번 공사의 담당자입니다.	배경 정보
	주간에는 업무가 이루어지는 관계로 주로 야간에만 배관 교체 공사를 수행하던 중, 시공하는 기능공이 실수로 배관연결 부위를 잘못 건드려 고압배관의 소화수가 누출되는 사고가 발생했으며, 이로 인해 인근 시설물에는 누수에 의한 피해가 발생하였습니다.	구체적인 문제 상황 제시
문제 제시	1. 일반적인 소방배관의 배관연결(이음)방식과 배관의 이탈(누수)이 발생하는 원인에 대해 설명하시오.	문제 상황 해결을 위한 기본 지식 문항
	2. 담당자로서 본 사고를 현장에서 긴급히 처리하는 프로세스를 제시하고, 보수완료 후 사후적 조치가 필요한 부분 및 재발 방지 방안에 대하여 설명하시오.	문제 상황 해결을 위한 추가 대응 문항

자기기술서 예시

수험번호: _____ 이름: _____

면접 자기기술서

- **[상황형]** 연수원 건립 예정인데 2명 중 1명은 전근을 가야 할 상황이며, A(나)는 편찮으신 노부모를 봉양 중이고 B(상대방)는 어린아이가 있는 상황일 때의 선택과 이유는 무엇인가?

- **[경험형]** 희망하는 부처(직무)와 이를 위해 노력한 경험을 기재하시오.

- **[경험형]** 중간 입장에서 리더를 설득해 좋은 결과가 나타난 경험을 기재하시오.

4. 자기기술서 기출

2023~2024년

- **[경험형]** ㅇㅇ 부서를 희망하였는데, 이 부서에서 진행하는 사업 중 가장 관심 있는 사업에 대해 설명할 수 있는가? 24 국가직
- **[경험형]** 희망하는 부서에 들어오기 위해 했던 노력 중 가장 열심히 했던 것은 무엇인가? 24 국가직
- **[상황형]** 본인이 팀장이 되었는데 팀원끼리 갈등이 생겼다면 이를 어떻게 해결할 것인가? 24 지방직
- **[경험형]** 이 부서를 희망하는 이유는 무엇인가? 23 국가직
- **[상황형]** 본인이 ㅇㅇ 직무를 수행하게 된다면 고치고 싶은 부분이 있는가? 있다면 어떤 부분을 고치고 싶은가? 23 국가직

2022년

- **[경험형]** 본인의 경험 중 가장 어려웠던 점은? 22 국가직
- **[경험형]** 근무하고 싶은 부처와 담당하고 싶은 직무는? 22 국가직
- **[경험형]** 코로나19로 비대면 시대가 되고 있는데, 이에 어떻게 대응하여 정책 운영을 할 것인가? 22 국가직
- **[경험형]** 아르바이트를 해본 경험이 있는가? 아르바이트했을 때 기억에 남는 일이 있었다면? 22 국가직
- **[경험형]** 지역 사랑 상품권 할인 판매 이벤트 진행 중 일반 업무 고객이 창구 복잡 및 대기시간 지연에 불만을 제기하여 상품권 판매 전용 창구를 마련하였다. 하지만 이후 상품권 구매 고객들이 상품권 판매 전용 창구가 기존 창구보다 훨씬 대기시간이 길어졌다고 불만을 제기한다. 이 경우 어떻게 할 것인가? 22 국가직
- **[경험형]** 민원인이 야근을 해야 하거나 업무에 지장이 생길 정도로 계속해서 요구를 한다면 어떻게 할 것인가? 22 국가직
- **[경험형]** 표현의 자유와 공무원의 의무 중 어떤 것이 더 중요하다고 생각하는가? 22 국가직
- **[경험형]** 고질적인 인력난에 시달려 사기가 저하된 부처에 다른 부처에서 검증된 정보처리 시스템을 도입하려 하였으나 반대에 부딪혔다. 이때 반대 측을 어떻게 설득할 것인가? 또 설득하여 시스템을 도입한 후에 문제가 발생한다면 어떻게 대처할 것인가? 과다 근무에 시달리는 직원들에 대한 해결책은 있는가? 22 국가직

2021년

- **[경험형]** ○○부서를 희망하였는데, 이 부서와 관련된 경험이 있는가? 21 국가직
- **[경험형]** 희망 부서에서 잘 발휘할 수 있다고 생각하는 공직가치는 무엇인가? 21 국가직
- **[경험형]** 본인의 어떤 점이 공직과 잘 어울린다고 생각하는가? 21 국가직
- **[상황형]** 사업보조금 지원 담당자인데 기준 미달인 보고서를 발견했을 때, 어떻게 처리할 것인가?
- **[상황형]** 업무 진행 중 타부서와 갈등이 벌어졌을 때 어떻게 해결하겠는가?
- 업무 과중 해소를 위해 자동화 기계를 도입하려 한다. 그런데 기존 근로자들이 자신들의 일자리 빼앗는 것이 아니냐며 반발하고 있다. 이럴 때 어떻게 대처해야 하는가?

2020년

- **[경험형]** 지원하고 싶은 부처의 업무를 담당하기 위해 기울인 노력 및 경험은 무엇인가?
- **[경험형]** 지원하고 싶은 부처에 관심을 가지게 된 이유는 무엇인가?
- **[경험형]** 희망 부서와 관련 경험의 연관성은 무엇인가?
- **[상황형]** 코로나19 관련 확진자의 동선을 공개해야 한다는 요청이 많다. 이와 관련하여 개인의 알권리와 사생활 침해를 비교형량해야 하는 경우 무엇이 더 중요하다고 판단하는가?
- **[상황형]** 상사가 실제로는 초과근무를 하지 않으면서도 초과근무수당을 받기 위해 대신 초과근무를 등록해 달라고 하는 경우, 어떻게 할 것인가?

2019년

- **[경험형]** 과제 수행 시 기한과 완성도가 상충했던 경험을 쓰고 당시 대처 방식을 쓰시오.
- **[경험형]** 친분이 적거나 없는 사람과 협력했던 경험에 대해 그 당시 상황과 협력 과정, 결과를 상세히 기술하시오.
- **[경험형]** 살면서 오해받은 경험과 그것을 해결했던 방법에 대해 기술하시오.
- **[상황형]** A사업자가 조사관에 사업자등록을 신청하였고, A사업자가 진행하는 사업의 실소유주가 A의 아버지라는 사실을 알게 되었다. 이 경우 사업자등록을 해줄 수 없기 때문에 A사업자의 청원을 철회하기로 결정하였다. 그러나 상관은 여러 가지 정황으로 볼 때, 형식적인 부분에선 문제가 없기에 사업자등록을 허가해주자고 한다. 이 경우 어떻게 할 것인가?
- **[상황형]** 우체국에서 경쟁력 확보를 위해 우수 고객 전용 창구를 개설하였다. 그러나 평소 우수 고객 방문자는 2~3명 정도이며, 우수 고객 전용 창구 개설로 인해 일반 고객의 대기 줄은 더욱 길어지게 되었다. 이로 인해 일반 고객의 불만이 발생하여 일반 고객도 우수 고객 창구를 이용할 수 있게 해달라는 민원이 발생하였다. 이 경우 어떻게 할 것인가?
- **[상황형]** 회사 대표인 A가 횡령과 사기를 저지르고 해외로 도피하려는 정황이 포착되었다. 이에 검사에게 구속영장 청구 계획서를 제출하였으나 검사는 절차의 신중성 등을 고려하여 이를 반려하였다. 그러나 언론과 시민단체는 사안의 중대성을 들며 구속하라고 하고 있다. 수사관으로서 당신은 어떻게 할 것인가?

2018년

- **[경험형]** 성과가 미비하거나 저조했는데 조직이나 단체를 자신이 변화시킨 경험에 대해 기술하시오.
- **[경험형]** 본인이 어떤 일을 하면서 그 일의 절차를 무시하거나 바꾸면서 일을 진행한 적이 있는지 말하시오.
- **[경험형]** 자신과 맞지 않는 사람이 리더가 됐을 때 조직원으로서 어려움을 겪은 경험을 말하시오.
- **[상황형]** 당신은 복무 담당관이다. 정부에서 일과 가정의 양립을 위하여 휴가 제도를 적극적으로 권유함에도 업무 과중, 경직된 문화로 인하여 쓰지 않는 분위기가 팽배할 때 본인의 대응은?
  → 간접적인 공직가치 파악 및 진실성 검증용 질문이다. 과장 또는 거짓 의혹이 드는 경우 더 길게, 깊이 질문하므로 거짓 답변은 금물이다.

- **[상황형]** 당신은 체납 담당관이다. 고액 체납자가 출국금지 해제를 요청한 상황이다. 체납자는 지금까지 성실하게 분납금을 납부했으며 해외의 사업자와 합동으로 사업을 확대해 그 수익으로 체납세액을 납부하겠다고 약속하였다. 하지만 본인의 상급자는 체납자가 강제징수를 피하기 위해 출국하려는 것으로 판단하며 주의할 것을 당부한 상황이다. 이러한 경우 본인은 어떻게 하겠는가?

- **[상황형]** 납세자 B씨는 근로장려금 대상자였으나 이를 알지 못하고 있다가 지인의 소개로 뒤늦게 6월에 근로장려금을 기한 후 신청하였다. 기한 후 신청은 장려금의 90%만 지급하는데 납세자는 100%를 달라고 요구하는 상황에서 본인은 어떻게 대처할 것인가?

- **[상황형]** 당신은 전산 담당 주무관으로서 노후 시스템을 대체할 새 시스템 개발을 상급자로부터 지시받았다. 그러나 이를 위한 예산이 70%밖에 확보되지 않은 상황이다. 이 상태로 개발을 진행할 시(혹은 개발을 진행하여 시스템을 구현할 시) 기존 구성원들이 불편과 어려움을 겪을 것으로 우려된다. 따라서 기존의 노후 시스템을 업그레이드하는 방안을 고려해 보았으나, 기존 시스템 업그레이드를 진행할 시 외부 감사에서 문제가 될 수 있다는 상급자의 지적이 있었다. 본인은 어떻게 할 것인가?

2017년

- **[경험형]** 자신이 지원하는 부처나 부서(관심 있는 정책도 가능)는 무엇이고, 직무 관련해서 자신이 노력했던 경험이나 능력 함양을 위한 노력을 했었던 경험(교내외 등 모든 활동)에 대해 자세히 기술하시오. (교과 활동, 평소 노력해 왔던 것, 자기계발 내용 등)
  → 자기가 희망하는 직렬과 업무에 대해 어떤 노력을 해왔는지에 대해 묻는 것이고, 이것은 결국 응시자가 가진 해당 분야의 전문성에 대한 노력과 경험을 확인하려는 취지이다.

- **[상황형]** A과에서 일하는데 관리부서인 B과가 업무를 분담하고 있다. 하지만 해당 업무는 C과에 적합성이 높아 보인다면 이 상황을 어떻게 극복할 것인가?

- **[상황형]** 개인정보 보호를 위해서 비공개해야 하는 내용 중 일부가 용역업체의 실수로 인터넷에 유포되었다면 어떻게 할 것인가?

- **[상황형]** 민원인이 보상 기준이 모호하다며 담당자의 재량과 기관장의 면담을 요구하는 등 이성적 대화가 불가능한 상황이라면 어떻게 대처할 것인가?
  → 갈등 상황을 어떻게 극복할 것인지에 대한 내용으로 예년과 마찬가지로 딜레마형 주제들을 출제해 면접 응시자들에게 빠른 판단력을 요구했다.

Chapter 04 | 5분 발표

응시자가 시험장에서 제시된 과제를 읽고 이를 분석하여 발표할 내용을 준비하고, 면접 시 약 5분 내외로 발표한 후, 면접관이 후속 질의응답을 진행하는 과정으로 윤리의식과 책임성 등을 평가받는 면접방식이다. 국가직 9급 면접시험에서 시행 중이다.

1. 5분 발표 과정

준비시간(10분) → 발표(5분) → 개별 면접
내용 구상   시간 준수   발표와의 연계성

※ 진행시간 및 과정은 변동될 수 있습니다.

2. 5분 발표 과제

(1) 의도
응시자가 중요시하는 공직가치(공직관, 윤리관) 및 공직자의 자세에 대한 질문을 통해 응시자의 인성 및 공무원에 적합한지 여부를 평가하는 것이다.

(2) 내용
실제 사례나 제도를 들어 질문하며 주로 지원한 직렬과 관련된 사례들이 제시된다.

3. 성공적인 스피치를 위한 Tip

(1) 심리적 안정감을 갖고 말한다.
① 시간 제약과 다른 사람을 대상으로 한다는 부담 때문에 불안, 초조, 긴장 등이 고조되기도 한다. 이러한 심리적 압박을 어떻게 극복하느냐에 따라 스피치의 성패가 좌우되므로 심리적 안정감은 무엇보다 중요하다.
② 발표 불안을 극복하기 위해서는 타인 앞에서의 스피치를 자주 경험하여 적극적으로 면역성을 키우는 것도 좋은 방법이다. 면접 스터디나 모임에서의 행사 진행 등 생활 속에서부터 자신이 할 수 있는 것을 실천하도록 하자.
③ 무슨 일을 하든지 자신에 대한 신뢰를 잃지 않는 것이 중요하다. 자포자기 하지 말고 자신감을 갖도록 하자. 끝까지 자신을 믿는 사람만이 무슨 일이든 해낼 수 있다.

(2) 효과적인 전달능력을 기른다.

① 목소리는 대상의 이미지를 결정짓는 중요한 요소이며, 의미 전달에도 큰 영향을 미치게 된다. 따라서 **자신의 발성을 정확히 알고 고저, 강약, 장단의 연습을 통해 신뢰와 호감을 주는 음성을 개발하는 것**이 중요하다.

② 스피치에서의 바람직한 호흡법은 숨을 들이 마시면 배가 자연스럽게 나오고 말을 할 때에는 배에 힘이 들어가는 복식 호흡이다. 자신의 호흡을 점검하며 복식 호흡을 생활화하여 좋은 음성과 건강을 유지하도록 하자.

③ 처음부터 끝까지 단조롭게 표현할 경우 듣는 사람을 지루하게 하고, 의미 전달을 효과적으로 하기 어렵다. 따라서 **말의 억양이나 속도에 변화를 주어 말하는 연습**이 필요하다.

④ 평소 신문 사설 등을 말의 강약, 어조의 빠르기에 변화를 주어 말하듯이 읽어 보는 연습을 하는 것도 좋은 트레이닝 방법이다.

(3) 시각적인 요소 역시 중요하다.

① 5분 발표에서는 서 있는 자세가 중요하다. 서 있을 때 어깨를 너무 펴고 경직된 자세를 취하는 것은 바람직하지 않다. 꼿꼿이 서서 경직된 상태에서 명치를 가볍게 맞았다고 생각하고 어깨와 목이 살짝 앞으로 나왔을 때 편하고 안정감 있는 자세가 된다.

② 진심 어린 눈 맞춤(Eye Contact)은 상대방으로 하여금 자신이 존중받고 있다는 느낌을 받게 한다. 하지만 눈 맞춤이 너무 지나치면 공격적으로 보일 수 있고, 너무 없으면 무관심한 것으로 받아들여질 수 있으므로 주의해야 한다.

③ 미소는 가장 손쉽고 아름다운 커뮤니케이션 방법이다. 면접위원은 응시자의 웃는 얼굴을 통해서 긍정적인 면모를 판단할 수 있다. 면접을 볼 때 자연스럽게 웃으려면 평소 거울을 자주 보며 웃는 연습을 해야 한다.

④ 인사를 하기 전 면접위원을 응시하며 눈을 맞춘다. 선 채로 허리를 알맞게 굽히며 인사하고, 인사를 하고 나서 다시 면접위원과 눈을 맞춘다. 이때 허리를 굽힌 채 고개를 들거나 고개만 숙이지 않도록 한다.

⑤ 눈동자를 많이 움직이거나 곁눈질하는 것은 좋지 않으며, 말을 하지 않을 때는 입을 벌리고 있지 않도록 주의한다.

[비언어적 대화의 기술 'SOFTEN']

- S(Smile): 미소와 웃음
- O(Open Gesture): 열린 몸짓
- F(Forward Leaning): 앞으로 기울이기
- T(Touch): 접촉
- E(Eye Contact): 시선 맞추기
- N(Nodding): 끄덕이기

(4) 답변 속에 자신의 철학을 담는다.
어떤 주제에 관하여 답변할 때는 반드시 그 안에 자신만의 철학이 담겨 있어야 한다. 주관 없는 답변은 면접위원의 마음을 움직일 수 없다.

(5) 긍정적 표현을 사용한다.
부정적인 표현은 되도록 피하고 긍정적인 언어로 바꿔서 표현하도록 한다.

[쿠션 언어]

> 정중하고 언어적 완충 역할을 하는 화법을 '쿠션 언어'라고 한다.

4. 스피치 감점요인

(1) 의미가 모호한 표현을 사용한다.
답변 내용이 두루뭉술하여 면접위원들에게 핵심이 잘 전달되지 않는다면 면접에서 좋은 평가를 얻기 힘들다.

(2) 주관적인 표현을 많이 사용한다.
스피치는 면접위원이라는 타인을 설득하는 말하기 방식이므로 철저하게 객관적인 태도와 표현을 유지할 필요가 있다.

(3) 비속어나 올바르지 않은 단어를 사용한다.
일상에서 자주 쓰는 말 가운데 은어, 속어, 비어 등이 습관적으로 나오지 않도록 해야 하며, 자신에게 나쁜 말하기 습관은 없는지 미리 점검해 본다. 또한 특정한 연령층에서 주로 사용하는 신조어나 유행어를 남발하지 않도록 한다.

(4) 자신의 발언에 확신 없는 모습을 보인다.
소극적이거나 나약한 태도보다는 자신의 생각을 분명하게 표현하는 것이 진취적으로 비춰진다.

(5) 주어진 시간을 지키지 않는다.
5분이라는 주어진 시간을 잘 활용해야 한다. 특히 시간이 많이 남았음에도 발표를 짧게 마무리할 경우 면접위원에게 성의가 없다는 인상을 줄 수 있다.

[효과적인 말하기]

말의 속도	• 일반적인 내용은 보통 속도로 말한다. • 강조하는 부분에서는 천천히 말한다. • 강력하게 전달하고자 하는 내용은 빠른 속도로 말한다.
말의 강약/고저	• 강조할 부분은 강하게, 높은 톤으로 말한다. • 주의 집중이 필요할 때에는 강하지만 낮게 말한다.
말의 여백	중요한 이야기를 시작할 때에는 적당한 침묵으로 상대방의 주의를 집중시킨다.

5. 스피치 구성

(1) 4단계 구성

① **1단계: 문제 제시 및 소개**
화제를 이끌고 갈 주된 문제의 제시나 소개의 단계로 듣는 이의 흥미를 유발하는 도입부이다.

② **2단계: 문제 해결의 사례 및 설명**
도입된 화제를 해결할 사례를 제시하기 위하여, 설명·관찰·실험을 말하는 전개 부분이다.

③ **3단계: 변화와 해결책 모색**
문제의 변화와 해결책을 모색하는 전환 부분이다.

④ **4단계: 마무리 및 중심사상**
스피치 전체 분위기를 마무리하여, 뜻한 바의 핵심을 선명하게 나타내는 결론 부분이다.

(2) 몬로(Monroe Alanh)의 5단계 수사구성법

① **주의 단계(The Attention Step)**
청중의 의식을 사로잡아 일단 관심을 집중시키는 단계이다.

② **필요 단계(The Need Step)**
청중들에게 심각하게 논의되어야 할 부분을 언급하는 단계이다.

③ **만족 단계(The Satisfaction Step)**
앞에서 지적한 부분을 어떻게 해야 만족시킬 수 있는지 밝히는 단계이다.

④ **그림으로 그려 주는 단계(The Visualization Step)**
오관으로 느낄 수 있게 해주는 단계로 청중이 선명하게 이해할 수 있도록 돕는다.

⑤ **결단 단계(The Action Step)**
청중이 들은 말을 행동으로 옮길 수 있도록 자극을 준다.

6. 5분 발표 기출

2023~2024년

- 제시문에서 도출할 수 있는 공직가치는 무엇이 있으며, 이 중 가장 중요하다고 생각하는 공직가치에 대해 설명하시오. 24 국가직
- 국가직의 경우 제시문을 통해 알 수 있는 공직가치를 묻는 형태의 질문이 공통적으로 출제되었고 지방직의 경우 다양한 형태로 출제되었다.

[사례]
- 저출생, 고령인구 증가에 대한 자신의 생각과 해결방안 관련 24 보건직
- 주취자 처리 문제로 경찰과 소방이 갈등하는 상황 관련 23 경찰행정직

2022년

- 제시문의 사례에서 유추할 수 있는 공직자가 갖춰야 할 공직가치는 무엇이며, 이를 위해 어떤 자세를 가져야 하는가? 22 국가직
- 공직가치를 묻는 질문은 국가직 공통 질문이지만, 제시문에 제시된 사례는 직렬에 따라 다르다.

[사례]

- 외국인 근로자 증가로 인해 공무원들이 외국어 통역 서비스를 제공한다는 사항 관련 22 고용노동직
  → 지속적으로 늘고 있는 외국인 및 다문화 가정의 수와 민원 수요 증가에 대응하기 위해 광주광역시 남구는 외국인 민원 통역 서비스를 도입했다. 언어적 장벽 해소와 차별 없는 배려행정을 목표로 6가지 통역 서비스를 제공하며 특히 외국인이 종합민원실을 방문할 경우 원활한 민원 처리를 위해 남구 다문화가족지원센터와 업무협약을 맺어 통역 서비스 사전 예약제를 실시하고, 다문화가족지원센터 내에 외국어 통역 가능 상주 인력을 배치하였다. 또 영어와 중국어 등 외국어 소통이 탁월한 공무원 4명을 선발해 전화와 현장 통역 서비스를 제공하고, 민원실 내에 65개 언어를 통·번역하는 인공지능 'GenieTalk Go2'를 설치해 최상의 민원행정 서비스를 제공하였다. 이밖에 영어와 중국어, 일본어, 베트남어 등 4개 언어로 된 가족관계 등 주요 민원서식 41종을 제작·비치하고, 전문 전화통역 기관인 다누리 콜센터 및 BBB 코리아와 연계한 실시간 통역 서비스 제공하였다.

- 공무원의 인터넷 개인 방송 활동 지침 마련 관련 22 우정직
  → 2020년 7월 31일 기준 교육 공무원 중 2,098명이 유튜브 활동을 하고 있는 것으로 나타났다. 이 중에서 겸직허가 건수는 378명, 광고 수익 발생 건수는 205명이고, 수익금은 2,900만 원이다. 인사혁신처의 '공무원 인터넷 개인방송 복무 지침'에 따르면, 공무원들은 취미, 자기 계발 등 사생활 영역의 개인방송 활동은 원칙적으로 규제 대상에서 제외된다. 또, 유튜브에서 광고 수익이 발생하는 최소 요건인 구독자 1,000명 이상·연간 영상 총 재생시간 4,000시간 이상의 일정 수익 창출 요건을 충족하면 소속기관장에게 겸직허가를 신청해야 한다. 국회 교육위원회 소속 국민의 힘 정경희 의원은 "교원들의 유튜브 활동은 개인의 자유지만, 교사 본업에 소홀할 수 있다는 학부모들의 지적이 있다."라며 "마땅히 지켜야 할 품위유지 등 의무는 준수하면서 활동을 하도록 교육부의 실태조사가 필요하다."라고 강조하였다.

- 소방 쪽에 드론 기술을 도입하는 등 제4차 산업혁명 시대에 맞추어 고도화된 정보통신기술을 적극 도입할 예정 관련 22 기계직
  → 소방 드론은 2015년 6대를 최초 도입한 이후 현재는 총 372대를 보유 중이며, 소방공무원 중 드론 조종 자격증 소지자는 3,379명이다. 소방 드론의 재난현장 출동 실적은 올해 1월부터 9월까지 화재출동은 753회, 구조·수색 현장에는 1,290회 등 총 2,043회로 지난해 같은 기간 대비 11.6% 증가했다. 드론의 수직 이동속도는 초속 4m로 건물 30층에 도달하는데 약 25초 정도가 소요되며 소방대원의 이동 평균 속도인 6분 9초와 비교했을 때 16배 이상 빠른 속도이다. 이에 소방청은 드론을 다양한 재난 현장에 활용하기 위해 청주대학교 산학협력단 등 6개 기관과 협력하여 연구개발 중에 있다.

- 지역사회 민간자원봉사자가 보호관찰에 참여할 수 있게 된 '보호관찰위원 제도' 관련 22 경찰행정직
  → 보호관찰위원은 전문적인 상담 및 체계적인 원호활동을 통해 보호관찰대상자의 성공적인 사회복귀를 돕는 민간 자원봉사단체로, 향후 전국 57개 보호관찰소에 소속돼 범죄예방

활동을 지원하게 된다. 전국 57개 기관에 4,300명이 위촉된 보호관찰위원은 심리상담사, 사회복지사, 관련 전공 대학생 등 실무형 전문봉사자로 구성된다. 이들은 보호관찰대상자 결연 상담 지도 및 원호지원, 전문처우 프로그램 등 재범 방지에 필요한 활동 지원, 대상자 지도감독 및 사회봉사 현장감독 등 보호관찰 업무 보조를 맡는다.

변호사 엄OO씨(여, 34세)는 현재 서울 소재 법원에서 국선변호인으로 일하며, 비행청소년들이 범죄를 저질러 사회에서 '문제아'로만 취급해지는 현실 이면에 불우한 환경과 올바른 어른의 역할이 없었던 것에 대해 안타까움을 느껴 본인의 직업 이상으로 비행청소년들의 고민을 들어 주고 공감해 줄 수 있는 선한 영향력을 행사하고자 보호관찰위원에 지원했다.

대학생 연OO씨(여, 22세)는 서울 소재 대학에서 법학을 전공하고 있다. 몇 해 전부터 계속 대두된 비행 청소년 문제들로 보호관찰 청소년에 대해 깊은 관심을 갖게 되었고, 사회로부터 외면받는 비행 청소년들에게 단지 작은 관심으로도 변화를 이끌어 낼 수 있다는 믿음과 이들의 대해 조금 더 잘 이해하기 위해 보호관찰위원에 지원했다.

- 프랑스 인권 선언문 조항과 「헌법」 제7조 제1항의 두 조항 **22 일반행정직**
  → 프랑스 인권 선언문: 모든 권력은 국민으로부터 나온다.
  → 대한민국 「헌법」 제7조 제1항: 공무원은 국민전체에 대한 봉사자이며, 국민 모두에 대해 책임을 진다.

2021년

- 공무원이 가져야 하는 중요한 덕목은 무엇이고, 시민들이 원하는 공무원상은 무엇인가? **21 지방직**
- 공무원이 업무상 민원 처리를 잘못하거나 늦는 경우, 민원인에게 보상을 할 예정이다. 여기서 도출할 수 있는 공직가치는 무엇인가? **21 세무직**
- 공무원의 공직가치 중 가장 중요하다고 생각하는 것은 무엇인가? 또한 그중에서 현실적으로 가장 실현하기 어려운 것은 무엇이라고 생각하는가? **21 국가직**

2020년

- 블라인드 채용을 진행했을 경우 직무 능력과 조직 적응력이 향상되었다. 이와 관련한 공직가치와 공직자가 가져야 할 자세는 무엇인가? 20 국가직
- 각기 다양한 분야의 사람들이 모여 일상생활 혹은 사회의 다양한 문제를 해결하는 것을 보고 유추할 수 있는 공직관은 무엇인가? 20 국가직
- 공직가치와 관련되는 국세청 정책은 무엇인가? 20 세무직
- 서울시 인구가 지속적으로 감소하고 있는 추세인데 그 원인과 이유를 제시하시오. 20 서울시

2019년

- 국민추천제와 관련된 공직가치와 이를 위해 필요한 공직자의 자세를 이야기하시오. 19 국가직
- 세종이 전분6등법과 연분9등법을 시행하는 과정에서 백성들에게 의견을 물어보고 조정하여 시행한 것에 대해서 도출해 낼 수 있는 공직가치와 이 가치를 실현하기 위해 어떻게 하면 좋을지 이야기하시오. 19 출입국관리직
- 소방관의 기도를 읽고 거기서 유추해 낼 수 있는 공직관과 공무원으로서 가져야 할 자세에 대해 이야기하시오. 19 국가직

> 신이시여, 제가 부름을 받을 때에는 / 그 어떤 강렬한 화염 속에서도 / 한 생명을 구할 수 있는 힘을 주소서. / 너무 늦기 전에 / 어린아이를 감싸 안을 수 있도록, / 공포에 떠는 노인을 구할 수 있도록 해주소서. / 언제나 집중하여 / 가냘픈 외침까지도 들을 수 있도록 해주시고, / 빠르고 효율적으로 / 화재를 진압할 수 있도록 해주소서. / 저의 임무를 충실히 / 최선을 다해 수행할 수 있게 하시어 / 이웃의 생명과 재산을 보호할 수 있도록 하소서. / 그리고 당신의 뜻에 따라 / 이생에서 생이 다하게 되거든, / 부디 은총을 베푸시어 / 제 아내와 아이들을 돌보아 주소서.

- 길고양이로 인한 민원이 꾸준히 제기되자 이를 어떻게 대치해야 할지 의견단을 구성하였다. 다만, 인원을 한쪽에 치우치게 뽑아 제대로 의견 반영이 안 되는 상황인데 여기서 필요한 공직가치와 해결법은 무엇이 있는가? 19 세무직
- 박지원의 『열하일기』에서 발췌한 지문(청나라 어선이 우리나라 영해를 수시로 침범하고 있으나 아전과 관리는 이를 무시하고 허위보고하고 있는 상황에 관한 내용)에서 아전과 관리에게 부족한 공직가치는 무엇이며, 본인이 아전과 관리라면 어떤 조치를 취했을 것인지 이야기하시오. 19 검찰직
- 혐오라는 표현을 구체적으로 정의할 수 있는지의 여부와 혐오적 표현을 사용한다는 것만으로 처벌하는 것이 옳은지 말해 보시오. 19 서울시

2018년

- 정약용의 『목민심서』, 『경세유표』 중 발췌, 자료를 참조하여 사례에서 도출할 수 있는 공직가치와 이를 실현하기 위한 공직자로서의 자세를 말하시오. 18 일반행정직
  → **다음과 같은 꼬리 질문이 이어졌다.**
  (꼬리) 관련 규정이나 정책에 대해서 말하시오.
  (꼬리) 공익과 사익이 충돌할 때 어떻게 할 것인지 말하시오.
  (꼬리) 조직에서 희생을 요구할 경우 어떻게 행동할 것인지 말하시오.

- 노인 복지와 관련하여 고독사 등을 방지하기 위해 전화번호 1번만 누르면 바로 복지사에게 연결할 수 있게 하는 제도, 난치병 어린이 자선 공연 모금 행사로 후원금을 걷었다는 내용 제시. 이런 제도와 관련된 공직가치는 무엇이며 그 공직가치와 관련하여 본인이 후일 공직자가 되면 어떻게 실천할 것인지 말하시오. 18 세무직

- 과거 단일 민족이었던 우리 사회가 세계화와 외국인 근로자들의 증가, 북한 이탈 주민, 국제결혼 가정 등으로 다양해지고 있다. 이를 통해 찾을 수 있는 공직가치와 이를 위한 노력을 어떻게 할 것인지 말하시오. 18 세무직

- A부처 주무관이 업체 평가 과정에 대한 정보 공개 요청을 받았지만, 관련 행정소송이 진행 중이어서 정보 공개를 할 수 없다고 발표했다. 제시된 자료에서 나타난 공직가치는 무엇이며, 본인이 공무원이 되었을 때 이를 확대하기 위해 어떻게 할 것인지 말하시오. 18 전산직

- 1인 미디어 시대의 장단점을 설명하고 그 장점을 활용할 방안에 대하여 설명하시오. 18 서울시

- 본인 혹은 타인이 자존감이 높거나 낮아서 문제가 되었던 경험을 말하시오. 18 서울시

- 도덕적 딜레마에 빠진 경험을 말하시오. 18 서울시

- 블라인드 채용에 대한 견해를 말하시오. 18 서울시

- 공직 봉사 동기와 자신의 공직 지원 이유를 말하시오. 18 서울시

- 제품 안전관리가 중요한 이유와 소비자를 위한 개선 방안을 말하시오. 18 서울시

- 말로 실수한 경험과 그것을 해결하기 위해 했던 노력을 말하시오. 18 서울시

- 혐오 표현의 원인과 그 대책을 말하시오. 18 서울시

- 인지부조화의 관점에서 행동과 태도의 변화가 중요한 이유와 실생활에서 하기 싫은 일을 할 경우 해결 방안을 말하시오. 18 서울시

2017년

- (헌법 전문 제시) 이 중 가치 하나를 뽑아 이를 실현하기 위한 공직자로서 갖춰야 할 자세를 자유롭게 말하시오. 17 생활안전분야
- 자신이 소속된 사회 또는 단체에서 공동체 의식에 근거한 책임감과 시민의식을 가지고 수행했던 경험을 말하시오. 17 서울시
- 가석방 제도가 확대될 시 이에 대한 찬반 의견이 대립될 텐데 사회적 합의를 도출하기 위해 필요한 공직가치는 무엇이며, 구체적 해결 방안은 무엇인지 밝히시오. 17 교정직
- 당신은 복지 담당 주무관이며 형편이 정말 어려운 가정을 발견했다. 이들을 도우면 규정 위반이고, 상관은 규정을 중요시하는 사람이어서 지원하지 말 것을 지시했다. 당신이라면 어떻게 대처할 것인가? 17 사회복지직
- CCTV 설치에 찬성하는 쪽과 반대하는 쪽의 근거가 무엇이며 자신이 담당관이면 어떻게 할 것인가? 17 국가직

2016년

- 퇴직자 취업제한 제도에 대한 자신의 생각을 말하시오.
- 정부와 국민이 소통하기 위해 공무원에게 필요한 자세를 말하시오.
- 공무원 퇴직 후 취업제한에 대한 의견을 말하시오.
- 남성 육아휴직의 장단점을 공직가치와 연결하여 말하시오.
- 성과연봉제 도입에 대한 의견을 밝히시오.
- 국세청 개청 50주년을 맞아 향후 미래 50년에 대한 청사진을 말하시오.
- '균공애민(均貢愛民: 세금을 고르게 하고 백성을 사랑하라)'의 가치 실현 방안을 말하시오.
- 공직자 취업제한조건 강화가 고령화 시대에 공무원의 직업 선택의 자유를 과도하게 제한하고, 공직자의 전문성과 경험 활용을 막아서 효율성을 저해하지는 않는지 견해를 밝히시오.
- 20·30대가 '3포 세대', '88만 원 세대'로 불리는데 애국심은 강한 것으로 드러나는 다소 모순되는 현상에 대한 원인과 해결 방안을 밝히시오.

Chapter 05 | 주제 발표(PT 면접)

프레젠테이션 면접, 즉 PT 면접이란 수험자에게 제시문이나 주제를 제시하고 이를 정해진 시간 동안 준비해 발표하는 과정을 평가하는 면접 방법이다. 국가직 7급 면접시험에서 시행 중이다.

1. PT 면접 진행 과정

발표문 작성(30분) → 개인 발표(15분) → 개별 면접(25분) → 발표문 제출

※ 진행 시간 및 과정은 변동될 수 있습니다.

2. PT 면접이란?

(1) PT 면접의 의의

'일 대 일 면접'이 면접위원이 질문하고 여기에 답을 하는 방식이라면, 'PT 면접'은 주어진 주제에 대한 접근 방식과 해결 방법을 제시하는 과정을 보여주는 면접 방식이다. 그 과정에서 응시자의 창의력·소통력·문제 해결 능력이 드러나게 된다. 사전에 미리 준비한다 할지라도 단순하게 답변하는 면접과는 확연히 다르게 실제 능력이 고스란히 드러나게 된다.

(2) PT 면접의 특징

일반 면접의 경우 면접위원이 어떤 질문을 할지 전혀 알 수 없는 상태이기 때문에 극도의 순발력이 요구되며 자신의 장점을 드러낼 만한 질문이 나오지 않으면 그 장점이 묻힐 수밖에 없다. 하지만 PT 면접은 주어진 시간 동안 하고 싶은 말을 정리해서 설명하는 것이기 때문에 응시자 스스로 면접 내용을 통제하고 설계할 수 있다. 따라서 PT 면접 준비만 제대로 한다면 자신의 장점을 부각시킬 수 있는 기회를 얻을 수 있다.

(3) 주제 발표

주제 발표(PT 면접)의 경우 종전에는 직렬 관련 전문성과 연관된 주제가 주로 출제됐으나 앞으로는 문제 해결 능력, 조직 적응력, 공직가치관 등을 확인할 수 있는 다양한 주제가 출제될 예정이다.

(4) 주제의 성격

제시된 주제가 실무 상황과 유사하고 PT 발표 후 질문이 구체적인 대안을 요구한다.

3. PT 면접 평가요소

(1) 분석력
주제의 핵심을 정확하게 파악하고 있는가?

(2) 논리력
자신의 의견에 대한 논거를 합리적으로 제시하는가?

(3) 문제 해결 능력
문제의 해결 방안이 제시되었는가?

(4) 창의력
남들과 다른 새로운 생각과 아이디어가 있는가?

(5) 자신감
자신감 있게 면접위원을 이해 또는 설득시켰는가?

4. PT 면접 준비사항

(1) 차분하게 주제에 대한 생각을 정리한다.

(2) 전하고자 하는 '목표' 또는 '메시지'를 한 가지 정한다.

(3) '기-승-전-결' 방식으로 논리를 구성한다.

(4) 핵심 키워드를 중심으로 정리한다.

5. PT 면접을 위한 3P 법칙

3P란 Purpose, People, Place를 뜻한다.

(1) Purpose - 목적
① 왜 프레젠테이션(PT)을 하는가?
② 면접위원은 무엇을 기대하고 있는가?
③ 면접위원들이 도달하길 원하는 최종 상태는 무엇인가?

(2) People - 청중
① 면접위원의 특성은 어떠한가? (인원, 연령, 직급 등)
② 면접위원의 호감도 유형은 어떠한가? (호의적, 중립적, 적대적)
③ 의사 결정자는 누구인가?

(3) Place - 장소
① 규모는 어느 정도인가?
② 사용할 수 있는 매체는 무엇인가?

6. PT 면접 POSST 모델

(1) **P**unch – line – 주목받는 시작
속담, 명언, 구호 등을 이용한 면접위원의 주목을 끌 수 있는 시작은 성공적인 프레젠테이션의 필수 요소이다.

(2) **O**verview – 개요
프레젠테이션할 내용의 미리보기와 같은 부분으로 면접위원들에게 기대감을 심어줄 수 있다.

(3) **S**tory – Line – 본론
본론은 스토리를 가지고 있을 때, 효과적으로 전달된다.

(4) **S**ummary – 요약 및 결론
요약 부분에서는 새로운 내용을 추가하지 않도록 한다.

(5) **T**ouch – Line – 감동적인 맺음말
감동적인 맺음말은 메시지를 오래 기억하게 해준다. 가능하다면 시작과 끝 맺음은 대칭을 이루는 것이 좋다.

7. PT 면접을 위한 O.F.S 체크

O.F.S란 Opinion(의견), Fact(사실) 그리고 Story(이야기)를 뜻한다. 가장 좋은 프레젠테이션은 O.F.S를 적절하게 융합하는 것이다.

(1) **O**pinion(의견)
Opinion(의견)만 강하면 독단적인 프레젠테이션이 될 수 있다.

(2) **F**act(사실)
정보만 나열할 경우 지루한 프레젠테이션이 될 수 있다.

(3) **S**tory(이야기)
스토리는 행동으로 이어지도록 도움을 준다.

[PT 면접을 위한 몸짓 언어]

손 전체를 사용	시선 방향과 일치	크고 확실한 몸짓	내용에 맞는 표정

8. PT 면접 기출

2022년

- 디스플레이 산업 육성 방안 22 7급 국가직
  → 비대면 시대에 IT와 가전제품 수요가 증가하면서 디스플레이의 필요성도 증가하고 있다. 국내 디스플레이 산업은 반도체와 더불어 수출, 고용의 제조업 Big 2로, 17년간 세계 1위를 지켜왔다. 하지만 중국의 대규모 보조금 공세 등 대외적인 경쟁 심화로 위기를 맞이하고 있으며, 정부 지원도 반도체 산업에 집중되어 있다. 비대면 시장의 확대로 휴대폰, 노트북, PC패널 시장이 성장하면서 곧 디스플레이 산업 또한 새로운 도약의 기회를 맞이할 수 있으며 이를 대비하여 디스플레이 산업의 생태계를 더 단단히 다지기 위한 투자가 필요하다는 인식이 커지고 있다.

- 1인 온라인 방송 플랫폼 지원 대책의 필요성과 실효성 22 7급 서울시

- MZ세대와 알파세대 대 기성세대의 갈등에 대한 의견과 상생 방안 22 7급 서울시

2020년

- 온종일 돌봄 서비스의 현황, 문제점, 개선을 위한 정책 방안 20 7급 국가직

- 코로나19 사태에 대해 정부가 어떻게 대응해야 할지 정책 방안 20 7급 서울시

- 퍼스널 모빌리티(Personal Mobility)의 관리 필요성, 규정에 들어가야 할 내용 및 교육의 방법 20 7급 서울시
  → 퍼스널 모빌리티란 전기를 동력으로 하는 1인용 이동 수단을 의미하며, 전동 킥보드 외에도 전기 자전거나 전동 휠 등이 있다. 요즘 신문기사에도 심심치 않게 볼 수 있듯이 아무런 규제 없이 운용할 경우 인도나 차도에서 사고로 인해 인명피해가 발생할 가능성이 매우 높다. 속도 규제, 보호장구 위반 시 제재 등이 필요하다는 목소리가 높다.

2019년

- 청소년 사이버 불링(Cyber Bullying)의 현황과 문제점, 해결하기 위한 정책 방안

  19 7급 국가직

  → 사이버 불링은 가상공간을 의미하는 사이버(Cyber)와 집단 따돌림을 의미하는 불링(Bullying)의 합성어로서 사이버상에서 특정인을 집단적으로 따돌리거나 집요하게 괴롭히는 행위를 뜻한다. 최근에는 이메일, 온라인 메신저, SNS 등이 활성화되면서 악성 댓글이나 굴욕적인 사진, 영상 등을 업로드하여 특정인을 괴롭히는 현상이 증가하고 있다. 이는 가상공간에서의 커뮤니케이션에 의해 이루어지기 때문에 확산이 빠르고, 가해자를 파악하기 힘들기 때문에 과거의 집단 따돌림보다 해결이 더욱 어렵다.

- 어린이보호구역(스쿨존) 내의 교통사고 현황과 문제점 해결하기 위한 정책 방안

  19 7급 교육행정직

  → 1995년 「도로교통법」에 따라 도입된 어린이보호구역은 유치원이나 초등학교 주변에 설치한 어린이보호구역으로서 학교 정문에서 300미터 이내의 통학로를 의미한다. 어린이·노인 및 장애인 보호구역의 지정 및 관리에 관한 규칙에 따르면 어린이보호구역에서는 어린이들을 보호하고 교통사고로 인한 피해를 줄이기 위해 안전 표지와 도로 반사경, 과속 방지턱 등이 설치되어 있으며, 자동차는 어린이보호구역 내에서 주차나 정차를 할 수 없고, 시속 30킬로미터 이하로 서행하여야 한다.

- 공공기관에서 민간부문 갑질을 보완하기 위한 대책과 같은 조직 내에서 일어나는 갑질의 근절 방안 19 7급 세무직

2018년

- 스타트업(Start-Up) 기입의 현황과 문제점, 개선 방안, 성장 방안 18 7급 국가직

- 디자인 싱킹(Design Thinking)을 적용해 무엇인가를 해결했던 경험 18 7급 서울시

  → 디자인 싱킹(Design Thinking)이란 '새로운 사고 방식이자 패러다임'을 뜻한다. Empathize(공감) → Define(문제 정의) → Ideate(아이디어 도출) → Prototype(프로토타입 제작) → Test(검증)의 과정을 거친다. 최근에는 민간 기업뿐만 아니라 공공 영역에서도 다양한 형태로 시도되고 있다. 정책 사용자인 시민과 공급자인 공무원 및 다양한 이해관계자의 잠재된 요구 및 문제점을 협업으로 재발견하고, 이를 기반으로 새로운 정책 아이디어를 기획하고 만드는 역할에서부터 의사결정·집행·평가 등 정책 전 과정에 시민 중심 해결 방안을 제시하고 적용하는 데까지 디자인 싱킹의 역할은 점차 확대되고 있다.

- 30대 이후 직장인들의 헌혈 활성화 방안 18 7급 서울시

2017년

- 인터넷 방송 자율규제에 대한 개선 사항
- 우버택시, 에어비앤비 같은 공유경제의 필요성과 문제점 및 활성화 방안
  → 정리하는 것도 역량이다. 달변은 아니어도 전달하고자 하는 바를 조리 있게 설명할 줄 알아야 한다.

2016년

- 빅데이터의 현황과 문제점, 개선 방안
- 통일비용에 대한 합의점 부재에 대한 방안
- 중소기업과 대기업의 상생구조 개선 방안 마련
- 어떤 프로젝트를 진행하던 도중 갑자기 전면적인 수정이 불가피한 상황에 직면했을 때 대처를 하기 위해 기울인 노력과 그 결과가 무엇인지 기술

출제 예상 주제

- AIDT(인공지능 디지털교과서)가 야기할 수 있는 문제점, 해결하기 위한 정책 방안

[PT 발표 답안 용지]

| 주제: | 성 명 | |
| | 응시번호 | |

출제 예상 주제

- 어린이보호구역(스쿨존) 내의 교통사고 현황과 문제점을 해결하기 위한 정책 방안

[PT 발표 답안 용지]

주제:	성 명	
	응시번호	

출제 예상 주제

- 플랫폼 종사자 현황과 전망에 대한 견해

[PT 발표 답안 용지]

| 주제: | 성 명 | |
| | 응시번호 | |

출제 예상 주제

- 디자인 싱킹을 적용한 문제 해결 경험

[PT 발표 답안 용지]

주제:	성 명	
	응시번호	

출제 예상 주제

- 소상공인 경영난에 대한 지원방안

[PT 발표 답안 용지]

| 주제: | 성 명 | |
| | 응시번호 | |

출제 예상 주제

- 스마트시티의 문제점과 활성화 방안에 대한 견해

[PT 발표 답안 용지]

| 주제: | 성 명 | |
| | 응시번호 | |

출제 예상 주제

- 공공기관의 민간부문 갑질을 보완하기 위한 대책, 같은 조직 내에서 일어나는 갑질의 근절 방안

[PT 발표 답안 용지]

| 주제: | 성 명 | |
| | 응시번호 | |

Chapter 06 | 집단토의

> 토의(토론) 면접(GD; Group Discussion)은 지방직 7급 일부 직렬에 실시되며, 토론 과제는 면접 당일 제시된다. 과제 분량은 A4 한 페이지 내외이다.

1. 토의(토론) 면접 과정

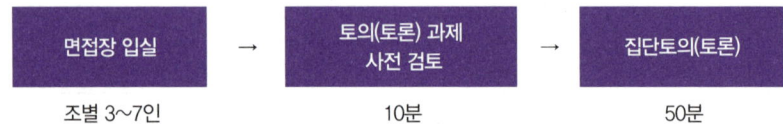

면접장 입실	→	토의(토론) 과제 사전 검토	→	집단토의(토론)
조별 3~7인		10분		50분

※ 진행 시간 및 과정은 변동될 수 있습니다.

(1) 입실
면접조별 응시인원 전원(3~7인)이 면접장에 입실 후, 10분간 과제를 검토한 후 50분간 자유토의 형식으로 진행하게 된다.

(2) 방식
해결 방안을 도출하는 방식이 아닌 응시자 간 의견 교환 및 토의하는 방식으로 진행된다.

(3) 과제
과제는 특정 상황에 대한 응시자의 의견을 묻는 형태이며, 사회자가 없는 자유토의 형태다.

(4) 시간
토의 시간은 50분부터 30분, 10분까지 다양하다.

(5) 발언
입장, 중점 토의 내용 등을 제안하는 모두발언(1~3분)을 돌아가면서 한 뒤 본격 토의에 들어간다.

(6) 마무리
토의 막바지에는 각자 의견을 정리(합의)하는 마무리 시간을 갖는다.

(7) 기타
면접위원들은 참관만 하고 개입하지 않는 것이 일반적이다.

2. 토의(토론) 면접이란?

(1) 토론 면접 개념

토론이란 상대방과 나의 생각을 교류함으로써 서로를 발전시킬 수 있는 사회적 상호작용 행위이다. 이러한 토론을 면접에 도입한 것이 토론 면접이다.

(2) 토론 면접 구성

일반적으로 토론 면접은 6~10명 정도의 면접자들을 1개 조로 묶어 각 조에 일정한 주제를 제시하여 토론하도록 하고, 면접위원들은 옆에서 응시자들의 발언 내용이나 태도를 관찰·평가하는 형태로 이루어진다.

(3) 토론 면접 중요성

토론 면접이 중요한 이유는 응시자의 잠재력이 토론 과정에서 쉽게 드러날 수 있으며 면접의 객관성을 유지하는 동시에 면접 시간도 줄일 수 있다는 이점이 있기 때문이다.

(4) 토론 면접 평가 요소

토론 면접에서 면접위원들은 주어진 주제에 대한 응시자들의 적극성, 협동성, 이해력, 발표력 등을 종합적으로 평가한다.

3. 토의(토론) 면접 진행 순서

(1) 사전 준비

토론 참가자들에게 토론의 진행 방식을 설명한다.

(2) 주제 정리

주제를 파악하고 자신의 생각을 정리할 시간을 준다.

(3) 견해 발표

본격적인 토론에 앞서 참가자들이 차례로 자신의 견해를 간략하게 발표한다.

(4) 결론 정리

실질적인 의견 합의를 이루거나 해결책 또는 개선 방안 등을 제시한다.

4. 토의(토론) 면접 시 긍정적인 평가요소

(1) 새로운 주제를 제시한다.

(2) 토론이 매끄럽게 진행되도록 주도한다.

(3) 결론을 도출하도록 유도한다.

(4) 토론 중 논의사항을 재정리하며 토론을 이끈다.

(5) 합의를 이루는 데 필요한 타협을 유도한다.

5. 토의(토론) 면접 시 필수 TIP

(1) 자신만 옳다고 우기는 것은 가장 큰 감점 요인이다.

(2) 자신 없는 주제는 깊이 들어가지 않는다.

(3) 흥분은 금물이며 일정한 톤을 유지한다.

(4) 자신과 같은 의견이 나왔을 경우 적극적으로 지지를 표명한다.

(5) 먼저 결론부터 내리고 설명에 들어간다.

(6) 서로 튀지 않으려는 방어적 태도는 적절하지 않다.

(7) 상대에 대한 칭찬 위주의 과도한 배려 또한 적절하지 않다.

6. 토의(토론) 면접 대비 방법

(1) **토론 훈련을 생활화한다.**
토론은 평소에 연습해 두는 것이 좋다. 주변 사람 또는 스터디그룹에서 토론에 나올법한 주제를 놓고 깊이 있게 대화를 나누는 것도 좋은 방법이다. 이때 하나의 주제에 대해 빠른 시간 안에 논점을 파악하는 훈련과 함께 주제에 대하여 일관된 입장을 유지하는 훈련이 수반되어야 한다.

(2) **마인드 컨트롤 능력을 기른다.**
토론에 임하다 보면 뜻하지 않게 인신공격을 하거나 허술한 논리를 앞세우는 상대방을 만날 수 있다. 이때 상대방과 같이 흥분하여 평정심을 잃게 되면 실전에서 결코 좋은 점수를 받을 수 없다.

(3) **입장을 바꿔서 생각해 본다.**
쟁점 토론이나 찬반 토론 훈련은 통상적으로 논리를 세우고, 상대방의 논리에 반박하고 자신의 논리를 다시 강조하는 형태이다. 이때 찬성과 반대 역할을 교대로 해보면 논리력 향상에 많은 도움이 된다.

(4) 최근 쟁점과 시사상식을 정리한다.

토론 면접의 주된 주제는 쟁점 요소가 있는 시사 현안이므로 이에 대한 대비가 필수적이다. 시사 문제에 대한 구체적인 지식이나 정보를 외우는 것이 아니라 이를 자신의 관점과 입장에서 정리하여 돌발 질문에 답변할 수 있어야 한다.

7. 토의(토론) 면접 기출

2020~2024년

※ 기존 국가직 7급 면접에는 집단 토론 단계가 있었지만, 2020년부터 코로나19 확산으로 인해 감염병 예방 차원에서 집단 토론을 진행하지 않고 개인 발표 경험·상황 면접만으로만 진행하였습니다. 2024년에는 국가직 면접은 토론을 진행하지 않았으나 일부 지방직 7급 면접에서 토론 면접을 실시하였으므로 사이버고시센터 시험안내/공지사항을 항상 주시해야 합니다.

2019년

- 내국인 카지노 추가에 대한 본인의 견해와 근거를 밝히고 토의를 통해 결론에 도달하시오. 19 7급 국가직
- 휴일에만 적용해 오던 고속도로 통행료 면제를 법정공휴일까지 확대하는 방안에 대한 본인의 입장과 근거를 들어 결론에 도달하시오. 19 7급 출입국관리직
- 이전 공공기관과 관련해 해당 지역인재에게 채용 시 일정 TO를 할당하는 제도에 대해 이를 유지할지 폐지할지에 대한 찬반을 밝히시오. 18 7급 세무직

2018년

- 특수 범죄자의 얼굴 공개 여부에 대한 견해를 밝히시오. 18 7급 국가직
- 휴대폰 성범죄 방지를 위한 카메라 무음기능 해지에 대한 견해를 밝히시오. 18 7급 국가직
- 택시와 카풀 제도의 대립 상황에서 나아가야 할 방향에 대한 견해를 밝히시오. 18 7급 국가직
- 최저임금에 대한 견해를 밝히시오. 18 7급 서울시

- 미세먼지 해결 방안에 대한 견해를 밝히시오. 18 9급 지방직
- 국위 선양자에 대한 군 면제 혜택 부여에 대한 견해를 밝히시오. 18 9급 지방직
- 최저시급 인상에 대한 찬반 견해를 밝히시오. 18 9급 지방직
- 주 52시간 근무제에 대한 찬반 견해를 밝히시오. 18 9급 지방직
- 스마트시티의 문제점과 활성화 방안에 대한 견해를 밝히시오. 18 9급 지방직
- 원도심의 인구 유출 문제에 대한 견해를 밝히시오. 18 9급 지방직
- 재래시장의 활성화 방안에 대한 견해를 밝히시오. 18 9급 지방직

2017년

- 잊혀질 권리를 법제화해야 하는지 아니면 현행을 좀 더 보완하는 방향으로 해야 하는지에 대한 자신의 견해를 밝히고 합의점을 도출하시오.
- 디지털 성범죄 방지를 위하여 카메라 셔터음 무음기능 해지에 대해 국가가 규제를 해야 하는지, 자율규제를 해야 하는지 견해를 밝히시오.

2016년

- 불법체류 중인 외국인 근로자의 정주화 문제로, 현재 3년으로 제한하고 있는 규정을 고수할 것인가 혹은 수정할 것인가에 대한 견해를 밝히시오.
- 모든 학교가 자유학기제를 시작해야 하는가? 아니면 희망하는 학교만 선택해서 시행해야 하는가에 대한 견해를 밝히시오.
- CCTV 설치 확대에 대한 의견을 밝히고 합의안을 마련하시오.
- 청년 창업 활성화 대책에 대한 견해를 밝히시오.
- 쓰레기 종량제 도입에 대한 견해를 밝히시오.
- 자살은 개인의 선택인가에 대한 견해를 밝히시오.

출제 예상 주제

- 내국인 카지노 추가에 대한 본인의 견해와 근거를 밝히고 토의를 통해 결론에 도달하시오.

[집단 토의 답안 용지]

주제:	성 명	
	응시번호	

출제 예상 주제

- 휴일에만 적용해 오던 고속도로 통행료 면제를 법정공휴일까지 확대하는 방안에 대한 본인의 입장과 근거를 들어 결론에 도달하시오.

[집단 토의 답안 용지]

주제:	성 명	
	응시번호	

출제 예상 주제

- 이전 공공기관과 관련해 해당 지역인재에게 채용 시 일정 TO를 할당하는 제도에 대해 이를 유지할지 폐지할지에 대한 찬반 견해를 밝히시오.

[집단 토의 답안 용지]

| 주제: | 성 명 | |
| | 응시번호 | |

출제 예상 주제

• 연예인의 도덕성 논란, 대중의 비난은 정당한지에 대해 자신의 생각을 말해 보시오.

[집단 토의 답안 용지]

주제:	성 명	
	응시번호	

출제 예상 주제

- 디지털 성범죄 방지를 위한 카메라 셔터음 무음기능 해지에 대한 견해를 밝히시오.

[집단 토의 답안 용지]

주제:	성 명	
	응시번호	

출제 예상 주제

- 잊혀질 권리를 법제화해야 하는지 아니면 현행을 좀 더 보완하는 방향으로 해야 하는지 자신의 견해를 밝히고 합의점을 도출하시오.

[집단 토의 답안 용지]

| 주제: | 성 명 | |
| | 응시번호 | |

출제 예상 주제

- 불법체류 중인 외국인 근로자의 정주화 문제로, 현재 3년으로 제한하고 있는 규정을 고수할 것인가 혹은 수정할 것인가에 대한 견해를 밝히시오.

[집단 토의 답안 용지]

주제:	성 명	
	응시번호	

인생의 실패는 성공이 얼마나 가까이 있는지도
모르고 포기했을 때 생긴다.

− 토마스 에디슨 −

PART 02

실전 공무원 면접

- Chapter 01 소통·공감
- Chapter 02 헌신·열정
- Chapter 03 창의·혁신
- Chapter 04 윤리·책임

많이 보고 많이 겪고 많이 공부하는 것은
배움의 세 기둥이다.

— 벤자민 디즈라엘리 —

Chapter 01 소통·공감

주요 기출질문 리스트

- 새로운 프로그램 도입에 대한 구성원과의 갈등 해결방안을 논하시오. 24 지방직
- 국가에서 새로 만드는 정책에 대한 반발의 원인은 무엇이고, 이를 어떻게 해결할 수 있을지 설명하시오. 24 국가직
- 「산업안전보건법」 주요 준수사항에 대하여 설명하고, 이를 학교 현장에 적용하여 산업 재해를 방지할 수 있는 방안에 대해 논하시오. 22 국가직
- 근로장려금에 대해 개선하고 싶은 점은 무엇인지 설명하시오. 22 국가직
- 코로나19 관련 국민 6대 행동수칙에 대해 설명하고, 그중 재실효 방안이 가장 높은 수칙에 대해 논하시오. 22 지방직
- 대형마트 의무휴업제의 폐지에 대하여 찬성·반대 중 어느 한 입장에서 설명하시오. 22 서울시
- 출산율이 떨어지고 있는데, 출산율을 올리기 위해서는 정책적으로 어떤 점을 보완해야 하는가? 21
- 코로나19 관련 확진자의 동선을 공개해야 한다는 요청이 많다. 이와 관련하여 개인의 알권리와 사생활 침해를 비교형량해야 하는 경우 무엇이 더 중요하다고 판단하는지 본인의 입장에서 설명하시오. 20
- 코로나19 사태에 대해 정부가 어떻게 대응해야 할지 그 방안에 대해 논하시오. 20
- 최저시급 인상에 대하여 찬성·반대 중 어느 한 입장에서 설명하시오. 19
- 어린이집 아동 학대의 원인은 무엇이며, 그 해결 방안은 무엇인지 설명하시오. 19
- 공익 실현에 개인의 재산상 손해가 따르게 될 경우 어떻게 해야 하는지 설명하시오. 19
- 혐오라는 표현을 구체적으로 정의할 수 있는지의 여부와 혐오적 표현을 사용하였다는 것만으로 처벌하는 것이 옳은 것인지 말해 보시오. 19

- 국위 선양자에 대한 군 면제 혜택 부여에 대하여 찬성·반대 중 어느 한 입장에서 설명하시오. 18
- 미세먼지 해결 방안에 대하여 논하시오. 18
- 재래시장의 활성화 방안에 대해 논하시오. 18
- 임산부 배려석의 효용과 개선점을 본인의 입장에서 말해 보시오.
- 저출산 현상의 원인과 해결 방안을 말해 보시오.
- 관공서 홈페이지의 개설 후 이용률이 저조한 원인과 대책을 서술하시오.
- 안락사에 대해 설명하고 찬성·반대의 어느 한 입장에서 상대방 측을 설득해 보시오.
- 사회 저명인사의 학력 위조 사건 등에 대한 본인의 입장과 학벌지상주의를 타파할 방안이 있으면 간략히 말해 보시오.
- 성범죄자에 대한 신상 공개 시 발생할 수 있는 문제점과 대안책을 말해 보시오.
- 숭례문 화재에 비춰 우리나라 문화재 관리의 문제점과 보완 방안을 설명하시오.
- 중국의 동북공정에 대해 설명하고 우리 정부의 대책 방안을 말해 보시오.
- 종교단체의 해외선교 시 발생할 수 있는 문제점과 대응 방안을 사례를 들어 설명하시오.
- 사형 제도에 대해 찬성·반대 중 어느 한 입장에서 설명하시오.
- 그린벨트 제도에 대해 재산권 행사에 대한 과도한 침해라고 주장하는 민원인을 설득해 보시오.
- 「국가보안법」에 대해 설명하고 그 존치 여부에 대한 본인의 의견을 말해 보시오.
- 대학 자치제 차원에서 대학 정원 자율화에 대한 본인의 의견을 말해 보시오.

1. 최저시급 인상에 대하여 찬성·반대 중 어느 한 입장에서 설명하시오.

> **예시 답안**

(찬성 입장)

저는 당연히 최저시급을 인상하여야 한다고 생각합니다. 국민의 안정적인 삶을 보장하는 것은 국가의 기본적인 의무라고 생각합니다. 옛 성현 중 한 분이신 맹자께서는 '항산이 있어야 항심이 있다.'라고 하셨습니다. 이는 국민의 안정적인 삶이 보장되어야 공동체 사회에서의 윤리와 도덕이 지켜질 수 있다는 말입니다. 아직도 우리 주변에는 가난한 사람들이 많이 존재합니다. 2014년 송파 세 모녀 사건이 사회적으로 크게 이슈가 된 적이 있습니다. 이는 아직도 우리나라가 국민의 안정적인 삶을 보장하지 못하고 있음을 대변해 준다고 생각합니다. 저는 이러한 문제들의 근본적인 해결을 위해서는 최저시급 인상이 필수적이라고 봅니다. 물가는 터무니없이 치솟았는데 그에 맞춰 최저시급이 인상되지는 않았습니다. 제가 어릴 적에는 슈퍼마켓에서 1,000원이 있으면 아이스크림이나 과자를 사 먹을 수 있었는데 요즘 1,000원으로는 과자 하나를 사기도 벅찬 금액인 것만 보아도 물가가 많이 올랐다는 것을 알 수 있습니다. 또한 집값 또한 너무나 비싸기에 집을 매매한 사람들에게서 '내 집이 아니라 은행집이다.'라는 우스갯소리도 나오고 있습니다. 이처럼 높은 물가와 높은 집값에 낮은 시급으로는 국민의 안정적인 삶을 보장할 수 없습니다. 그러한 상태에서 국민들에게 최소한의 국민의 의무를 지키라고 강요한다면 반발이 생기는 것은 당연한 것이지요. 따라서 국가와 국민 모두에게 이득이 되기 위해서는 최저시급을 인상하여야 한다고 생각합니다.

(반대 입장)

저는 최저시급을 인상하는 것에 대해 반대합니다. 그 이유는 영세 자영업자들의 이익은 대변하지 못한다고 생각하기 때문입니다. 직장인들 중 일부는 '돈을 벌기 위해서는 자영업을 해야 한다.'라는 생각을 쉽게 합니다. 하지만 이는 자영업의 현실을 모르기 때문입니다. 비자영업자들은 자영업자들이 벌어들이는 돈의 대부분이 순이익이라고 생각하겠지만 가게의 임대료와 재료비, 아르바이트생들의 인건비로 나가는 돈이 많기 때문에 해마다 수많은 자영업자들이 문을 닫는 것입니다. 물론 인건비가 자영업자들에게 부담을 주는 유일한 요소는 아닙니다. 하지만 인건비 또한 큰 부담으로 작용한다는 것은 부정할 수 없는 현실입니다. 가게의 임대료 상승과 재료비 상승도 해결하지 못한 상태에서 인건비만 올린다는 것은 수많은 자영업자들의 목을 조이는 것과 다름없습니다. 또한 이는 대학생들의 아르바이트 자리 또한 감소시키는 부작용이 있을 것입니다. 따라서 최저시급 인상은 우리 사회가 가지고 있는 문제점의 근본적인 해결이 될 수가 없다고 생각합니다. 최저시급 인상보다도 임대료 상승과 물가 상승과 같은 근본적인 문제를 해결하여 부의 재분배가 이루어져야지 근본적인 문제는 해결되지 않은 채 최저시급 인상과 같은 일부 국민들을 무시한 정책을 실시한다면 이 또한 나중에 큰 부작용을 불러 일으킬 것이라 생각합니다.

> **Append**

2025년 최저시급은 2024년 9,860원보다 170원 오른 10,030원으로 확정되었다. 주휴수당을 포함한 실질 최저임금은 시급 1만 2,036원이다. 실질 최저임금을 기준으로 환산하는 월급은 209만 6,270원이며 연봉으로 추산하면 2,515만 5,240원이다.

2. 공익 실현에 개인의 재산상 손해가 따르게 될 경우 어떻게 해야 하는지 설명하시오.

예시 답안

물론 공익 실현을 우선시하는 것이 맞다고 생각합니다. 하지만 공익을 위해 개인에게 발생할 손해는 최대한 줄여야만 한다고 생각합니다. 이를 위해서는 재산상 손해가 발생한 개인에게 이론적으로만 접근할 것이 아니라 현실적으로도 접근하여야 할 것입니다. 역지사지로 생각했을 때 공익이 우선이라는 것을 모든 사람들이 이론적으로는 알고 있지만 현실적으로 이를 받아들이기는 힘들 것입니다. 그러나 현재 우리나라는 공익 실현을 위해 개인의 발생한 재산상 손해에 대해 너무 박하게 평가하는 것이 아닌가 싶습니다. 개인의 재산을 판단할 때 현재 존재하는 가치로 판단하기란 쉽습니다. 하지만 정말로 개인을 좋은 방향으로 최대한 만족시키면서 공익을 실현하기 위해서는 이를 얻기 위해서 개인이 노력한 바가 같이 고려되어야 할 것입니다. 또한 갑작스럽게 이를 받아들이지 않도록 더욱 미리 상황에 대해 자세히 이야기하여 양해를 구해야 할 것입니다. 따라서 저는 공익 실현이 우선시되어야 하지만 이를 통해 발생하는 개인의 재산상 손해에 대해서는 더욱 합당하고 현실적인 보상이 필요하다고 생각합니다.

3. 성범죄자에 대한 신상 공개 시 발생할 수 있는 문제점과 대안책을 말해 보시오.

예시 답안

성범죄가 이미 발생한 후에 신상 공개를 하는 것은 '소 잃고 외양간을 고치는 격'이라고 봅니다. 신상 공개를 통해 범죄 발생률이 줄었다는 근거 역시 찾기 힘들뿐더러 설령 이로 인해 범죄 발생이 줄어들었더라도, 범죄가 발생한 이후에 범죄가 퍼지는 것을 막는 것보다는 실질적으로 성범죄에 대한 형량을 높여서 성범죄가 발생하지 않도록 미연에 방지하는 것이 더 중요하다고 생각합니다. 또한 성범죄자에 대한 신상 공개는 「헌법」에 규정되어 있는 이중처벌금지에도 어긋나며, 전자장치 부착 제도의 도입으로 성범죄자에 대한 강력한 제도가 있는데, 굳이 신상 공개를 하는 것은 감정에 치우친 결정인 것 같습니다. 감정에 치우쳐서 성범죄자에 대한 신상 공개보다 더 효율적이고 효과적으로 성범죄를 막을 수 있는 방안 마련에 게을리하는 것 역시 문제점이 될 수 있다고 생각합니다.

Append

법무부는 2022년 12월, 고위험 성범죄자의 거주지를 제한하는 이른바 '한국형 제시카법'을 2023년 5월 중 국회에 제출할 방침이라고 밝혔다. 구체적인 제한 범위는 최대 500미터 범위 안에서 법원이 사안별로 결정하기로 했다. '제시카법'은 2005년 미국에서 일어난 아동 성폭행 살해 사건 피해자의 이름을 따서 만들어진 법으로, 성범죄자가 학교와 공원 인근에서 살 수 없게 제한한다.

법무부는 적용 대상을 '전자장치를 부착한 상태에서 재범을 저지른 성범죄자, 2회 이상 성범죄를 저지르고 상습성을 지닌 '반복적 성범죄자, 13세 미만 아동 대상 성범죄자 중 1가지 이상을 충족한 자'로 제한한다고 밝혔다.

4. 모든 세대는 자신들의 세대가 시대의 희생양이라고 합니다. 응시자는 자신의 세대를 어떻게 생각합니까?

Key Point

세대차를 정확히 인식하고 갈등을 극복할 수 있는 건강하고 비전(Vision) 있는 민주 시민으로서의 자질을 묻는 문항으로, 기성세대와 MZ세대에 대한 자신의 견해와 세대차를 극복할 수 있는 방법 및 조화롭게 살아갈 수 있는 능력, 사회성, 희생정신, 대인관계 및 사회적응력을 평가하는 문항이다.

예시 답안

저희 세대와 이전 세대는 다르다고 생각합니다. 이전 세대는 보릿고개로 대표되는 굶주림과 같은 물질적 고통과 사상의 자유를 억압받는 정신적인 고통을 겪었으나, 저희 세대는 이전 세대의 희생에 의해 물질적으로 풍요로운 생활을 하며 사상의 자유를 보장받고 있습니다. 그러나 저희 세대도 이와 같은 긍정적인 면만을 지니고 있는 것은 아닙니다.

여유로워진 생활에 비하여 사람들의 정서는 메말라 있고 삶의 목표도 확고하게 세워져 있지 않으며, 가치관 또한 정립되어 있지 않기 때문입니다. 그리고 인구 문제, 식량 문제, 자원 문제, 환경 문제처럼 이전 세대에는 상상조차 할 수 없었던 여러 가지 어려움을 겪고 있습니다. 여기서 우리는 모든 세대가 자신들의 세대만을 생각하는 것이 아니라, 다음 세대까지도 생각해야 한다는 사실을 깨달아야 합니다. 저희 세대가 이전 세대의 희생에 의해 얻어진 여유로움만을 누릴 수 없는 것은 다음 세대를 배려하여야 하기 때문입니다. 따라서 우리는 이전 세대와 마찬가지로 다음 세대를 위해, 사회를 좀 더 나은 방향으로 발전시켜야 할 책임을 지고 있다는 사실을 명심해야 합니다.

5. 우리나라에는 아직도 여성 정치가나 고위공직자 또는 기업가가 적다. 그 이유를 설명하시오.

예시 답안

여성 고위공직자가 적은 것에는 여러 가지 이유가 있겠으나 가장 중요한 요인은 우리 사회의 보편적 가치와 깊은 관련이 있다고 생각합니다.

역사적으로 우리 사회에서는 유교적 가치가 보편적 윤리·규범으로 오랜 기간 자리매김해 왔습니다. 남아선호사상은 500년 전에 비해 많이 약화되었으나 얼마 전까지도 남아선호사상이 한국사회의 지배적인 문화였음을 부인할 수 없습니다. 그동안 우리 사회는 정치적으로 남성 중심의 군사 문화가 지배적이었으며 이는 여성의 사회적 참여도가 낮은 원인 중 하나였습니다.

하지만 이러한 남아선호사상이나 여성의 공직 및 사회 진출에 소극적인 모습들이 최근 들어 급격히 바뀌어 가고 있습니다. 각종 고시를 비롯하여 공무원 시험에서 여성들의 활약이 두드러지고 있으며 머지않아 이러한 변화된 사회 환경의 결과로 많은 수의 여성 고위공직자들이 등장하리라고 봅니다.

6. 외국인 근로자의 사망 사고가 증가하고 있는 상황에서, 사망 사고를 일으킨 사업주의 외국인 근로자 채용을 금지해야 하는지 찬성·반대 중 어느 한 입장에서 말해 보시오.

예시 답안

사망 사고를 일으켰다고 해서 무조건 채용을 금지하는 것보다는 근본적인 원인을 마련하는 것이 중요합니다. 우선 외국인 근로자, 노동부, 인권단체, 사업주 대표 등 이해관계자를 대상으로 공청회를 마련하여 외국인 근로자 사망 사고 원인과 개선책을 조사하고, 노동부에서는 조사한 내용을 분석한 후 개선 사항 리스트를 작성하여 외국인 근로자를 채용하는 업체에 배포하여 지키도록 권고하는 것이 좋을 것 같습니다. 두 번째로 사망 사고 재발 시 해당 사업주에 대한 제재 법규를 제정하며, 마지막으로, 공식적인 안전 교육 과정을 만들어 외국인 근로자 및 외국인 근로자를 채용한 사업장 전체를 대상으로 안전 교육 과정을 이수하도록 해야 한다고 생각합니다.

7. MZ세대와 기성세대의 소통이 원활하지 않은 원인과 소통 방법에 대한 의견을 말해 보시오.

예시 답안

MZ세대와 기성세대의 소통이 원활하지 않은 가장 큰 원인은 환경적 요인이라고 생각합니다. 살아온 환경, 교육과정, 가치관, 사고관이 다르기 때문에 상대에 대해 제대로 이해하지 못하고, 이로 인해 소통의 부재가 발생하는 것입니다. 또한 디지털 기술이 발전하면서 기성세대와 젊은 세대 간의 기술 격차가 커지고, 기성세대가 집단지향적인 오프라인 공간에서 주로 활동한다면 MZ세대는 개인 지향적인 온라인 공간에서 활동하는 등 사회구조의 변화도 큰 원인이라 할 수 있습니다.
이렇게 확연하게 다른 두 세대의 소통을 위한 방법 중 가장 중요한 것은 '공감'입니다. 상대방의 입장을 생각하고 상대방의 입장에 공감하는 것에서 소통이 시작한다고 생각합니다. 공감하기 위해 제일 먼저 서로의 성향과 가치관, 소통방식이 다르다는 것을 인지하고 이를 인정해야 합니다. 그리고 대화 방법을 바꾸어 일방적, 하향식의 대화보다는 양 세대 모두 예의를 갖추고 수평적으로 대화하려는 자세가 필요합니다. 이를 시작으로 서로를 인정하고 존중하며, 다른 세대를 이해하고 장점을 배우려는 자세로 관계한다면 소통 및 갈등 해결이 이루어질 것입니다.

8. 자신이 서울시장이라면 시행하고 싶은 정책이 있습니까?

예시 답안

(A)

주차 문제를 해결하겠습니다. 주차 문제는 단독주택이 밀집한 주택가나 상업지역은 물론 아파트에서도 대두되고 있으며, 이로 인한 갈등이나 사회적 비용도 만만치 않게 허비되고 있습니다. 주차 문제 해결을 위해서는 먼저 자동차세를 올려서 재원을 마련한 다음 주택가나 상업지역의 공영주차장을 대폭 증설하겠습니다. 그리고 공영주차장의 요금은 무료로 하고 무단주차 벌금을 지금의 10배 이상으로 올려서 다소 불편하더라도 주차장 이용을 강력하게 유도하겠습니다. 또한 자동차 취득 시 차고지 증명이 안 되면 등록이 안 되도록 하고 차고지 증명 자체도 형식적으로 되지 않도록 하겠습니다.

(B)

보행자가 행복한 거리를 만들도록 하겠습니다. 사실 우리나라 도시들은 보행자에게 지옥과 마찬가지입니다. 보도는 울퉁불퉁하고 좁고, 불법 광고물과 주정차 차량으로 인해 곳곳이 막혀 있습니다. 따라서 불법 광고물과 주정차 차량이 보행을 방해하지 않도록 강력히 계도하도록 하겠습니다. 그리고 청계천변의 보도처럼 그냥 다니기도 좁은 보도에 나무를 심은 곳의 가로수는 별도의 아이디어를 내서 보도를 넓히도록 하겠습니다.

(C)

불법 광고물이나 전단지를 엄단하도록 하겠습니다. 거리의 전봇대나 버스 정류장을 비롯해서 광고물을 붙일 수 있는 곳에는 광고물이 없는 곳이 없습니다. 제가 알기로는 불법 광고물이나 전단지를 함부로 붙일 경우 「경범죄 처벌법」 등에 의해 제재를 받는 것으로 알고 있습니다. 그러나 실제로는 제재를 가하기보다는 사회복무요원 등을 동원해서 광고물을 제거하는 데 주력하는 것 같습니다. 이는 엄연한 불법행위가 묵과되고 있는 데다가 시민의 세금으로 불법을 원상복구한다는 점에서 이중으로 잘못된 것입니다. 따라서 불법광고물 부착자는 강력하게 제재하고 광고물 제거 비용도 부착한 사람이 부담하도록 하는 것이 바람직하다고 생각합니다.

9. 소극적 안락사 허용에 대한 자신의 견해를 말해 보시오.

Key Point

안락사는 적극적 안락사와 소극적 안락사로 구분된다.
- 적극적 안락사: 심한 고통을 받고 있는 말기 환자나 깨어날 가망이 없는 의식불명 환자를 사랑의 마음으로 죽도록 도와주는 행위로서, 전쟁 중 심한 부상을 당한 전우에게 총을 쏴 죽게 하는 상황이 그런 사례에 속할 것이다.
- 소극적 안락사: 교통사고나 약물 과다 복용으로 뇌가 손상되어 의식불명 상태에 있는 환자는 생명 보조 장치의 도움으로 생명을 유지해 가는데, 이때 환자가 소생될 가망이 없다고 판단되어 생명 보조 장치를 제거하는 경우가 이에 해당될 것이다.

예시 답안

(찬성 입장)

저는 소극적 안락사 허용에 찬성하는 입장입니다. 우선 사람은 인간답게 죽을 권리가 있습니다. 더 이상 치료 방법이나 회생 가능성이 없는 환자가 인간으로서의 존엄과 가치를 유지할 수 있도록 하기 위해서라도 자연스럽게 죽도록 해야 한다는 게 저의 입장입니다. 또한 사람을 불법적으로 살해하는 것과 환자 스스로의 결정으로 생명 유지 장치의 작동을 중단시키는 것은 결정적으로 차이가 있고 그로 인한 사망은 타살이기보다는 자연스럽게 죽음을 맞이하는 것이라고 볼 수 있기 때문입니다. 그리고 회복이 불가능한 환자가 발달된 의술로 끝까지 치료를 받는다면 생명은 단 며칠이라도 연장할 수 있을지 모르지만 그로 인해 환자 본인은 물론이고 환자의 가족들은 심리적·사회적·경제적 고통으로 인해 더욱더 큰 기회비용을 부담해야 하는 지경에 이를 수도 있습니다. 요즘 들어서 사람들은 삶의 질을 중히 여기고 있습니다. 이런 관점에서라도 고통 속에서의 희망 없는 생명 연장보다는 삶의 질이 중요하다는 의견입니다. 그리고 우리 사회에서는 이미 안락사가 광범위하게 비밀리에 이루어지고 있습니다. 만약 소극적 안락사가 합법화된다면 이에 대한 감독과 통제는 해결할 수 있다고 생각합니다. 그리고 의사와 환자의 죽음에 대한 긴장관계도 자연스럽게 해결되리라 생각합니다.

(반대 입장)

저는 소극적 안락사가 허용되어서는 안 된다고 생각합니다. 소극적 안락사를 허용한다면 많은 문제가 발생할 수 있기 때문입니다. 제가 아는 사람이 사고로 식물인간이 되어 지금도 병실에 누워 있습니다. 안락사는 반드시 본인의 동의를 얻어야 하는데 지금 그 사람은 의사표현을 할 수 없습니다. 안락사를 원하는지, 더 살기를 바라는지도 모르는 상태에서 그 사람의 생명을 남이 마음대로 결정한다는 것 자체가 이미 범죄라고 생각합니다. 그리고 또 다른 문제는 안락사가 악용될 소지가 있다는 것입니다. 안락사를 빙자한 살인이 일어날 가능성도 있고, 식물인간이 된 사람의 장기를 돈으로 사고파는 일이 발생할 수도 있습니다. 또 불치병이라고 해서 무조건 죽는 것도 아닌데 스스로 살아날 가능성을 포기한다는 것은 자신과 그 주변의 사람들에게 너무나도 불행한 일이 아닐 수 없습니다. 제가 아는 분의 아들이 작년에 병원에서도 치료를 포기하여 집에서 죽을 날만을 기다리고 있었습니다. 그러나 어떤 사람의 도움을 받아 기적적으로 회생하여 지금은 거의 정상적인 생활을 하고 있습니다. 이런 경우에서와 같이 비록 적은 가능성이기는 하지만 인간의 생명은 포기하기에 너무나 귀중한 것입니다. 또 의학 발전의 문제도 들 수 있습니다. 불치병 환자나 임종을 앞둔 사람들에 대해 의료행위를 포기하고 죽음의 길에 들어서게 한다면 의료기술 발전 자체를 저해할 수 있을 것입니다.

10. 공무원 혁신에 대한 개인적 견해를 밝히시오.

예시 답안

현재 우리나라는 청년실업뿐 아니라 온 나라가 실업으로 인한 사회적 문제를 안고 있습니다. 공직은 젊은 층은 물론 각 사회 계층에게 매력적인 직장이며 공무원 시험의 열기는 실로 대단하다고 하겠습니다. 우리나라의 공무원 비율은 OECD 평균에 비추어 볼 때 결코 많은 것이 아니라고 알고 있습니다. 인구 대비 공무원의 수가 많은 것이 아닌 상황에서 무작정 공무원 혁신을 부르짖으며 정원을 감축하는 것이 올바른 문제 해결 방법인지는 심사숙고하여야 한다고 봅니다. 특히 일률적인 정원 감축 방안은 각 부처의 인력 수급 현황과 괴리될 수 있는 부분이 있기 때문에 신중을 기하여야 합니다. 일률적인 공무원 정원 감축보다는 보다 정밀한 수요 조사를 통해 보강할 부분과 감소할 부분을 세밀하게 관찰해야 할 것이며 효율적인 업무 수행을 위한 방법들이 같이 고민되어야 한다고 생각합니다.

11. 낙태에 대해서 찬성과 반대 중 견해를 밝히시오.

예시 답안

(찬성 입장)

낙태의 사유로는 자녀를 원하지 않아서, 경제 형편, 건강상 이유, 장래 계획에 대한 지장 등이 많습니다. 또 10대 임신이나 성폭력으로 인한 임신 등 사회가 용납하지 않는 상황에 처한 여성, 예기치 못한 임신으로 인하여 사회적으로 매우 중요한 기회를 포기하여야 할 상황에 있는 여성 등을 접하였을 때 생명의 고귀함을 내세워 임신의 지속만을 강요할 수는 없습니다. 우리나라의 「모자보건법」이 정하는 낙태 허용 범위는 주로 보건학적인 사유만을 다루고 있어 현실적인 문제점을 안고 있는 데다가, 자세히 보면 모체의 보건학적 이유는 적용이 되나 태아의 보건학적인 측면은 전혀 고려되지 않는 불합리한 점도 있습니다. 따라서 현실에 맞지 않는 낙태허용 범위를 사회적 요구에 맞게 수정하고 불합리한 점을 수정·보완하여 환자와 의사 모두가 법을 준수하는 풍토를 조성하여야 할 것입니다.

(반대 입장)

한국보건사회연구원의 2021년 발표에 따르면 2020년 15~44세의 인공임신중절률은 3.3‰(전분율·퍼밀)로, 1년간 시행된 낙태는 3만 2천 63건으로 추정하고 있습니다. 이와 같은 낙태의 현실을 들어 낙태의 합법화 또는 낙태에 대한 규제를 완화시키자는 주장이 의료계와 일부 여성계를 중심으로 제기되고 있습니다. 그렇다면 폭력 행위가 만연되어 있다고 해서 폭행죄를 폐지해야 할까요? 낙태가 광범위한 사회적 현실이라 하더라도 그것만으로 낙태죄의 폐지라는 결론을 이끌어 내서는 안 될 것입니다. 낙태의 자유화보다는 낙태의 전제가 되는 원치 않은 임신의 예방 쪽으로 그 초점을 돌려야 합니다. 낙태의 수요가 많은 우리나라에서 이 문제를 합리적으로 해결할 수 있는 방법에는 다음과 같은 것이 있습니다.
첫째, 원치 않는 임신의 조절은 법에 의한 개입보다는 올바른 성교육과 피임 방법에 의해야 합니다.
둘째, 임신으로 인하여 발생하는 여성의 사회적 불이익, 가정 내 역할에 있어서의 여러 가지 제약 등은 여성의 지위 향상을 위한 사회 전체적인 관심과 투자로 해결해야 합니다.
셋째, 입양에 대한 사회적 편견 제거와 모성보호, 불우한 가정이나 시설 가정에 대한 사회복지 정책이 보다 포괄적으로 있어야 할 것입니다.
끝으로 낙태의 합법화보다는 도리어 상담과 낙태 사이에 일정 기간을 두어 숙고하게 하고, 상담 모델을 도입하며, 상담 의사와 낙태 의사를 분리시키는 등으로 대안을 마련하는 것이 올바른 방안이 될 것입니다.

12. 공무원노조에 대한 생각을 말해 보시오.

예시 답안

(찬성 입장)

과거에 비해 많이 나아지고 있지만 아직 부정부패 사례가 많으며, 졸속적인 정책의 시행으로 국력과 예산의 낭비가 줄을 잇고 있습니다. 노동기본권이 보장된 공무원노조는 상부의 부당한 지시를 단호히 거부하고 공직사회를 정화시킬 것이며, 정치권력의 하수인이 아닌 국민을 위한 공무원으로 봉사할 것입니다. 우리나라에는 수십 년 전부터 노동 3권을 갖춘 공무원노동단체인 철도노조와 우정노조, 국립의료원노조 등이 존재하여 왔습니다. 그래서 공무원노조에게 단체행동권을 부여하는 것이 시기상조라는 정부의 주장은 전혀 설득력이 없습니다. 다른 공무원노조는 모두 단체행동권이 있는 데 반하여 '전국공무원노동조합'에만 단체행동권을 허용하지 않는다는 것은 「헌법」의 평등권을 침해하는 것이라고 봅니다.

(반대 입장)

우리나라의 경우 강성노조와 격렬한 노조 운동으로 유명한데 공무원노조의 파업이 강성화될 경우 국민 전체가 겪는 피해가 막심해질 수 있습니다. 공무원의 노동이란 국민 전체를 이롭게 하는 것이 목적인데, 공무원 개개인의 실리를 위해 노조 설립 및 파업이 허용되는 것은 공무원의 존립 목적 자체에 위반합니다.

13. 출산율 저하에 따른 노동력 감소 문제 해결 방안에 대해 말해 보시오.

예시 답안

우리나라의 합계출산율이 2023년 통계청 자료에 따르면 0.72명으로 부부 2명이 결혼하여 2명은 출산하여야 현상유지가 된다고 보았을 때 매우 심각한 문제가 아닐 수 없습니다. 이제 출산은 더 이상 여성 개인의 문제, 개별 가족의 문제가 아니라 사회의 문제, 국가의 문제로 보아야 합니다. 즉, 아이의 양육 문제는 사회가 해결해야 할 문제이므로 정부의 보육정책, 육아휴직, 탁아 서비스 제도의 개선이 필요합니다. 또한, 우리는 지금 입시지옥이라는 교육 제도 속에서 살고 있습니다. 한 아이를 낳아 기르는 것뿐만 아니라 사교육 비용의 부담까지 갖고 살아야 하는 부모들과 그런 교육정책으로 힘들어 할 아이들의 문제를 해결하지 못한다면 출산 장려정책은 성공하지 못할 것입니다.

14. 자기 자신과 사회적 관점에서 가장 이상적이고 바람직한 삶은 무엇이라고 생각합니까?

Key Point

이런 질문은 정답이 정해져 있지 않다. 평소에 자신이 생각하던 바를 미리 정리해 두어 솔직하고 설득력 있게 말하는 것이 중요하다.

예시 답안

우리가 삶을 살아가면서 내리는 결정과 선택은 스스로의 삶에는 물론 다른 사람에게도 중요한 영향을 끼치게 마련입니다. 그러므로 삶을 살아가면서 자신뿐만 아니라 다른 사람도 함께 배려하는 자세를 지녀야 합니다. 우선 다른 사람들에게 손해를 끼치지 않아야 합니다. 즉, 자신이 보람 있고 의미 있다고 생각하는 삶이 남에게 고통을 준다면 안 될 것입니다. 다시 말하면 가장 이상적인 삶은 남에게 손해를 끼치지 않고, 자신으로 인해 다른 사람에게 이익을 주는 삶이라고 할 수 있습니다.

15. '좋은 게 좋은 것 아닌가?'라는 태도에 대해 어떻게 생각합니까?

Key Point

가치 판단을 묻는 질문은 판단의 정확성과 그에 따른 주장의 논리성을 평가한다. 그러므로 '이것이 옳다', '저것이 옳다'라는 식의 흑백론적인 사고를 단정적으로 드러내는 데 그쳐서는 안 된다. 자신의 견해를 객관적이고 논리적으로 표현하되, 남들이 본받을 만한 긍정적인 세계관을 지니고 있다는 인상을 심어 주면 좋은 평가를 받을 수 있다.

예시 답안

현대 사회를 '철학이 없는 시대'라고들 말합니다. 우리의 삶과 행위를 이끌어 줄 원리나 원칙을 지니지 못한 사회, 우리 모두가 인정하고 추구하는 근원적인 가치가 결여된 사회라는 뜻일 것입니다. '좋은 게 좋은 것 아니냐?'라는 태도는 기회주의와 적당주의가 판치는 철학 부재의 시대를 반영하고 있습니다. 이런 사회에서 원리·원칙을 통해 옳고 그름을 따지는 사람들은 '꽉 막힌 사람'이나 '뭘 몰라도 한참 모르는 사람'으로 내몰리기 십상입니다. 그래서 사람들은 보고도 못 본 척, 들어도 못 들은 척하고, 윗사람에게는 무조건 고분고분한 모습을 보입니다. 되도록 남의 눈에 띠는 행동을 하거나 시비거리가 될 만한 말을 하는 것은 아예 삼가고, 남들이 하는 대로 행동해야 편하다는 처세술에 익숙해져 가고 있습니다. 이런 사회적 풍토에 매몰되지 않기 위해서는 사람들에게 개개인의 삶을 지탱해 줄 원리나 이념이 있어야 합니다. 그렇지 않으면 그저 시대의 볼모이거나 조직 속의 부품에 불과한 삶을 살 수 있습니다.

16. 흔히 우리 사회에서는 뭔가 부정적인 방법을 쓰지 않으면 많은 돈을 벌 수 없다고 말합니다. 이에 대해서 어떻게 생각합니까?

Key Point

자신의 의견을 솔직하고 설득력 있게 피력하되 가치관의 건전성을 의심받을 수 있는 답변은 피해야 한다.

예시 답안

어느 정도 공감이 되는 면이 있습니다. 그러나 전적으로 그렇다고는 생각하지 않습니다. 저는 이 문제가 우리 사회의 전반적인 시스템과 관련이 있다고 생각합니다. 과거 수십 년간 우리나라는 국가가 주도하는 근대화의 과정을 거쳐 왔습니다. 그러다 보니 자연스럽게 관료와 공무원들이 시장과 각종 사업에 깊숙이 개입하게 되고 부정부패의 먹이사슬이 형성되기 시작했습니다. 이러한 부정부패의 먹이사슬이 우리 사회 전반을 움직이는 시스템이자 환경이 되었으며, 이러한 시스템과 환경 속에서 사업을 하거나 돈을 번다는 것은 정상적인 방법으로는 사실상 불가능했습니다.

그러나 시대가 흐름에 따라 국가 주도의 성장드라이브 정책은 한계에 이르게 되었습니다. 물론 아직까지도 정부의 경제정책이 시장을 좌우하는 주요 요인 중의 하나로 남아 있지만 과거와 같이 무소불위의 권력을 휘두르는 형태의 시장 개입은 더 이상 가능하지 않습니다. 그에 따라 정경유착이나 부정부패를 용인하는 사회 시스템도 바뀌고 있습니다. 우리나라도 점차 더 합리적이고 정상적인 사회로 가고 있는 것입니다. 아직은 과도기에 있지만 합리적인 사회 시스템이 정착 단계에 들어서면 오히려 부정적인 방법으로는 돈을 벌기 어려울 것으로 생각합니다.

17. 우리 사회에 도덕성이 필요한 이유와 도덕 불감증이 왜 생기는지 우리의 현실을 토대로 설명하시오.

예시 답안

우리 사회에 도덕성이 필요한 이유로는 먼저, 자유민주사회일수록 개인의 자유와 자율의 영역이 확대되므로 개인의 도덕성 의존도가 높아지기 때문입니다. 해방 후 정권을 잡은 이들이 독재와 축재로 부정부패를 일삼았고, 기업들은 정경 유착의 고리에서 탈세 행위, 기업 부실과 비리로 흘렀으며, 시민들도 이기주의·사치·향락 앞에서 도덕 불감증을 갖게 되었습니다. 또 다른 이유는 선진화된 물질문명의 혜택을 지속적으로 유지하며 질 높은 삶을 살기 위해서 도덕성이 필요하기 때문입니다. 오늘날 선진국과의 상품 경쟁에서 도덕성의 뒷받침이 없는 기술은 무의미해졌습니다. 정신적 도덕성은 물질적인 상품의 생산 활동 경쟁에서 필수적인 무형 자산이기 때문입니다. 그런데 우리의 현실은 이러한 도덕성이 땅에 떨어진 채 도덕 불감증에 걸린 상태입니다. 그 원인은 첫째, 근대화·산업화·도시화의 과정에서 전통적인 공동체 의식이 붕괴되었기 때문입니다. 둘째, 근대화 과정에서 경제 윤리 없이 급성장만을 목표로 한 경제정책의 결과입니다. 군사독재 체제에서 도덕적 장치 없이 추진된 경제정책은 그 과정에서 많은 정경 유착의 부조리와 권력가들의 비리를 낳았고, 심지어 지역 갈등의 계기도 마련했습니다. 셋째, 서구 문화에 의해 전통 문화가 밀려나면서 도덕 불감증이 자리 잡았기 때문입니다. 우리의 전통 문화는 유·불·선의 도덕 문화였습니다. 이것이 서양 과학기술의 힘에 밀려 정신적 세계나 본질보다 물질적 현실에 치우치게 되었습니다. 그리고 만연된 물질만능 풍조는 '돈'이면 전부라는 대중적 가치관으로 자리 잡아 도덕 불감증의 핵심이 되었습니다.

18. 개인주의는 사회적으로 바람직한 것인지 의견을 말해 보시오.

Key Point

사회적으로 팽배해 있는 이기적 개인주의에 대한 응시자의 생각을 파악하고 문제점이 있다면 그 해결책을 제시하는가의 여부를 통하여 인성을 판단할 수 있다.

예시 답안

개인주의는 사회적으로 볼 때, 무척 바람직한 것입니다. 문제는 개념의 구분이 잘못되어 있다는 것입니다. 우리나라에서 만연하고 있다는 소위 개인주의는 집단보다 개인을 우선하며 남의 이익보다 자신의 이익이 우선한다고 여기는 이기적 개인주의입니다. 내 자식이 대학에 들어가는 것이 먼저라는 생각, 남의 자식이 나쁜 행동을 하는 걸 뻔히 보면서도 내 자식이 아니니까 못 본 척 외면하는 현상, 국민을 위한 민생 문제는 뒷전이고 당리당략에 얽매여 내 이익을 먼저 찾자는 현상 등이 모두 여기에 해당된다고 볼 수 있습니다. 이보다 좀 더 심각한 현상은 이기적 집단주의라고 볼 수 있습니다. 각종 노조가 자신들의 이익을 최우선으로 하여 목소리를 높이고, 지역 주민들은 아파트 가격이나 주택 가격이 떨어진다고 소각장, 납골당, 특수학교, 원전 폐기물 매립장 같은 시설의 설치를 반대합니다. 목소리가 큰 집단이 결국에 가서 이익을 챙기는 것이 우리 사회의 현실입니다. 지금 우리나라는 이기적 개인주의와 이기적 집단주의가 무척 팽배해 있어서 그 폐해가 무척 심각합니다. 진정한 개인주의는 이타적 개인주의인데 누구나 자기의 이익을 우선으로 하고 싶은 욕망이 강하기 때문에 이타적 개인주의로 가는 과정은 결코 쉽지 않습니다. 그러나 그 욕망을 조금씩만 자제한다면 공존공영하는 바람직한 결과가 나올 것입니다. 따라서 개인주의는 사회적으로 바람직한 것이며 개인주의의 허울을 쓴 이기적 개인주의는 하루 빨리 이 땅에서 소멸되도록 국가·사회·개인이 다각도로 노력해야 할 것입니다.

답변 작성

Q 공무원의 부동산, 주식 투자에 대한 본인의 의견을 말해 보시오.

A 직접 작성

Q 최저시급에 대해 찬성·반대 중 어느 한 입장에서 설명하시오.

A 직접 작성

Q 어린이집 아동 학대의 원인과 그 해결 방안은 무엇인지 설명하시오.

A 직접 작성

Q 안락사에 대해 설명하고 찬성·반대의 어느 한 입장에서 상대방 측을 설득해 보시오.
A
직접 작성

Q 원도심 인구 유출 현상에 대한 견해를 말해 보시오.
A
직접 작성

Q 혐오라는 표현을 구체적으로 정의할 수 있는지의 여부와 혐오적 표현을 사용하였다는 것만으로 처벌하는 것이 옳은 것인지 말해 보시오.
A
직접 작성

Chapter 02 | 헌신·열정

주요 기출질문 리스트

- 지원하는 부처의 주요 사업과 해당 분야 예산에 대해 설명하시오. 24 지방직
- 공무원이 공금을 횡령하는 등 불법비리가 성행하고 있는데, 이와 관련해 공무원의 공직가치 중 청렴성에 대해 설명하고 비리 행위의 원인 및 해결 방안에 대해 설명하시오. 24 국가직
- 본인이 지원하는 부처에 맞는 전문성을 갖추기 위해 어떠한 노력을 했는지 말해 보시오. 24 지방직
- 공무원으로서 하지 말아야 할 행동 2가지를 얘기해 보시오. 22 지방직
- **자신이 헌신했던 경험에 대하여 말하고, 이와 관련하여 공무원의 성실성에 대해 본인이 합격해야 할 당위성과 연관하여 설명하시오.** 22 지방직
- 공직에 들어온 후 공직사회에서 바꾸고 싶은 점이 있다면 어떻게 할 것인지 말해 보시오. 22 국가직
- 조직역량과 개인역량 중 어느 쪽이 더 중요하다고 생각하는지 말해 보시오. 22 국가직
- **먼저 공무원 징계 종류를 설명하고, 「공무원 징계령 시행규칙」의 개정된 법령 중 징계 감경 대상에서 제외되는 비위는 무엇인지 설명하시오.** 22 서울시
- 본인의 역량 중 어떤 점이 공무원과 잘 맞는다고 생각하는가? 21
- 전공으로 갈 수 있는 다른 직업을 선택하지 않고 공무원을 선택한 이유는 무엇인가? 21
- 본인이 생각하는 청렴이란 무엇이고, 청렴을 지키기 위해서는 어떤 노력이 필요한가? 21
- 중요하다고 생각하는 공직가치가 무엇인지 말해 보시오. 20
- 청렴과 관련된 법에 대해 아는 대로 말해 보시오. 20

- 공무원으로서 가져야 할 자세는 무엇인지 말해 보시오. 19
- 다니던 회사를 그만두고 공무원을 지원한 이유는 무엇인지 말해 보시오. 19
- 지원한 직렬에서 가장 중요하다고 생각하는 공직가치는 무엇이며 이를 위해 본인은 어떠한 노력을 해왔는지 말해 보시오. 19
- 공무원을 지원한 이유가 무엇인지 말해 보시오. 18
- 공무원의 봉사정신에 대해 말해 보시오. 18
- 공무원의 중요한 덕목은 무엇인지 말해 보시오. 18
- 공무원의 6대 의무 중 가장 중요하다고 생각하는 것을 말해 보시오. 18
- 개인적인 업무와 공적인 업무 중 더 중요하게 생각하는 것을 말해 보시오. 18
- 공직자의 가치 중 가장 중요한 것은 무엇이며, 그렇게 생각하는 이유를 말해 보시오.
- 음주운전은 공무원의 어떤 의무에 위배되는지 말해 보시오.
- 국민들이 바라는 공무원상에 대해 구체적으로 설명하시오.
- 음주운전을 한 공무원의 처벌에 대해 본인의 입장을 말해 보시오.
- 평소 본인이 생각하는 공무원의 업무자세와 현재 우리나라 공무원들의 업무자세를 비교하여 설명하시오.
- 공무원이 갖춰야 할 국가관과 정책관에 대해 예를 들어 설명하시오.
- 공무원에게 정치적 중립이 필요하다면 그 이유를 설명하시오.
- 공무원의 업무가 창의적인지를 설명하고 창의적인 업무가 꼭 필요한 것인지 말해 보시오.
- 대기업에 비해 복지와 급여수준이 열악한 공무원을 지원한 동기는 무엇인지 말해 보시오.
- 희망하는 부처는 무엇이며 그 이유는 무엇인지 말해 보시오.
- 희망 부서와 다른 부처에 배치된 경우 본인의 역량 발휘를 어떻게 할지 말해 보시오.
- 공무원의 전문성 향상 방안을 말해 보시오.
- 공무원 급여 및 복지에 대한 솔직한 생각을 말해 보시오.
- 공무원노조에 대한 본인의 생각을 말해 보시오.

1. 자신이 생각하는 바람직한 공무원상을 말해 보시오.

Key Point

이 질문은 공무원으로서 가져야 할 기본적인 자세를 묻는 것이다. 공무원은 다른 직업에 비해 요구되는 것도 많고 의무도 많다. 국가와 사회가 요구하는 공무원상과 자신의 생각을 적절히 조화시켜 얘기하는 것이 바람직하며, 아울러 자신이 바람직한 공무원이 되겠다는 의지를 표현할 수 있어야 한다. 비교적 자주 제시되는 질문이므로 반드시 답변을 생각해 두도록 하자.

예시 답안

저는 학창 시절 편의점에서 아르바이트를 할 때에도 책임감과 열의 그리고 주인 의식을 가지려 노력했습니다. 앞으로 공무원이 된다면, 아르바이트를 할 때와는 비교할 수 없는 몇십 배의 거듭나기가 필요하다고 생각합니다. 조직의 일원이 되어 제가 맡은 일에 대한 긍지를 가져야 하고, 구성원 사이에서도 서로에게 발전적인 모습을 보여줄 수 있는 모범이 될 수 있어야 합니다. 또한 공무원으로서 친절하고 공정한 대민업무의 수행과, 원칙과 소신에 따른 유연한 법규 적용이 무엇보다 중요합니다. 이를 위해서는 기본적으로 국민을 위해 봉사한다는 자세를 깊이 자각해야 하며, 공무원으로서 긍지와 자부심 그리고 사명감을 가지고 있어야 한다고 생각합니다. 이와 함께 끊임없는 혁신을 통해 자신의 전문성을 제고하는 업무의 효율성과 질적 향상을 꾀할 수 있어야 합니다.

2. 자신이 생각하는 공무원관은 무엇입니까?

Key Point

「헌법」 제7조 제1항에서는 '공무원은 국민전체에 대한 봉사자이며, 국민에 대하여 책임을 진다.'라고 규정하고 있다. 「헌법」에 명시된 대로, 공무원은 국민에 대한 봉사자이며, 국민 모두에 대해 책임을 진다는 마음가짐에 대해 언급하면 좋다. 「헌법」의 위 조항을 인용한 다음 자신의 견해를 풀어 내도 자연스럽고 좋다.

예시 답안

공무원은 기본적으로 국민을 위해 봉사한다는 자세를 깊이 자각하고 있어야 하며, 공무원으로서의 긍지와 자부심을 가지고 있어야 한다고 생각합니다. 이와 같은 생각을 항상 염두에 두고 자신의 능력을 최대한 발휘할 수 있도록 해야 하며, 특히 친절하고 공정한 대민 업무의 수행과 소신에 따른 유연한 법규 적용은 무엇보다도 중요하다고 생각합니다. 제가 생각하는 공무원은 일 처리를 빠르고 신속하게 하며 항상 웃음을 잃지 않고 민원인들을 반갑게 맞이해 주는 그런 인간적인 공무원의 모습을 생각하고 있습니다.

3. 공무원에 지원하게 된 동기는 무엇입니까?

Key Point

어떤 면접에서도 빠지지 않고 제시되는 것이 지원 동기이지만 특히 공무원 면접에서는 지원 동기가 더욱 중시된다. 이 질문을 통해 응시자의 공직관을 명확히 알 수 있기 때문이다. 이때 지나치게 추상적인 답변은 피하는 것이 좋다. 또한 공무원은 일반적인 직업과 달리 국민의 세금에서 급여를 지급받으며, 국민을 위해 일하는 특수성을 인지하고 있다는 것을 강조하거나, 공직사회 구성원으로서의 일면을 보여주는 것이 필요하다. 일반 기업체와 마찬가지로 자신의 경험 등을 통해 표현하는 것이 바람직하며, 민간 기업과의 비교를 통해 설명하는 것도 좋다.

예시 답안

(A)

직장 생활이라는 것이 생계를 위한 수단이기도 하지만 자아를 실현하고 봉사를 통해 보람을 찾을 수 있는 도구이기도 합니다. 이윤 추구를 목적으로 하는 일반 기업체와 달리 공무원은 국가와 국민을 위해 봉사한다는 자부심을 기본으로 삼고 있습니다. 그리고 사회의 변화 속도가 한층 빨라지면서 각계각층에서 분출되는 다양한 의견과 요구를 수렴하고 이해관계를 조정하는 공무원의 역할이 중시됨에 따라 공무원으로서 느끼는 보람도 더욱 커질 것이라고 생각합니다. 또한 본인이 하기에 따라서는 사회의 어두운 곳이나 힘겹게 사는 사람들을 위해 할 수 있는 일들이 더욱 많을 것이라 생각해 공무원을 지원하게 되었습니다.

(B)

영리 추구를 목적으로 하는 민간 기업과 달리 공무원은 국가와 국민을 위해 봉사한다는 자부심을 가지고 일할 수 있기 때문입니다. 더욱이 세계화와 정보화로 대표되는 시대 흐름 속에서 사회 각계각층에서 다양하게 분출되는 의견들을 수렴하고 이해관계를 조정해야 하는 공무원의 역할이 커짐에 따라 공무원으로서 느끼는 보람도 더욱 커질 것이라 생각하고 있습니다. 현재 생산성 향상, 비리 근절, 탈관료화 등으로 집약되는 공무원의 개혁은 무엇보다 시급한 문제로 대두되고 있습니다. 국민의 공복이라는 자부심과 친절, 성실을 바탕으로 작은 힘이나마 전력을 다해 국민의 신뢰를 받는 공무원으로 거듭나는 데 일조하고 싶습니다.

4. 왜 거주지역 지방 공무원이 아니라 서울시 지방 공무원에 지원했습니까? (서울 외 지역 출신 응시자일 경우)

예시 답안

서울은 우리나라에서 가장 발달한 지역이기 때문에 업무상으로나 업무외적으로나 사회생활을 처음 시작하는 저에게 많은 도움이 되리라 생각했습니다. 또한 저는 성격이 활달하고 사람을 좋아하기 때문에 활기찬 서울이 저의 성향에 어울린다고 생각하여 지원하게 되었습니다.

5. 민간 기업과 같이 공무원에 대해 구조조정을 실시하는 것을 어떻게 생각합니까?

Key Point

답변할 때는 자신의 소신이나 견해를 자연스럽게 밝히되 가급적 '공익 우선'을 전제로 하고 말을 시작하는 것이 좋으며, 구조조정에 대한 찬반에 집착하기보다 원칙을 위주로 답하는 것이 바람직하다.

예시 답안

민간 기업에서 구조조정을 실시한다는 것은 해당 기업이 그만큼 운영에 어려움을 겪고 있음을 의미합니다. 공무원은 국가에 의해 채용된 사람이라고 생각합니다. 따라서 우리나라의 재도약을 위해서나 고통 분담의 차원에서 볼 때 공무원 역시 구조조정에서 예외일 수 없으며, 오히려 구조조정을 통해 국민으로부터 신뢰받는 공무원으로 거듭날 필요가 있습니다. 그렇지만 일부 공무원들의 잘못으로 인해 공무원 사회 전체가 비리의 온상이라는 지적을 받고 개혁의 대상으로 취급되는 것은 결코 온당하지 못하다고 생각합니다. 특히 대기업의 70%에 불과한 급여를 받으면서도 일에 대한 열정과 사명감으로 묵묵히 헌신하고 있는 대다수 공무원들을 감안할 때 구조조정뿐만 아니라 공무원에 대한 잘못된 인식개선 방안, 사기진작 방안 등이 함께 마련되어야 한다고 봅니다.

6. 공무원의 음주운전에 대해서 어떻게 생각합니까?

예시 답안

음주운전은 공무원뿐만 아니라 어느 누구도 해서는 안 되는 범죄입니다. 공무원의 경우는 일반 민간인보다 엄격한 준법의식이 요구되므로 공무원의 음주운전 행위는 비단 법적인 문제뿐만 아니라 도덕적인 기준으로서도 지탄받아 마땅하다고 생각합니다. 이는 음주운전을 한 공무원 개인의 문제가 아니라 전체 공무원이 비난의 대상이 되기도 하기에 더욱 엄중한 문제라고 생각합니다.

7. 희망 업부(부서)는 무엇입니까?

Key Point

남들이 선호하거나 겉보기에 좋은 부서를 선택했다는 인상을 주는 것은 피해야 한다. 그러나 자신의 의지가 확고하다면 자신 있게 말하는 것도 상관없다. 현장에서 보고 배울 수 있는 업무 쪽으로 일해 보고 싶다고 이야기한다면 무난하다.

예시 답안

(A)

만일 합격한다면 직접 눈으로 보고 배울 수 있는 대민 지원 현장에서 근무하고 싶습니다. 하지만 지원한 부서에 배치되지 않더라도 기회가 닿는 대로 희망하는 부서에서 일할 수 있도록 필요한 실력을 쌓는 데 열심히 노력하겠습니다.

(B)

저는 환경부에서 가장 일하고 싶습니다. 자연을 보호하고 자연과 조화를 이루어 살면서 이익을 얻는 친환경 사회를 지지해 왔기 때문입니다. 대학에 다닐 때 환경단체의 회원으로서 이 분야에서 광범위한 경험과 지식을 쌓았습니다. 우리 사회를 더 깨끗하고, 더 건강하게 그리고 더 살기 좋은 장소로 만드는 데 저의 지식을 사용하고 싶습니다. 특히 공원 개발, 수자원 보존 및 폐기물 처리 등의 분야에서 일하고 싶습니다.

8. 공직 생활과 개인 생활 중 어느 것이 더 중요하다고 생각합니까?

Key Point

개인주의적 성향이 강한 MZ세대들에게 심심찮게 제시되는 질문으로 일에 대한 열의와 직업관, 사고방식, 생활 자세 등이 복합적으로 평가될 수 있다는 점을 감안해 신중하게 답변해야 한다. 답변할 때는 단순하게 어느 한쪽을 선택하기보다 일과 개인 생활이 상호 보완적인 관계라는 점을 전제로 자신의 입장을 밝히는 것이 좋겠다. 흔히 공직 생활에 우선순위를 두겠다고 말하지만 이때도 타당성 있는 이유를 제시할 수 있어야 한다. 개인 생활을 제대로 영위하지 못하면서 공무에 충실할 수는 없기 때문이다.

예시 답안

어느 한쪽이라고 단정적으로 말씀드리기 어려운 문제입니다. 공직 생활과 개인 생활은 따로 떼어서 생각하기보다는 함께 사고해야 할 문제일 뿐더러 어느 한쪽도 소홀히 할 수 없는, 둘 다 소중한 것이기 때문입니다. 그러나 어느 한쪽을 굳이 선택해야 한다면 공직 생활에 우선순위를 두겠습니다. 직장인이라면 자는 시간을 제외하면 누구나 하루의 절반을 일터에서 보내게 되는데, 이때의 절반은 단순한 시간적인 의미라기보다는 삶에 있어서 중요성을 말하는 것이라 생각합니다. 한 사람의 사회적 가치가 바로 공직 생활을 통해서 결정되는 것이기 때문입니다. 그렇지만 개인 생활이 뒷받침되지 못한다면 성공적인 공직 생활도 어렵다고 생각합니다. 정말 중요한 것은 둘을 하나로 볼 수 있는 사고방식과 생활 자세가 아닐까 싶습니다.

9. 공무원들이 비리에 관련되는 이유가 무엇이라고 생각합니까?

Key Point

면접위원은 응시자의 사회관과 공인으로서의 자질을 파악하고자 한다는 것을 염두에 두고 자신의 평소 소신대로 명확하게 답변하도록 한다. 공무원의 신분 보장, 공무원의 보수와 연금의 적정화, 공무원 직업윤리 향상, 상벌 제도의 개선 등을 통하여 조직 내·외부의 압력과 유혹으로부터 보호하고 상벌의 가치를 실질화하여 원칙을 바로 세워야 한다는 점을 강조한다. 이때 객관적인 자세를 견지하면서, 구체적이고 현실적인 내용을 들어 설명하는 것이 좋다. 또한 공무원 전체의 명예를 심하게 훼손시키지 않도록 하는 표현법이 중요하다.

예시 답안

'돈이면 다 된다.'라는 잘못된 의식과 뇌물수수의 관행 등 우리 사회에 만연해 있는 물질만능주의가 원인이라고 봅니다. 특히 각종 인·허가 업무 등 뇌물수수의 기회가 존재하고 있는 상황에서 민원인들의 거센 유혹은 도덕성을 최고의 덕목으로 하는 공무원의 비리를 유발시키는 가장 큰 원인이라고 생각합니다. 또한 조금씩 개선되고는 있지만 아직까지는 비현실적이라고 할 수 있는 임금체계와 승진 제도, 공무원을 불신하는 사회적 분위기도 공무원 비리 유발에 한몫하고 있다고 생각합니다. 공무원 비리를 근절하기 위해서는 공무원 개개인의 도덕성과 투명성 고취를 위한 노력과 이를 뒷받침할 수 있는 사회적·제도적인 개선이 필요합니다. 특히 공무원이 자긍심을 가질 수 있는 사회적 분위기 조성과 현실적 임금체계 및 업적에 따른 보상체제, 업무의 투명성 등이 무엇보다 중요하다고 생각합니다.

10. 국민들이 공무원 사회가 부패했다고 여기는 이유에 대해 본인의 생각을 말해 보시오.

예시 답안

공무원의 업무가 아무래도 국민들의 각종 이권과 밀접한 데다가 대기업 등에 비해서 상대적으로 박봉이다 보니 공무원들이 부패의 유혹에 빠지기 쉬운 것이 현실입니다. 또한 전통적으로 우리나라에서는 공무원, 교사 등 일부 집단에 대해서 일반 사회보다 높은 도덕 수준을 요구합니다. 그러다 보니 비슷한 부정 사건이 발생하더라도 언론에서는 공무원 관련 사건을 우선적으로 보도하게 되고 점점 공무원에 대한 이미지가 나빠지는 악순환이 계속되는 것 같습니다.

Append

- **부패인식지수(CPI·Corruption Perceptions Index)**
  독일의 비정부 국제기구인 국제투명성기구(TI)에서 발표하는 공공 및 정부 부분의 부패를 인지하는 국가 청렴도에 대한 지수이다. '부패지수'라고도 하는데, 100점 만점으로 측정해 점수가 높을수록 부패 수준이 낮음을 나타낸다. 국제투명성기구가 발표한 '2023년 국가별 CPI'에 따르면, 한국은 63점(31위)으로 2021년 62점(32위)보다 1점 상승했다. 한국은 2017년 54점(51위), 2018년 57점(45위), 2019년 59점(39위), 2020년 61점(33위)으로 완만하게 상승해왔으며 2024년 63점(32위)을 기록했다.

11. 공무원이 지향해야 할 덕목에는 무엇이 있다고 생각합니까?

예시 답안

(A)

공무원은 특정한 이익단체를 대변하는 것이 아니라 전체 국민에 대한 봉사를 하는 직업이라고 생각합니다. 국민을 위해 세심하게 법령의 테두리 안에서 융통성을 발휘하여 봉사하는 자세로 일할 때 국민에게 사랑받고 개인으로서도 보람을 느낄 수 있으리라 봅니다.

(B)

저는 공무원 사회에도 기업의 서비스 정신이 도입되어야 한다고 생각합니다. 기존의 공무원에 대한 이미지는 불친절하고 원리원칙만 고집하는 다소 융통성 없는 조직으로 인식된 측면도 있습니다. 기업이 경쟁을 통해 고객에 대한 서비스의 품질을 향상시켜 가듯이 공무원 조직도 소비자인 국민에 대한 서비스 정신을 투철하게 하여 고객 만족을 높여야 한다고 생각합니다. 그러나 서비스 정신의 강조가 이윤 추구의 모습이 되어서는 안 될 것입니다.

12. 직무상의 적성과 보수의 많음 중 어느 것을 택하겠습니까?

Key Point

일과 보수에 대한 관계를 묻는 것으로, 어느 한쪽을 지나치게 강조하거나 혹은 경시한다는 태도는 좋지 않다. 일의 내용에 대한 만족도가 더 우선한다는 점을 보여 주는 것이 좋다.

예시 답안

월급은 노력의 대가로서 주어지는 것이므로 중요합니다. 하지만 일을 한다는 것이 단지 보수를 받기 위해서만은 아니라고 생각합니다. 사회초년생인 저로서 먼저 고려해야 할 것은 일의 내용과 만족도입니다. 즉, 보수보다는 내가 하게 될 일이 적성에 얼마나 맞고 제 실력을 발휘할 수 있어 조직에도 도움이 되느냐 하는 것입니다. 그다음 그에 합당한 대가를 받을 수 있다면 더욱 좋겠습니다.

13. 리더십이란 무엇이라고 생각합니까?

Key Point

자신의 경험에 비추어서 자신이 생각하는 리더십이란 어떤 것인지를 생각해 놓고 있어야 한다.

예시 답안

제가 존경하는 선배 중에 종합상사에 근무하는 분이 계십니다. 그분은 거의 매일매일 일에 대한 열정으로 사시는 분으로 논리력과 추진력이 타의 추종을 불허하던 분이셨는데, 리더십에 대해 이렇게 말하셨습니다. "리더십은 능력과 경험에서 나온다."라고요. 맞는 말이라고 생각합니다. 결국 능력과 경험이 있어 일을 올바른 방향으로 추진해 나갈 수 있는 힘이 있다면, 아랫사람은 믿고 따라가기 마련이라 생각합니다.

14. 원하지 않는 부서나 지역에 배치되면 어떻게 하겠습니까?

Key Point

공무원에 대한 의지를 묻는 문제이다. 어느 부서나 그 부서 나름의 배울 것이 있다고 생각한다는 내용의 답이 좋다.

예시 답안

처음부터 자신의 적성에 맞는 부서에 배치되는 것도 좋겠지만 전혀 다른 분야에서 자신의 적성을 발견할 수도 있다고 생각합니다. 일단 최선을 다해 그 일을 한 번 해보겠습니다. 저에게 그런 기회를 주셨다면 제가 그 일을 잘 할 것이란 기대를 가지신 거라고 생각합니다. 저에게 기대를 걸어 주신다면 절대 실망시켜 드리지 않겠습니다. 또한 근무지는 문제되지 않습니다. 저는 아직 미혼이고, 집에서 떠나 새로운 곳에서 좀 더 다양한 사회 경험을 하는 것도 제 삶에 도움이 되리라 생각됩니다.

15. 중앙부처에서 근무하다가 지방으로 발령이 난 경우 어떻게 하겠습니까?

예시 답안

인력수급 계획에 따라 정해진 인사발령에 대해 개인적 불만을 표시하지는 않을 것입니다. 사전에 합리적이고 타당한 이유로 그러한 인사발령이 나왔을 것이므로 저를 필요로 하는 조직에 충실할 것입니다. 변화를 두려워하면 발전은 요원하다고 생각합니다. 변화된 환경에 빨리 적응하여 필요한 인재로 인정받기 위해 노력할 것입니다.

16. 당신은 공무원이 되기에 적합하지 않은 것 같은데요.

Key Point
어느 부분이 적당하지 않은지 겸허하게 물어보고 부적합한 점은 고칠 수 있다는 순응성을 보인다. 자신이 있는 사람은 역으로 자기 PR을 할 수도 있다. 대답이 막히지 않도록 침착함을 잃지 말아야 한다.

예시 답안
선배나 지인들로부터 여러 이야기를 들어 공무원 생활에 대해 어느 정도는 알고 있다고 생각합니다. 저의 판단으로는 공무원이 적성에 맞는다고 생각되어 지망을 했습니다만, 어느 부분이 적합하지 않은지 알려 주시면 될 수 있는 대로 고치겠습니다.

17. 공무원이 공금을 횡령하는 등 불법비리가 발생하고 있는데, 이와 관련해 공무원의 청렴의 의무에 대해 설명하고 비리 행위의 원인 및 해결 방안에 대해 말해 보시오.

Key Point
공무원의 청렴의 의무에 대한 질문이 자주 출제되고 있는 추세이다. 따라서 법령에서 말하는 청렴의 의무에 대해 숙지하고, 이를 지원한 직렬에서 어떻게 지킬 수 있는지 미리 정리해 보는 것이 바람직하다. 2022년 5월부터 시행된 「이해충돌방지법」과 연관하여 설명하는 것도 좋다.

예시 답안
청렴의 의무란 직무와 관련하여 직접·간접적으로 사례나 증여, 향응을 수수하면 안 된다는 것으로, 공무원은 공무원 윤리에 따라 언제나 공익을 우선시하며 사익을 추구하지 않아야 한다는 것입니다.
청렴의 의무가 있음에도 불구하고 공무원 부정부패가 발생하는 원인으로는 공무원의 가치관·봉사관 결여와 같은 직업 윤리의 타락과 같은 인적 요인, 비현실적 규제·불명확한 집행기준과 같은 행정적 요인, 고객의 이기주의·편의주의·특권의식 등과 같은 환경적 요인이 있습니다.
공무원 부정부패는 공무원 개인의 가치관뿐 아니라 행정체계 전반, 사회와의 관계에서 구체화되므로 이에 대한 행위를 해결 방안도 사회 체계를 개선하는 것이 우선하여야 합니다. 공무원 개개인이 청렴의 의무에 대한 인식을 제고해야 할 뿐만 아니라 2022년 5월에 시행되기 시작한 「이해충돌방지법」과 같이 공무원의 책임성을 강조하는 법 개선과 각종 제도·의식 개혁 그리고 공무원의 처우 개선이 동시에 이루어져야 하며 부패 적발 강화를 위한 시민 참여 확대, 고발보상제, 적발활동 등이 강화되어야 한다고 생각합니다.

Append

- 「이해충돌방지법」
  공직자의 직무수행과 관련한 사적 이익 추구를 금지함으로써 공직자의 직무수행 중 발생할 수 있는 이해충돌을 방지하여 공정한 직무수행을 보장하고 공공기관에 대한 국민의 신뢰를 확보하는 것을 목적으로 한다.

18. 전에 다니던 회사를 그만두고 공무원에 지원한 이유가 무엇입니까?

Key Point

당혹스러운 질문을 통해 지원자의 위기관리능력을 보는 동시에 직업관까지도 확인하려는 의도의 질문이다. 여유 있는 태도로 소신껏 대답하여야 한다.

예시 답안

직업을 선택하는 일은 매우 중요하다고 생각합니다. 나름대로 뚜렷한 기준과 소신을 가지고 이전 회사를 선택하였고, 전에 일하였던 곳에서도 최선을 다해 일했기 때문에 저에게 좋은 경험이 되었다고 생각합니다. 이 경험들을 살려 국민에게 봉사하고 싶어 공무원에 지원하였습니다.

19. 인간성 좋은 상사와 능력 있는 상사 중 어떤 유형의 상사를 선호합니까?

Key Point

당연히 두 가지를 모두 겸비한 사람이 좋다. 이런 질문에 대한 대답을 할 때는 약간의 아부성 발언을 첨가하면서 미소로 멘트를 마무리한다면 화기애애한 분위기를 유도할 가능성이 높다.

예시 답안

공무원의 길을 택하신 분들이라면 기본적으로 남을 배려하는 헌신적인 태도를 가진 분들이시라 생각합니다. 또 요즘은 공무원이 되기 위해서 일정 수준 이상의 능력을 가지고 있어야 하므로 능력 또한 있으신 분들이시라 생각합니다. 제 상사 분이 능력도 출중하시고 인간성까지 좋으신 분이면 더 바랄 게 없을 것 같습니다.

20. 만약 상사가 부당한 지시를 내린다면 어떻게 대처하겠습니까?

Key Point

응시자가 조직에 얼마나 잘 적응할 수 있는지, 응시자의 가치관이 어떠한지, 문제를 얼마나 잘 해결할 수 있는지 확인하는 질문이다.

예시 답안

먼저 상사가 지시한 내용이 법규에 위배되거나 사회적 윤리에 어긋나는 등 객관적으로 부당한 지시인지 확인한 후, 만약 그렇지 않다면 제가 생각지 못한 부분이 있을 수도 있으므로 지시에 따라야 한다고 생각합니다. 하지만 객관적으로 부당한 지시라면 그대로 따르지 않고 문제가 될 소지가 있다는 것을 말씀드린 후 정중하게 거절하겠습니다.

Append

※ 비슷한 유형의 질문

- 인생에서 가장 가치 있는 것은 무엇입니까?
  자신의 이상을 실현하는 것이라고 생각합니다. 어떤 목표를 세워 놓고 열심히 노력해 그 목표에 도달했을 때 가치 있는 삶을 살았다고 할 수 있겠습니다.

- 사회인으로서 필요한 마음가짐에 대해서 말해 보시오.
  모든 일에 의타심을 버리고 자립의 정신으로 대결해 나가야 하며, 또한 나 이외에 다른 사람과도 협조하여 일을 추진하는 정신과 주어진 일에 대한 책임감 등이 중요하다고 생각합니다.

- 자신의 직업관을 말해 보시오.
  어떤 일이든지 최선을 다했을 때에 좋은 결과가 나온다고 생각합니다. 그래서 저는 어떤 일이든지 제게 맡겨지면 적극적인 자세로 임하고 있습니다. 제 능력을 발휘할 수 있는 가장 좋은 방법은 일을 통해서라고 생각하기 때문입니다.

- 본인이 가장 좋아하는 인간형과 싫어하는 인간형을 말해 보시오.
  저는 정직한 사람을 가장 좋아합니다. 자신의 잘못을 솔직히 시인하는 사람이 가장 용기 있는 사람이라고 생각합니다. 반면에 자신의 이익을 위해서 수단과 방법을 가리지 않는 기회주의적인 인간형을 가장 싫어합니다.

- 대인관계에서 본인이 가장 중요하다고 생각하는 것은 무엇입니까?
  상대방의 장점만을 보려고 애쓰며, 진심에서 우러나오는 칭찬을 아끼지 않는 것이 가장 중요하다고 생각합니다.

답변 작성

Q 공무원을 지원한 이유는 무엇입니까?
A
직접 작성

Q 국민들이 바라는 공무원상에 대해 구체적으로 설명하시오.
A
직접 작성

Q 공무원으로서의 포부를 설명하시오.
A
직접 작성

Q 희망하는 부서는 무엇이며 그 이유는 무엇입니까?

A
직접 작성

Q 공무원의 의무에 대해 말해 보시오.

A
직접 작성

Q 지원한 직렬에서 가장 중요하다고 생각하는 공직가치는 무엇이며, 이를 위해 본인은 어떠한 노력을 해왔습니까?

A
직접 작성

주요 기출질문 리스트

- **빅데이터와 스몰데이터의 유용성과 그 활용 방안에 대해 말해 보시오.** 22 지방직
- 지적 재조사 사업에 대해 설명하고, 이를 대도시에 홍보할 수 있는 방법을 논하시오. 22 지방직
- 외국인 공무원에게 자랑하고 싶은 고용노동부의 정책은 무엇인가? 22 국가직
- **지방자치에서 제일 중요한 것은?** 22 서울시
- 근로소득과 사업소득의 차이는? 22 국가직
- **출산률이 떨어지고 있는데 출산율을 높이기 위해서는 정책적으로 어떤 보완사항이 필요한가?** 21
- 출산률이 떨어지는데 출산율 관련 정책의 문제점은 무엇이라고 생각하는가? 21
- **코로나19 확산으로 재택근무가 확대되고 있다. 일상 속에서 할 수 있는 정보보안을 위한 생활 수칙에는 무엇이 있는가?** 21
- 「형집행법」의 계호프로그램에 대해서 말해 보시오. 21
- 적극행정 사례에 대해서 말해 보시오. 21
- **실질과세의 원칙이란 무엇인가?** 20
- **세균과 바이러스 차이와 그와 관련한 질병의 종류는 무엇인가?** 20
- **코로나19로 인해 앞으로의 교육은 어떻게 될 전망인가?** 20
- 부당노동행위는 무엇이며 이를 개선할 수 있는 방안은 무엇이 있는지 말해 보시오. 19
- 주민참여예산 제도는 무엇인지 말해 보시오. 19
- 지원한 직렬에서 시행하고 있는 정책 중 관심 있는 정책과 그 정책의 개선 방안에 대해 말해 보시오. 19
- 귀화자와 영주권자의 차이는 무엇인지 말해 보시오. 19
- 정부의 일자리 창출 노력에 대해 아는 대로 말해 보시오. 19
- 빅데이터를 어떻게 공무에 적용할 수 있는지 말해 보시오. 18
- 김영란법의 정식 명칭과 김영란법에 대해 아는 대로 말해 보시오. 18
- 베이비부머(Baby Boommer) 세대를 위한 복지정책에 대해 말해 보시오. 18
- 스마트시티(Smart City)의 문제점과 활성화 방안에 대해 말해 보시오. 18
- 옴부즈만(Ombusman) 제도란 무엇인지 말해 보시오. 18

- 취소와 철회의 차이에 대해서 말해 보시오. 18
- 예산 편성 과정에 대해 설명하시오. 18
- 제4차 산업혁명에 대해 말해 보시오.
- 퍼플오션(Purple Ocean)이란 무엇인지 말해 보시오.
- 김영란법과 형법의 뇌물죄의 차이점에 대해 말해 보시오.
- 행정행위 시 의도하지 않은 피해에 대한 배상 문제(구상권)를 설명하시오.
- 사회적 기업에 대해 설명하고 사회적 기업을 활성화할 방안이 있으면 말해 보시오.
- 농업후견인 제도와 그 의의에 대해 설명하시오.
- 고위공무원단 제도의 장단점을 비교하여 설명하시오.
- 정부회계에 도입된 발생주의, 복식주의 회계 제도의 의의와 장단점을 설명하시오.
- 자치경찰 제도란 무엇이며 어떤 장단점을 가지고 있는지 설명하시오.
- 지방자치제도의 안정적 운영을 위한 방안을 구체적인 사례를 들어 설명하시오.
- 민원 제기 수단이나 방안을 단일화하는 것이 좋은지 다각화하는 것이 좋은지 각각의 장단점을 비교 설명하시오.
- 주민소환 제도의 의의와 도입 취지를 설명하고 이에 대한 본인의 견해를 제시하시오.
- FTA에 대한 우리나라의 실태를 간략하게 설명하시오.
- NLL에 대한 본인의 견해를 설명하시오.
- '새터민'이란 용어가 도입된 취지와 이유에 대해 설명하시오.
- 정보의 양극화를 완화할 방안에 대해 구체적으로 설명하시오.
- 인구 감소에 대한 정부 차원의 대책과 민간 차원의 대책을 말해 보시오.
- 남성육아휴직 제도에 대해 설명하고 개선책을 말해 보시오.
- 시간제 공무원에 대한 입장을 설명하시오.
- 공무원 시험 제도의 문제점을 비판적인 시각에서 설명하시오.
- 고시 제도의 장단점을 설명하고 발전 방안을 이야기해 보시오.
- 임금피크제 도입에 대한 본인의 입장을 설명하시오.
- 국제화에 비추어 외국인 노동자의 국내 취업 문제에 대한 장단점을 말해 보시오.
- 환경정책과 개발정책의 내립을 최근의 사례를 비추어 설명하고 비람직한 조회 방안을 설명하시오.
- 초고령 사회에 대해 설명하시오.
- 탄소배출권 거래제에 대해 설명하시오.
- 브릭스(BRICs) 소속 국가는 어디인지 말해 보시오.
- 근로장려세제에 대해 설명하시오.
- 농산물수출 관점에서 한미FTA가 미칠 영향을 설명하시오.
- 골드칼라(Gold Collar)에 대해 설명하시오.
- 통화 스와프 협정이 무엇인지 말해 보시오.
- 학교정보 공시 제도의 장단점을 비교하여 말해 보시오.
- 유비쿼터스(Ubiquitous)의 의미와 활용 예를 설명하시오.
- 거주자우선주차제의 장단점을 말해 보시오.

- 국기와 외국 국기를 같이 게양하는 경우 그 순서에 대해 설명하시오.
- NEIS(교육행정정보시스템)에 대해 설명하시오.
- 베이크 아웃(Bake Out)이란 무엇인지 말해 보시오.
- 녹색성장, 저탄소, 화석연료에 대해 설명하시오.
- 재정운영보고서의 자산 항목은 무엇인지 그 종류를 구분하여 설명하시오.

1. 부당노동행위는 무엇이며 이를 개선할 수 있는 방안은 무엇이 있는지 말해 보시오.

> **예시 답안**
>
> 부당노동행위는 근로자가 노동 3권인 단결권, 단체교섭권, 단체행동권을 행사하는 것을 방해하는 행위를 의미하며, 「노동조합 및 노동관계조정법」에서 이에 해당하는 행위들을 구체적으로 규정하고 있습니다. 부당노동행위가 지속적으로 발생하는 원인에는 부당노동행위 이전 또는 이후에 적절한 관리·감독 절차가 부족하기 때문이라고 생각합니다. 노동위원회의 부당노동행위 구제명령을 이행하지 않을 경우 당사자의 신청 또는 직권으로 500만 원 이하의 과태료에 처하고, 명령의 불이행 일수 1일당 50만 원 이하의 비율로 산정한 과태료에 처할 수 있지만 아직도 과태료를 지불하고 마는 경우가 있으며, 구제 명령을 이행하더라도 교묘히 구제받은 자에게 불이익을 주고 있는 경우 또한 있습니다. 이를 방지하기 위해 정기감독, 수시감독, 특별감독 등 다양한 감독 절차가 있지만 인력의 부족으로 사실상 면밀한 감독이 되지는 못한다고 생각합니다. 인력이 충원된다면 더욱 면밀하게 감독을 할 수 있고 이제까지 교묘히 감독의 눈을 피해갔던 수많은 행위들을 더 많이 발견할 수 있을 것이라고 생각합니다. 이러한 감독 절차가 없어도 사용자와 노동자의 상호 간 이해와 협력으로 부당노동행위가 해결되고 앞으로 부당노동행위가 사라질 수 있다면 좋겠지만 현실적으로 불가능하기 때문에 더 면밀한 감독 절차를 통해 사용자들이 빠져나갈 수 있는 틈을 없애는 것이 가장 현실적인 개선 방안일 것이라 생각합니다.

2. 주민참여예산 제도는 무엇인지 말해 보시오.

> **예시 답안**
>
> 주민참여예산 제도는 지방예산 편성 등과 같은 지방자치단체의 예산 편성 과정에 주민을 참여시켜 재정운영의 투명성과 책임성을 높이는 제도입니다. 「지방재정법」 개정으로 2011년 9월부터 의무화되었으며, 지방자치단체의 장은 지방자치단체의 장 소속으로 주민참여예산위원회 등 주민참여예산기구를 두어야 합니다. 주민참여예산기구는 주민참여예산 제도의 운영에 관한 사항, 지방의회에 제출하는 예산안에 첨부하여야 하는 의견서의 내용에 관한 사항, 그 밖에 지방자치단체 장의 주민참여예산 제도의 운영에 필요하다고 인정하는 사항들의 심의를 담당합니다.

3. 귀화자와 영주권자의 차이는 무엇인지 말해 보시오.

> **예시 답안**
>
> 귀화자는 외국인이었지만 우리나라의 국적을 취득한 사람이고, 영주권자는 국적을 소유하고 있지는 않지만 일정한 요건을 갖춘 외국인에게 부여되는 우리나라에서 영주할 수 있는 권리를 가진 사람을 의미합니다. 귀화에는 일반귀화와 간이귀화, 특별귀화가 있는데 '5년 이상 계속하여 대한민국에 주소가 있어야 함'을 일반귀화 요건으로 규정하고 있으므로 일반귀화자는 모두 영주권이 있습니다.

4. 김영란법의 정식 명칭과 김영란법에 대해 아는 대로 말해 보시오.

예시 답안

일명 김영란법의 정식 명칭은 「부정청탁 및 금품등 수수의 금지에 관한 법률」이고, 정식 약칭은 「청탁금지법」입니다. 이 법은 2015년 3월 27일 공직자의 부정한 금품 수수를 막겠다는 취지로 제정된 법안입니다. 언론인과 사립학교 교직원을 포함한 공직자가 직무 관련성과 상관없이 100만 원을 초과하는 금품을 받으면 형사처벌을 받으며, 100만 원 이하 금품 수수는 직무 관련성이 있는 경우에만 과태료가 부과됩니다. 또한 직무 관련 없이 100만 원 이하를 받더라도, 같은 사람으로부터 연간 300만 원을 초과해 받으면 형사처벌 대상이 됩니다.

5. 매니페스토(Manifesto)에 대해 아는 대로 말해 보시오.

예시 답안

매니페스토는 정책, 공약을 의미하는 단어로, 당선 이후 정치인이 선거 전에 약속한 정책 공약을 지켜나가야 한다는 일종의 운동입니다. 매니페스토는 라틴어의 손(Manus)과 치다(Fendere)가 합성어에서 유래했습니다. 현재 쓰이고 있는 매니페스토는 '이탈리아 공산당선언'에서 사용된 이탈리아어의 'Manifesto'입니다. 매니페스토는 캠페인에 참여한 정치인이 자신의 명예를 걸고 공약을 실천하겠다고 다시 한 번 약속하는 셈입니다. 투표를 하는 국민들은 후보자가 내 놓은 공약이 얼마나 실현 가능하고 구체적인가에 따라 표를 주자는 움직임을 통해 허황되거나 사탕발림 같은 공약만 내세우는 후보나, 구체적인 정책 없이 금권이나 조직을 동원해 표를 얻으려는 후보자에 경고할 수 있습니다.

6. 고소와 고발의 차이를 말해 보시오.

예시 답안

고소는 범죄의 피해자 등 고소권을 가진 사람이 수사기관에 대하여 범죄사실을 신고하여 범인을 처벌해 달라고 요구하는 것입니다. 고소권자에는 모든 범죄의 피해자, 피해자가 무능력자인 경우의 법정대리인 그리고 피해자가 사망한 경우의 배우자, 직계친족, 형제자매가 해당합니다. 고소는 제1심 판결 선고 전까지 취소할 수 있으며, 고소를 취소한 자는 다시 고소하지 못합니다.
범죄의 피해자나 고소권자가 아닌 제3자가 수사기관에 대하여 범죄사실을 신고하여 범인을 처벌해 달라는 의사표시를 고발이라고 하는데 형사소송절차에서는 대체로 고소와 취급을 같이 합니다. 누구든지 범죄가 있다고 생각되는 경우 고발을 할 수 있으나 자기 또는 배우자의 직계존속은 고발하지 못합니다. 고발은 제1심 판결 선고 전까지 취소할 수 있으며, 고소와 달리 고발은 취소한 후에도 다시 고발할 수 있습니다.

7. 공법행위란 무엇을 말하는지 아는 대로 말해 보시오.

예시 답안

공법행위란 「행정법」 등 공법관계에서 국가 등 행정주체와 사인 간의 행위로서 공법적 효과를 발생·변경·소멸시키는 행위를 말합니다. 공법행위는 주체에 따라 행정행위, 행정입법으로서의 명령, 확약, 행정계획 등 행정주체의 공법행위와 사인의 공법행위로 나눌 수 있습니다. 사인의 공법행위는 공법적 효과를 발생시키기는 하지만 공정력, 존속력, 강제력 등이 인정되지 않는다는 점에서 행정주체의 공권력 발동과 구별됩니다.

8. 교육 3법에 대해 아는 대로 말해 보시오.

예시 답안

교육 3법은 「교육기본법」, 「초중등교육법」, 「고등교육법」을 말합니다. 1949년 제정된 구 「교육법」이 1997년 12월에 교육 3법으로 전환되었고, 이후 「평생교육법」과 「유아교육법」이 추가되어 교육 5법으로 운영되고 있습니다.

9. 교육자치제의 문제점을 3가지만 말해 보시오.

예시 답안

첫째, 일반행정과 지방교육행정 간 연계 단절을 들 수 있습니다. 현행 분리형 교육자치로 인해 일반행정과 교육행정 간의 연계를 단절시킴으로써 교육재정 지원, 학교부지 확보, 학교주변 정화, 교육 시설의 설치 및 관리 등 교육에 대한 일반행정의 행·재정적 지원 노력을 원천적으로 봉쇄하고 있습니다. 또한 교육자치를 광역 단위로 시행함으로써 교육활동에 대한 주민의 직접 또는 간접적인 참여와 통제는 물론, 교육현장(특히 학교)에의 주민 접근을 어렵게 하고 있습니다.

둘째, 의결권 이원화에 따른 비효율 문제점이 있습니다. 현재 교육위원회는 교육·학예의 심의·의결기능을 행사하고 있으나 최종의결기관이 아니며, 핵심사무에 대하여 지방의회의 의결을 거치도록 되어 있어 이에 따른 행정력 낭비, 의사 결정 과정에서의 기관 간 대립·갈등으로 인한 업무 비효율이 심각한 상태입니다.

마지막으로 유사·중복기능의 분리수행으로 인한 비효율 문제를 들 수 있습니다. 현행 분리형 교육자치제는 일반지방행정과 유사한 기능을 지방교육행정기관으로 하여금 분리수행하게 함으로써 행·재정적 자원의 낭비와 상호협조가 제대로 이루어지지 않아 업무 비효율을 초래하고 있습니다. 특히 서무, 시설 관리, 재정 관리 등은 고유한 교육 업무로 보기 어려움에도 불구하고 별도의 조직과 인력을 보유함으로써 자원 낭비를 초래하고 있습니다. 학생 생활 지도, 학교 신설 부지 선정 및 시설 결정, 교육 재정 지원, 학자금 지원 등의 업무는 일반행정과 관련성이 깊은 업무임에도 불구하고 양 기관 간의 연계성이 확보되지 않아 효과적 수행이 어려운 실정입니다.

10. 「헌법」에 왜 납세의 의무가 명시되어 있는지 말해 보시오.

예시 답안

국가가 존립하기 위한 국가재정의 기초를 이루는 것은 국민의 세금입니다. 국민의 세금과 관련된 납세의 의무는 국가가 국민의 재산권을 보장하는 성격을 가지는 동시에 재산권에 대한 일종의 제한입니다. 이는 조세법률주의와도 관련이 되어 있는데 조세의 종목과 세율을 법률로 정함으로써 「헌법」상의 납세의 의무에 대해서 확립하고 있습니다. 「헌법」에 명시되어 있고 국가의 재정과 직접적으로 연관이 있는 만큼 올바른 납세는 국민으로서 중요한 의무이며, 이를 수행하는 세무공무원 역시 「헌법」에 명시되어 있는 바와 같이 법률에 따라 납세와 관련된 업무를 행해야 한다고 생각합니다.

11. 헌법재판소의 권한에 대해 설명하시오.

예시 답안

먼저, 위헌 법률 심판권이 있습니다. 위헌 법률 심판권은 법원의 위헌 법률 심사 제청이 있을 경우에 법률이 헌법에 위반되는지의 여부를 심판하는 권리로서 헌법재판소 재판관 6인 이상의 찬성으로 위헌이 결정되면, 그 법률은 즉시 효력을 상실합니다. 다음으로 탄핵 심판권이 있습니다. 탄핵 심판권은 국회로부터 탄핵 소추를 받은 자에 대해 심판하는 권리로서 탄핵 결정 시 당사자는 파면과 민·형사상의 책임을 집니다. 또한, 정당 해산 심판권도 있습니다. 정당 해산 심판권은 정당의 목적이나 활동이 민주적 기본 질서에 어긋나는 경우 그 정당에 대해 정부가 정당의 해산을 제소하면 이에 대해 심판하는 권리입니다. 그리고 기관쟁의 심판권이 있습니다. 기관쟁의 심판권은 국가기관 상호 간 또는 국가기관과 지방자치단체 간 및 지방자치단체 상호 간의 권한과 의무의 범위에 관한 분쟁이 발생한 경우, 재판관 7인 이상의 출석에 출석인원 과반수의 찬성으로 결정하는 권리입니다. 마지막으로 많은 사람들이 알고 있는 헌법 소원심판권이 있습니다. 헌법 소원심판권은 공권력의 행사 또는 불행사로 인하여 기본권을 침해당한 경우 국민이 그 권리의 구제를 위해 제소하면 이를 심판하는 권리입니다.

12. '모성보호법'에 대해 어떻게 생각합니까?

Key Point

'모성보호법'은 현실과 원칙의 문제이다. 모성보호법이 제정되면 비용부담의 문제나 노동력 공백 등의 현실적 어려움이 발생하는 것이 사실이다. 그러나 임신과 출산이 사회구성원을 충원하는 중요한 과정이므로 사회적인 책임이 있다는 측면과 임신과 출산으로 인해 여성이 불이익을 받지 않아야 한다는 남녀평등의 측면에서 모성이 보호되어야 한다는 원칙은 강력한 논리성이 있다. 따라서 현실 문제를 고려하면서 원칙 중심으로 문제에 접근하는 것이 좋다.

예시 답안

사회적 관점으로 보면 여성의 임신과 출산은 다음 세대의 구성원을 재생산하여 사회의 유지와 발전을 가능하게 하는 중요한 일입니다. 그러므로 여성의 임신·출산과 관련한 모성보호는 여성 개인 혹은 개별 가족의 책임으로 전가될 것이 아니라 사회 전체가 공동으로 책임져야 할 일입니다. 그리고 여성이 임신과 출산을 통해 모성의 역할을 수행하는 과정에서 자신이 가진 잠재력이 훼손되거나 자기 발전의 기회를 잃지 않고 즐거움과 자랑스러움을 누릴 수 있도록 사회 분위기를 만들어가야 합니다. 이를 위해 출산휴가를 확대하고 유급육아휴직을 도입한 '모성보호법'의 법 취지에 찬성합니다. 다만 이 법을 적용할 때 발생하는 추가비용을 기업에 맡기게 되면 기업의 부담이 늘고 여성고용 기피현상이 생길 수도 있으므로, 국가나 사회에서 부담하는 것이 좋다고 생각합니다.

Append

- **모성보호법**

여성의 신체적·생리적 특성을 감안하여 근로장소에서 여성을 특별히 보호하기 위한 사회적 조치이다. 건강한 아이를 낳아 기르는 것은 여성의 기본적 권리이고, 동시에 태어나는 아이의 생존유지를 위한 기본적 조건이기도 하므로 모성보호 조치의 필요성은 널리 인정되고 있다. 세계 최초의 모성보호에 대한 규정은 1844년 제정된 영국의 「공장법」으로 부인의 노동시간을 일일 12시간으로 제한하여 심야 작업을 금지하였다. 제2차 세계대전 이후 각국은 모성보호 규정을 「근로기준법」으로 확립시켰다. 구체적인 범위는 각국의 사정에 따라 차이가 있다.
우리나라는 근로여성 모성보호 관련 법(「근로기준법」, 「남녀고용평등법」, 「고용보험법」)이 개정되어 2001년 11월 1일부터 시행되고 있다. 이 법은 출산 전후 휴가를 60일에서 90일로 확대하는 등 모성보호를 강화하고, 출산 전후 휴가급여 및 육아휴직급여의 신설과 이로 인한 비용의 사회화와 함께 직장과 가정이 양립할 수 있는 내용을 담고 있다. 또한 여성의 연장·야간·휴일 근로 제한 규정을 합리적으로 조정하고 「남녀고용평등법」을 전사업장으로 확대하여 적용하도록 하였다. 2004년부터는 육아휴직급여를 인상하는 등 모성보호를 강화하기 위한 법개정이 지속적으로 이루어지고 있다.

13. 레임덕(Lame Duck) 현상에 대해 아는 대로 말해 보시오.

예시 답안

레임덕 현상은 임기 만료를 앞둔 공직자의 권력 누수 현상을 말합니다. 레임덕은 미국 남북전쟁 때부터 사용된 말로써, 재선에 실패한 현직 대통령이 남은 임기 동안의 정책 집행이 마치 뒤뚱거리며 걷는 오리처럼 일관성이 없다는 데서 생겨난 말입니다. 또한 이 말은 대통령을 배출한 집권당이 중간선거에서 다수 의석을 확보하지 못하여 대통령의 정책이 의회에서 잘 관철되지 않는 경우를 가리킬 때 사용하기도 합니다.

14. 선거구 간 큰 인구편차가 왜 위헌적 요소를 가지는지 설명하시오.

예시 답안

현실적으로 선거구 간에 어느 정도 인구 차이가 나는 것은 불가피한 측면이 있지만 인구편차가 심하면 선거 제도를 근간으로 하는 민주 정치 제도가 뿌리째 흔들릴 수 있습니다. 예를 들어 인구가 1만 명인 갑 선거구의 홍길동과 인구가 5만 명인 을 선거구의 임꺽정이 투표를 하는 경우 다 같이 1인 1표를 행사하기 때문에 평등선거의 원리를 충족시키는 것 같지만 홍길동은 당선자를 내는 데 있어서 최대 1/10,000만큼 기여할 수 있는 데 반해 임꺽정은 최대 1/50,000만큼 기여할 수 있기 때문에 실제로는 홍길동의 1표는 임꺽정보다 5배의 가치를 가진다고 할 수 있습니다. 이러한 이유로 헌법재판소는 2014년 전국 선거구 사이의 평균 인구수를 기준으로 할 때 선거구 사이의 인구편차가 3:1인 것에 대하여 위헌 결정을 내렸으며, 2015년 말까지 선거구 간 인구편차를 2:1로 재조정하라고 결정한 적이 있습니다.

15. 탄핵 소추와 그 절차에 대해 말해 보시오.

예시 답안

탄핵 소추안은 헌법재판소 재적의원 3분의 2 이상의 찬성이 있으면 가결됩니다. 가결되면 국회 법사위원장은 지체 없이 의결서 정본을 헌법재판소에 제출하고, 즉시 헌법재판소의 탄핵 심판 절차가 시작됩니다. 또한 법사위원장은 동시에 의결서 사본을 대통령에게 보내고, 이 순간부터 헌법재판소의 결정이 내려질 때까지 대통령의 권한은 정지되고 국무총리가 그 직무를 대행합니다. 헌법재판소는 의결서를 제출받은 뒤 180일 이내에 전원재판부를 열어 탄핵안을 심리합니다. 9명의 재판관 가운데 6명 이상의 찬성이 있어야 탄핵안이 가결되며, 부결되면 탄핵안은 폐기됩니다. 탄핵안이 가결되면 대통령은 파면됩니다.

16. 필리버스터(Filibuster)에 대해 아는 대로 말해 보시오.

예시 답안

필리버스터는 보통 '합법적 의사진행방해'라고 합니다. 필리버스터는 의회에서 소수파 의원들이 정상적인 표결 절차로는 자신들의 의사를 관철시키기 어려운 경우 합법적인 방법과 수단을 이용하여 의사진행을 고의로 방해하는 행위입니다. 과거 김대중 전 대통령은 야당 의원 시절에 의사진행을 방해하기 위해 무려 8시간이나 연설을 계속한 적이 있다고 합니다. 필리버스터로 흔히 이용되고 있는 방법에는 ① 질문 또는 의견진술이라는 명목으로 행하는 장시간의 연설, ② 규칙발언의 연발, ③ 각종 동의안과 수정안의 연속적인 제의 및 그 설명을 위한 장시간의 발언, ④ 안건 처리의 전제조건으로 제출하는 징계 동의안의 제출과 표결 요구, ⑤ 모든 의사진행의 생략이 없는 정식 절차의 요구와 그 요식 절차 이행에 따르는 의사진행의 지연 획책, ⑥ 신상발언의 남발, ⑦ 출석 거부 또는 의석 이탈 등으로 의결정족수를 미달하게 하거나 수시로 의장에게 의결정족수 또는 개회정족수를 확인시켜 의사진행을 지연 또는 방해하는 행위 등이 있습니다.

17. 관료제의 장단점에 대해 말해 보시오.

예시 답안

관료제는 많은 학자들에 의해 연구되었고 다양한 개념이 제시되었기 때문에 베버(Weber)의 관료제를 기준으로 말씀드리겠습니다. 베버는 지배의 유형을 전통적 지배, 합법·합리적 지배, 카리스마적 지배로 나누고, 근대 관료제는 합법·합리적 지배라는 이념형에 입각한다고 보았습니다. 즉 전통적인 권위나 카리스마적 인물에 의한 지배가 아닌 합법성·합리성에 의한 지배의 전형적 형태가 관료제라고 파악한 것입니다. 베버의 관료제가 추구하는 이상과 장점은 페데리코의 지적과 마찬가지로 탁월한 능률성, 질서와 안정, 예측 가능성, 계속성에 있습니다. 이러한 이상과 장점의 추구는 합법성과 합리성, 즉 비인간적인 공식적 규칙과 기준에 입각한 조직의 운영 속에서 가능한 것이고, 그러한 이상을 현실화하는 데 많은 공헌을 하였습니다. 그러나 베버는 합법적인 근대관료제의 장점을 너무 강조한 나머지 다음과 같은 점을 간과했습니다.
첫째, 베버의 이론은 공식적인 면만 강조하고 비공식적인 면을 도외시했습니다.
둘째, 합리적인 면만 강조하고, 비합리적인 면을 등한시했습니다.
셋째, 관료제의 순기능만 강조하고 역기능 내지 병리를 경시했습니다.
넷째, 관료제를 환경과 관련하여 보지 않고 그 내부의 문제만 한정해서 보았습니다.

18. 옴부즈만(Ombudsman) 제도란 무엇인지 말해 보시오.

예시 답안

옴부즈만은 스웨덴어로 남의 일을 대신해서 해주는 대리인(agent)이라는 의미입니다. 옴부즈만 제도는 행정청의 권력남용, 불공정한 권한 행사 또는 실정에 대항하여 국민을 보호하고, 행정기관의 업무가 국민에게 보다 개방되게 하며, 행정기관이 국민에 대한 책임성을 강화시키는 역할을 담당하는 제도입니다. 1809년 스웨덴을 시작으로 영국, 프랑스, 독일, 미국, 캐나다, 일본 등 100여 개 국가에서 운영하고 있습니다.

19. 내부고발자 제도에 대해 말해 보시오.

예시 답안

내부고발자란 기업이나 정부기관 내에 근무하는 내부자로서 조직의 불법이나 부정거래에 관한 정보를 신고하는 사람을 말합니다. 내부고발자는 '딥 스로트(Deep Throat)'와 '휘슬 블로어(Whistle-Blower)'로도 불립니다. 딥 스로트란『워싱턴포스트(Washington Post)』의 기자 칼 번스타인(Carl Bernstein)과 밥 우드워드(Bob Woodward)에게 워터게이트(Water Gate) 사건의 단서를 제공했던 정보 제공자의 암호명입니다. 휘슬 블로어는 호루라기를 부는 사람이라는 의미입니다.

20. 신고보상 제도에 대한 생각을 말해 보시오.

예시 답안

신고보상 제도를 채택하게 된 이유는 시민들이 꼭 지켜야 할 공공시설 깨끗이 사용하기, 음주운전 안 하기, 쓰레기 무단투기 안 하기 등과 같은 기초질서가 생활화되어 있지 않은 부문이 많기 때문입니다. 질서를 지키는 것이 편리함을 보장해 주는 수단이란 것은 여러 경우에서 확인됩니다. 예를 들어 비행기 비상착륙 시 기내에서 질서가 유지되었을 경우와 그렇지 못한 경우에 대한 모의실험에서 탈출 시간에 현저한 차이가 났던 결과를 통해 알 수 있습니다. 나 한 사람의 불편함이 다수에게 이익이 된다면 어느 정도의 불편함은 감수해야 한다고 생각합니다. 기초질서 확립을 위해서 다소의 강제적인 수단의 동원이 필요하다고 봅니다.

21. 시간제 공무원 제도에 대한 본인의 견해를 밝히시오.

예시 답안

하루 4시간 근무와 연휴 보장, 육아휴직 및 출산휴가, 정년 보장이라는 시간제 공무원의 특성은 현실적으로 결혼을 하고 아이를 낳으면 경력이 단절되는 여성들과 그 외의 탄력적인 시간 사용을 원하는 사람들을 위해서 필요한 제도라고 생각합니다. 하지만 시간제 공무원 제도를 적용할 시 시간제 공무원의 특성에 적합한 직무를 맡기는 것 역시 중요하며 이에 관련해서 필요한 규정 역시 제시되어야 한다고 봅니다. 이를 통한 업무의 효율적 배분이 이루어진다면 시간제 공무원 제도가 더 빛을 발할 수 있다고 생각합니다.

22. 직업공무원제에 대해 아는 대로 말해 보시오.

예시 답안

직업공무원제란 우수한 젊은 인재들을 공직에 유치하고 그들이 공직에 근무하는 것을 명예로 인식하여 정년퇴임 시까지 장기간에 걸쳐 성실하게 근무하도록 조직·운영되는 인사 제도입니다. 직업공무원제는 원칙적으로 젊은 인재를 최하위 직급으로 임용하여 장기간에 걸쳐 근무하도록 하면서 단계적으로 승진시킵니다. 응시자의 학력과 연령은 엄격히 제한되며 선발 기준으로는 전문적인 직무수행 능력보다는 장기적인 발전 가능성을 중시합니다. 그리고 상위 직급은 원칙적으로 승진에 의해 충원되며 외부로부터의 유입은 허용되지 않습니다.

23. 지방자치제도하에서 지방의 재정자립도를 높이기 위한 방법에 대해 말해 보시오.

예시 답안

먼저 해당 지방의 환경을 개선하고 규제를 완화하여 기업을 유치하고 인구의 유입이 늘면 취득세·등록세·주민세 등 지방세의 세입이 늘어 자립도를 높일 수 있습니다. 또한 우리나라 조세체계상 조세의 상당 부분이 국세이므로, 중앙정부와 충분히 협의하여 지방세로 돌릴 수 있는 부분은 지방세로 전환하여야 합니다. 그리고 중앙정부가 지방정부에 내려 주는 보조금 중에서 중앙정부가 통제하기 어려운 보조금의 비율을 높이면 실질적으로는 재정자립도가 높아지는 효과를 볼 수 있습니다. 또한 지방채 발행에 있어 중앙정부의 간섭을 줄이고 지방이 자율적으로 이를 발행할 수 있도록 하여 지방이 자율적으로 각종 사업의 재원을 조달할 수 있게 함으로써 지방의 재정 자립도 향상을 기할 수 있습니다.

24. 지방 분권화에 대해 아는 대로 말해 보시오.

예시 답안

지방 분권은 말 그대로 중앙정부에 집중되어 있는 권한과 이에 의해 파생되는 권력을 지방정부로 이전하는 것을 말합니다. 우리나라의 경우, 중앙부처 중심의 국가 발전 과정에서 많은 권한들이 중앙에 집중되어 있습니다. 따라서 지방자치단체들은 실제로 지역 현안에 대해서 재량권이 제한되어 왔고, 중앙부처의 지시와 감독 아래 행정 업무를 담당하는 하부 조직적인 성격을 보여 왔습니다. 그러나 시장과 군수 등을 선거를 통해서 선출하고, 지방의 행정기관들이 독립적인 지위에서 지역 문제를 처리해 갈 필요성이 늘어나면서 각 지방자치단체들도 고유의 업무에 대해서는 중앙의 통제에서 벗어나서 재량권을 행사할 수 있게 되었습니다. 이와 같이 중앙정부 부처에 집중되어 있는 권한을 고유 업무에 있어서는 지방자치단체로 이전해가는 것을 지방 분권이라고 합니다.

25. 공무원의 징계 중 경징계와 중징계에 대해 아는 대로 말해 보시오.

예시 답안

공무원 징계의 종류에는 파면, 해임, 강등, 정직, 감봉, 견책이 있습니다. 파면, 해임, 강등, 정직은 중징계이고, 감봉, 견책은 경징계입니다. 파면이나 해임은 공무원 신분을 박탈하는 것으로 파면과 해임이 되면 5년간 공무원 임용의 결격사유가 됩니다. 강등은 1계급 아래로 직급을 내리고 공무원 신분은 보유하나 3개월간 직무에 종사하지 못하며 그 기간 중 보수의 3분의 2를 감합니다. 정직은 1개월 이상 3개월 이하의 기간으로 하고, 그 기간 중에 공무원이라는 신분은 유지하지만 직무를 하지는 못하고 보수의 3분의 2를 감합니다. 감봉은 1개월 이상 3개월 이하의 기간 동안 보수의 3분의 1을 감하게 됩니다. 견책은 「국가공무원법」에 의하면 '전과에 대하여 훈계하고 회개하게 한다.'라고 규정되어 있습니다. 그 밖에 경고, 주의, 시정 등은 경미한 사항에 대하여 자성하라는 의미로 신분상에는 별다른 불이익이 없고 경고 처분을 받더라도 승진이나 봉급에는 전혀 영향이 없습니다.

26. 주민소환제의 의의와 도입 취지를 설명하고 이에 대한 본인의 견해를 제시하시오.

> **예시 답안**
>
> (A)
>
> 주민소환제는 지방자치제도의 폐단을 막기 위한 지역 주민들에 의한 통제 제도로, 지방자치단체장, 지방의원 등 선거직 공무원에게 문제가 있을 때 임기 중 주민투표를 통해 해직시킬 수 있는 제도입니다. 저는 지방자치제의 발전을 위해서 주민소환제에 대해 찬성하는 입장이지만, 현재 법률상 주민소환제가 개선이 되어야 할 점이 있다고 생각합니다. 현재 법률상 주민소환제는 소환의 대상이 되는 지방의회의원의 범위를 선출직 지방공직자로 두고 있으며 비례대표의원은 제외하고 있습니다. 비례대표의원 역시 지방자치제에서 활동을 하는 공직자이므로 이 역시 주민소환제의 대상이 되어야 한다고 생각합니다. 또한 2007년에 경기도 하남시에서 주민소환투표가 최초로 실시되었으나 투표 참가자가 3분의 1에 미달하여 개표되지 못하고 부결되었다고 합니다. 현재 대통령 선거도 투표참가율이 크게 높지 않은 상황에서 현재 법률상 주민소환제의 투표로 인한 효력이 3분의 1 이상인 점은 현실을 반영하지 못하고 있다고 생각합니다. 이러한 점에서 어느 정도 개선이 된다면 주민소환제는 더 좋은 방향으로 발전할 수 있다고 생각합니다.
>
> (B)
>
> 주민소환제는 지방자치제도의 폐단을 막기 위한 지역 주민들에 의한 통제 제도로, 지방자치단체장, 지방의원 등 선거직 공무원에게 문제가 있을 때 임기 중 주민 투표를 통해 해직시킬 수 있는 제도입니다. 저는 주민소환제에 대해 찬성하는 입장입니다. 우리나라는 간접민주주의 방식이며 주민소환제를 통해 이러한 간접민주주의의 한계를 어느 정도 극복할 수 있다고 생각합니다. 일부의 지방자치단체의 공직자들의 올바르지 않은 지방자치운영에 대해 문제를 제기할 수 있으며 이러한 점은 지방자치제도의 발전에도 도움이 된다고 봅니다. 비록 주민소환제가 정치적 반대자의 오·남용과 지역 내 분열을 초래할 수 있다는 우려가 있긴 하지만, 선출직 지방공직자의 임기 개시일로부터 1년이 경과하지 않을 때에는 주민소환제를 청구할 수 없다는 법적인 측면에서 이러한 주민소환제가 갖는 우려를 보완할 수 있다고 생각합니다.

27. 고위공무원단 제도의 장단점을 비교하여 설명하시오.

> **예시 답안**
>
> 고위공무원단 제도의 장점으로는 신분보다 일 중심의 인사관리, 개방형직위 제도와 함께 공모직위 제도 도입 및 운영과 고위공무원이 되기 위해서 후보자 교육과 역량평가를 거치는 점을 들 수 있습니다. 이는 고위공무원에게 책임 의식을 갖게 하고 더불어 고위공무원의 체계적인 성과 관리와 능력 개발 강화를 이끌어냅니다. 하지만 고위공무원단의 충원인력 중 외부 전문인력은 행정관료 출신보다 공직에서의 인맥이나 경험 등이 상대적으로 부족하므로 업무 효율적인 측면에서 저하를 가져올 수 있다는 우려가 있으며, 고위공무원을 임명하는 것 자체가 정치적 중립성 및 직업공무원 제도의 훼손이 우려될 수 있다는 단점이 있습니다.

28. 메디치 효과(Medici Effect)란 무엇입니까?

예시 답안

전혀 다른 분야의 요소들의 융합으로 생겨나는 창조와 혁신의 빅뱅 현상을 의미합니다. 이는 르네상스 때에 이탈리아 피렌체를 지배하던 메디치 가문의 이름에서 따온 것입니다. 메디치 가문은 당대의 예술가, 과학자, 상인 등 이질적 역량을 한데 모아 르네상스라는 역사적인 창조의 시너지 효과를 발생시켰습니다.

29. 사회적 기업에 대해 설명하고 사회적 기업을 활성화할 방안이 있으면 말해 보시오.

예시 답안

사회적 기업이란 비영리 조직과 영리 기업의 중간 형태로 사회적 목적을 우선적으로 추구하면서 수익 창출을 하는 기업입니다. 현재 우리나라의 사회적 기업은 주로 외식 쪽 분야에서 뻗어 나가고 있습니다. 이 중에는 성공적으로 안착한 사회적 기업들도 많지만, 아직 스스로 수익을 창출하며 사회 공공사업에도 참여하기에는 어려움을 겪는 기업들이 많습니다. 이러한 어려움을 겪는 사회적 기업을 활성화하기 위해서는 시와 사회적 기업의 협력이 중요하다고 생각합니다. 각 도와 시에서는 자치구별로 다양한 행사가 이루어지고 있습니다. 이러한 행사에 의무적으로 사회적 기업이 참여할 수 있는 권한을 부여한다면 사회적 기업이 활성화될 수 있으며 더불어 각 자치구의 행사 역시 활성화될 수 있다고 생각합니다.

30. 계층제란 무엇인지 아는 대로 말해 보시오.

예시 답안

계층제(Hierarchy)란 조직목표의 달성을 위해 직무를 권한과 책임정도에 따라 수직적으로 등급화한 피라미드 구조를 말합니다. 계층제의 원리란 조직의 능률을 달성하기 위해 그 구조를 계층제로 편성하는 것을 말합니다. 계층제는 권한과 책임의 한계를 분명하게 하고 능률적이고 신속한 업무 수행을 가능하게 하며, 조직의 통솔·통합·조정 및 갈등의 해결에 기여합니다. 그러나 계층제하에서는 새로운 지식·기술 도입의 신속성이 떨어져 환경과 상황 변화에 신속하게 적응하기 힘들어지고, 계층 간의 불신과 불만을 야기함으로써 상하 간의 동태적 인간관계를 저해할 우려가 있습니다. 또 하위계층의 정보가 위의 계층으로 보고되어 올라갈수록 왜곡되거나 상부층의 중대한 지시가 하위계층으로 내려가면서 왜곡될 우려가 있습니다.

31. 특별권력관계에 대해 아는 대로 말해 보시오.

예시 답안

일반권력관계는 국가의 국민 또는 공공단체의 일원으로서의 일반적 지위에서 복종하는 관계이며, 통치권에 복종하는 모든 자에게 당연히 성립하는 관계입니다. 이에 반해 특별권력관계는 특수한 지위에서 복종하는 관계이며, 특별한 법률원인에 의하여 특별권력의 지배범위 안에 들어온 자에 한하여서만 성립하는 관계입니다.

예컨대, 국민이 경찰권에 복종하거나 납세의 의무를 지거나, 범죄로 인하여 재판을 받아 형벌을 받는 등의 관계는 일반권력관계이며, 공무원으로 근무하거나 징집에 의하여 군무에 복무하거나 국립대학에 입학하여 수학(修學)하는 등의 관계는 특별권력관계입니다. 특별권력관계의 종류에는 ① 공법상의 근무관계(공무원의 임명), ② 영조물이용관계(학교·철도·도서관·병원 등의 이용관계), ③ 공법상의 특별감독관계(공공조합·특허기업자·행정사무 수임자·보호회사 등에 대한 국가 또는 공공단체의 특별감독관계), ④ 공사단관계(公社團關係: 농지개량조합 등 공공조합과 그 조합원과의 관계) 등이 있습니다.

32. 목표의 전환이란 무엇입니까?

예시 답안

행정학에서 조직목표의 전환(대치·도치)이란 목표와 수단의 관계에서 수단에 지나치게 집착함으로써 수단이 목적이 되고, 목표가 수단적 위치로 전락하는 현상을 의미합니다. 목표의 전환이 일어나는 발생 원인에는 다음과 같은 것이 있습니다.

첫째, 조직의 최고관리자나 소수의 간부는 일단 권력을 장악한 후에는 조직의 본래 목표를 추구하기보다는 자기의 권력·지위를 유지·강화시키기 위해 목표를 전환시키고자 합니다.

둘째, 정책·법규의 준수는 조직목표의 달성을 위한 수단임에도 불구하고 법규·절차에 지나치게 집착함으로써 그 자체가 목적이 되면 형식주의·양식주의·동조과잉(同調過剩) 현상이 초래됩니다.

셋째, 전문화나 분업에 의한 능률 증진 방안은 자기 담당 분야나 부처 입장만을 고수한 나머지 부처 간의 불협화음을 오히려 조성하게 되고 전체적인 조정과 화합을 저해하게 됩니다.

넷째, 조직은 목표를 위해 존재하는 것인데 조직의 규모가 커지다 보면 본래의 목표보다는 조직을 존속·유지하는 데 더 주력하게 되는 경우가 있습니다.

다섯째, 힘이 강한 활동적인 소수의 이익집단으로 인하여 잠재집단이나 '조용한 다수'의 권익이 무시될 수 있습니다. 노조의 간부가 자기들의 이익을 위해 조합원을 배신하는 행위 등을 예로 들 수 있습니다.

여섯째, 행정조직의 상위목표는 무형성이 매우 높고 추상적이고 본질적인 것이어서 구체적 명확성이 적습니다. 이러한 이유로 구체적 명확성이 높고 현실감이 있는 유형목표나 하위목표를 강조하게 되고 본질적인 상위(무형)목표를 무시하게 될 수 있습니다. 이러한 목표의 전환은 일상생활에서도 흔히 범해지기도 합니다. 예를 들어 돈은 행복을 위한 도구에 불과한 것이며 행복이야말로 궁극적인 목표가 되어야 하는데 많은 사람들이 돈을 위해 행복을 포기하는 어리석음을 범합니다.

33. 미래 사회가 출산율 감소와 의료계의 발달로 고령화 사회로 전환되는데 따르는 노인복지 문제와 그 대책에 대하여 말해 보시오.

예시 답안

우리 사회는 현재 급속히 노령화되고 있지만 사회복지 제도가 정착되지 않아서 노후 생활을 위한 준비가 미흡한 노인 중에 생활고를 겪는 사람이 늘어 심각한 사회 문제를 야기할 것으로 보입니다. 따라서 노인의 삶에 실질적인 도움이 될 수 있는 복지 제도를 위해서 정부나 자치단체 차원에서 노인복지대책을 마련해야 합니다. 75세 이상의 노인을 위한 노인병원 등 복지시설을 확충하고, 활동이 가능한 노인을 위한 일자리를 꾸준히 늘리며 고령자 인력정보센터를 운영해야 합니다. 나이가 들어도 언제 어디서나 기술을 배울 수 있도록 평생 직업 교육 시스템을 갖춰야 합니다. 또한 노인들이 사회봉사활동을 하도록 다양한 프로그램을 마련해 주는 것이 중요하며, 노인들도 건강한 사회를 유지하는 데 큰 역할을 한다는 자부심을 갖도록 해야 합니다. 무엇보다도 중요한 것은 노인 문제는 한 가족의 대처 부족의 문제가 아닌 복지 제도의 관점에서의 문제의식을 느껴야 하며, 생산적이고 활동적인 노인문화의 정착을 위해 국민 모두의 인식 변화가 선행되어야 합니다.

34. BBS 운동에 대해 아는 대로 말해 보시오.

예시 답안

BBS 운동은 20세기 초 미국에서 시작된 문제 아동을 대상으로 하는 청소년 선도 운동입니다. '문제청소년의 교화는 한 사람의 형이요, 누나인 청년남녀의 손으로'라는 슬로건 아래, 1904년 12월 뉴욕시 소년재판소의 서기 E. K. 콜터(E. K. Coalter)에 의하여 제창되었습니다. 콜터는 자신이 소속되어 있는 그리스도교회 모임에서 불량청소년이 늘어가는 상황을 보고하고, 그들에 대한 책임은 그들 자신에게만 있는 것이 아니라 그들의 형이며 누나인 우리들에게도 있다고 호소하며, 이 자리에 모였던 청년들의 호응으로 선도 운동을 벌이게 된 것이 그 기원입니다. BBS 운동은 문제 청소년에 대한 교화를 '한 사람이 한 사람의 소년을 (One Man One Boy)'이라는 슬로건으로 전개한 것이 특색입니다.

35. 나비효과(Butterfly Effect)에 대해 말해 보시오.

예시 답안

초기의 미묘한 움직임이 크게 증폭되어 엉뚱한 결과를 나타내는 것을 '나비효과'라고 부르고 있습니다. 나비효과는 중국 베이징(北京)에 있는 나비의 날갯짓이 다음 달 미국 뉴욕에서 폭풍을 발생시킬 수도 있다는 과학 이론입니다. 미국의 기상학자 에드워드 로렌츠(E. Lorentz)가 1961년 기상 관측을 하다가 생각해 낸 이 원리는 물리학의 카오스 이론(Chaos Theory)의 토대가 되었습니다. 변화무쌍한 날씨의 예측이 힘든 이유를 지구상 어디에서인가 일어난 조그만 변화로 인해 예측할 수 없는 날씨현상이 나타났다는 것으로 설명한 것입니다.

36. 뉴로마케팅에 대해서 아는 대로 말해 보시오.

예시 답안

뉴로(Neuro)와 마케팅(Marketing)의 합성어로 인간의 뇌를 스캔하여 광고나 제품에 대한 소비자의 반응을 분석하는 마케팅 기법입니다. 기능성 자기공명영상 장치(FMRI) 등을 이용해 광고나 브랜드 같은 자극에 노출된 뇌의 혈류량 변화를 측정하면 소비자의 무의식적 반응까지 알 수 있습니다. 마케팅 비용을 투입하기 전 소비자의 잠재 의식에 미치는 영향을 알 수 있어 많은 기업들이 채택하고 있습니다.

37. 프로슈머란(Prosumer) 무엇입니까?

예시 답안

프로슈머란 공급자(Producer)와 소비자(Consumer)를 합성한 용어로 소비자가 생산 과정에 직접 참여하는 것을 말합니다. 프로슈머는 미래학자 앨빈 토플러(Alvin Toffler)가 그의 저서 『제3의 물결』에서 제2의 물결 사회(산업 사회)의 양축인 공급자와 소비자 간 경계가 점차 허물어지면서 소비자가 소비는 물론 제품 개발과 유통 과정에도 직접 참여하는 '생산적 소비자'로 거듭난다고 예측하면서 만든 말입니다. 최근 들어 소비자의 요구를 제품 제작에 반영하는 이른바 '프로슈머 마케팅'이 많이 진행되고 있습니다. 프로슈머 마케팅을 활용하면 고객만족도 증대와 비용 절감 효과를 기대할 수 있습니다. 또한 소비자가 특정 제품 개발에 관여할 경우 경쟁업체 제품을 구입할 가능성은 크게 떨어져 탄탄한 단골 고객층을 확보할 수 있고 고객의 불만이나 안전사고 등을 미연에 방지할 수 있습니다.

38. 노블레스 오블리주(Noblesse Oblige)에 대해 아는 대로 말해 보시오.

예시 답안

노블레스 오블리주는 프랑스어로서 '가진 자의 도덕적 의무'를 의미하는 말입니다. 이 말은 귀족의 역사가 긴 유럽 사회에서 유래되었으며 오늘날 유럽 상류층 사회의 의식과 행동을 지탱해 온 정신적인 뿌리라고 할 수 있습니다. 귀족으로 정당하게 대접받기 위해서는 주어지는 명예(노블레스)만큼 그에 따르는 의무(오블리주)를 다해야 한다는 귀족 가문의 가훈(家訓)인 셈입니다. 전쟁이 나면 귀족들이 위험을 무릅쓰고 전쟁터에 앞장서 나가는 기사도 정신도 바로 여기에 바탕을 두고 있습니다. 이런귀족 사회의 전통적 모럴(Moral)은 면면히 이어져 내려와 영국의 지도층 자제가 입학하는 이튼 칼리지(Eton College) 졸업생 가운데 무려 2,000여 명이 제1·2차 세계대전에서 목숨을 잃었고 엘리자베스 2세(Elizabeth II)여왕의 차남 앤드루(Andrew) 왕자는 포클랜드 전쟁 시 위험한 전투 헬리콥터 조종사로 참전하기도 했습니다. 이와 같이 서양의 제국에서는 나라가 위기에 처하면 사회 지도층이 먼저 나서서 국민 앞에 서는 것이 전통이 되어 있습니다. 높은 신분에 따르는 도덕상의 의무를 가리키는 '노블레스 오블리주'는 바로 지도층들의 사회적 책임과 국가에 대한 봉사를 영예로 여기는 불문율로 되어 역사상 서양의 여러 나라가 문화의 꽃을 피우고 우뚝 선 밑바탕이 된 것입니다.

39. '3D 기피현상'에 대해 말하고 그 문제점을 개인적·사회적 측면에서 비판하고 극복 방안을 말해 보시오.

Key Point

평소에 자신이 생각하던 바를 긍정적인 방향으로 정리하여 솔직하게 말하는 것이 중요하다.

예시 답안

'3D 기피현상'이란 어렵고(Difficult), 위험하고(Dangerous), 더러운(Dirty) 일을 기피하는 현상입니다. 3D 기피현상은 개인적 측면에서는 직업과 노동의 본질적 가치를 깨닫지 못하게 하고, 사회적 측면에서는 직업의 사회적 의미를 퇴색하게 하고 직업의 귀천의식을 조장하며 산업구조의 불균형을 초래하여 장기적으로는 사회의 안정적인 발전을 저해합니다.

이를 극복하기 위한 방안은 개인적 차원에서는 직업에 대한 올바른 관점을 확립하여야 하고 사회적 차원에서는 3D 직종에 종사하는 사람들에 대한 물질적 보상과 정신적으로 이들을 존중하는 풍토를 조성하여야 합니다.

40. 손익분기점에 대해 아는 대로 말해 보시오.

예시 답안

손익분기점(損益分岐點, Break-Even Point)은 한 기간의 매출액이 당해 기간의 총비용과 일치하는 점을 말합니다. 매출액이 손익분기점 이하로 감소하면 손실이 나며, 그 이상으로 증대하면 이익을 가져오는 기점입니다. 손익분기점 분석은 조업도에 따른 원가의 변동 여부를 기준으로 원가를 변동비(Variable Cost)와 고정비(Fixed Cost)로 분류하여 손익분기점에서의 매출액을 산출한 후, 이를 기초로 목표 이익을 만족시키는 목표 매출액을 산정하거나, 사후적으로 손익분기점에서의 매출액과 실제 매출액을 비교함으로써 기업의 매출액 수준의 적정성을 판단합니다.

41. 통화 스와프 협정이란 무엇인지 말해 보시오.

예시 답안

통화 스와프 협정은 국가 간 경제 교류의 하나로, 국가 간 서로 다른 통화를 약정된 환율에 따라 정해진 기간에 서로 교환하는 외환거래 방식이며, 환율안정에 기여할 수 있습니다. 이는 외환 위기와 같은 비상상황에 대비한 안전장치라고 볼 수 있습니다. 우리나라는 현재 중국, 아랍에미리트, 말레이시아, 호주, 인도와 통화 스와프 협정을 맺고 있습니다.

42. FTA에 대해 아는 대로 말해 보시오.

예시 답안

자유무역협정(自由貿易協定, Free Trade Agreement)은 국가 간의 상호 무역증진을 위해 물자나 서비스 이동을 자유화시키는 협정으로, 나라와 나라 사이의 제반 무역장벽을 완화하거나 철폐하여 무역자유화를 실현하기 위한 양국 간 또는 지역 사이에 체결하는 특혜 무역협정입니다. FTA가 세계무역기구체제와 다른 점은, WTO가 모든 회원국에게 최혜국대우를 보장해 주는 다자주의를 원칙으로 하는 반면, FTA는 양자주의 및 지역주의적인 특혜 무역체제로 회원국에만 무관세나 낮은 관세를 적용한다는 점입니다. FTA는 시장이 크게 확대되어 비교우위에 있는 상품의 수출과 투자가 촉진되고, 동시에 무역전환효과를 거둘 수 있다는 장점이 있으나, 협정 대상국에 비해 경쟁력이 낮은 산업은 심각한 경우 문을 닫아야 하는 상황이 발생할 수도 있다는 단점이 있습니다.

43. '민주주의와 시장경제의 병행 발전'에 대한 견해를 말해 보시오.

예시 답안

역사적으로 볼 때 민주주의와 시장경제를 동시에 발달시킨 나라는 선진국이 됐습니다. 반면 소수 엘리트의 판단과 결정에 의존하는 비민주적 정치 체제는 결국 관치경제를 낳았고, 이는 특혜와 비리로 이어져 민주주의의 발전을 가로막는 장해물이 되었습니다. 제가 생각하기에는 시장경제의 근간이 되는 자유경쟁 책임은 민주주의의 기본 원칙과도 통한다고 생각합니다. 또한 양자 간에는 상승효과가 있어 어느 한쪽이 발달하면 다른 한쪽도 자연스럽게 발전하게 된다고 합니다. 이제 우리나라도 이 양자를 함께 발전시킬 때라고 봅니다. 지금껏 민주주의를 제대로 시행하지 않은 결과 정부는 경제 전반에 걸쳐 통제하는 수준을 벗어나지 못하고 있는 상황입니다. 아울러 금융 시스템의 낙후, 정경 유착, 과소비, 고비용·저효율 등도 그 산물이라고 생각합니다.

44. 예산을 효율적으로 운영할 수 있는 방법에 대해 아는 대로 말해 보시오.

예시 답안

첫째, 예산을 효율적으로 운영하기 위해서는 무엇보다 예산 집행을 투명하게 해야 한다고 생각합니다. 예산 집행 과정을 시민들에게 공개하고 이를 통해 낭비요인을 제거함으로써 효율성을 높일 수 있다고 생각합니다.

둘째, 예산을 집행하는 공무원들의 주인 의식을 고취시킬 필요가 있습니다. 시의 예산이 눈 먼 돈이 아니라 시민의 혈세임을 명심하고 집행할 수 있도록 기본적인 의식이 뒷받침되어야 합니다.

셋째, 공무원이 효율적으로 예산을 집행하도록 유도하는 각종 제도가 필요하다고 생각합니다. 예를 들어 예산 집행 내역과 집행에 따른 성과나 효율성을 해당 공무원의 인사고과와 직접 연결하고 해당 공무원이 현직에 있는 한 그 기록이 계속 따라다니도록 하는 것을 고려해 보아야 합니다. 또한 공무원이 예산을 잘 운용하여 많이 절감되었다면 일정액을 인센티브로 지급하는 것도 괜찮다고 생각합니다.

넷째, 사기업의 경영기법을 잘 연구하여 도입할 필요가 있습니다. 사기업은 이윤 극대화가 기본적인 목표인 만큼 재정적인 효율성을 제고하는 데 있어서는 아무래도 공공기관보다 한 수 위일 수밖에 없습니다. 예를 들어 공공기관의 모든 업무를 공무원들이 직접 수행하기보다는 적절한 아웃소싱을 통해 공무원들이 본연의 공익적 업무에 집중할 수 있도록 하는 것이 필요하다고 생각합니다.

45. BIS 자기자본비율에 대해 아는 대로 말해 보시오.

예시 답안

BIS 자기자본비율은 BIS(Bank for International Settlement: 국제결제은행)가 정한 은행의 위험자산(부실채권) 대비 자기자본비율로 각국 은행의 건전성과 안정성 확보를 위해 최소 자기자본비율에 대한 국제적 기준을 마련한 것입니다. BIS 자기자본비율 적용 대상 은행은 위험자산에 대하여 최소 8% 이상의 자기자본을 유지하도록 하고 있습니다. 이는 은행이 거래 기업의 도산으로 부실채권이 갑자기 늘어나 경영 위험에 빠져들게 될 경우 최소 8% 정도의 자기자본을 가지고 있어야 위기 상황에 대처할 수 있다는 것입니다.

46. 유비쿼터스(Ubiquitous)가 무엇인지 아는 대로 말해 보시오.

> **예시 답안**
>
> 유비쿼터스는 물이나 공기처럼 시공을 초월해 '언제 어디에나 존재한다.'라는 뜻의 라틴어로, 사용자가 장소에 상관없이 자유롭게 네트워크에 접속할 수 있는 환경을 말합니다. 유비쿼터스는 1998년 미국 제록스(XEROX) 팔로알토 연구소(PARC)의 마크 와이저(Mark Weiser) 소장이 처음 사용한 용어로 자동차·냉장고·안경·시계·스테레오장비 등과 같이 어떤 기기나 사물에 컴퓨터를 집어넣어 커뮤니케이션이 가능하도록 해 주는 정보기술(IT) 환경 또는 정보기술 패러다임을 뜻합니다. 유비쿼터스 네트워크가 완성되려면 통신망의 광대역화, 컨버전스(융합)기술의 발전 등 IT 기술의 고도화가 전제돼야 합니다. 요즘 한참 상용화되고 있는 와이브로, 블루투스, 전자태그 같은 기술은 유비쿼터스 환경을 구축하는 바탕이라고 할 수 있습니다. 유비쿼터스화가 이루어지면 가정·자동차는 물론, 심지어 산꼭대기에서도 정보기술을 활용할 수 있고, 네트워크에 연결되는 컴퓨터 사용자의 수도 늘어나 정보기술산업의 규모와 범위도 그만큼 커지게 됩니다.

47. '아이핀(I-PIN)'에 대해 아는 대로 말해 보시오.

> **예시 답안**
>
> 인터넷에서 주민등록번호가 각종 범죄에 악용되는 것을 해결하기 위해 정부가 개발한 인터넷 신원확인 번호를 말합니다. 인터넷에 가입할 때 주민등록번호 대신 국가공인기관이 발행한 아이핀을 입력하면 됩니다. 아이핀은 본인임을 확인하는 순간에만 사용하는 것이므로 인터넷 회사에 저장되지 않아 유출될 가능성이 낮습니다.

48. 스마트시티(Smart City)에 대해 아는 대로 말해 보시오.

> **예시 답안**
>
> 스마트시티란 첨단 정보통신기술(ICT)을 기반으로 주요 도시의 공공기능을 네트워크화한 것을 말합니다. 사물 인터넷(IoT)과 인공 지능(AI) 기술이 결합된 차세대 개념으로 도로, 항만, 수도, 전기 등 도시의 인프라를 효율적으로 관리하고 공공 데이터를 수집·활용하여 교통, 에너지 등 다양한 도시 문제를 해결하고 새로운 가치를 창출하는 데 그 목적이 있습니다.

49. 정보사회의 개념에 대해 아는 대로 말해 보시오.

예시 답안

사회의 정보화는 공업화가 일정한 수준에 도달했거나 공업화가 완료된 사회에서 일어나기 때문에 정보사회는 공업사회의 다음 단계로 생각되고 있습니다. 정보사회라고 할 때의 인류사회는 전(前) 문명사회에서 농업혁명을 거쳐 농업사회로, 이어서 산업혁명을 거쳐 공업사회로, 다시 정보혁명을 거쳐 정보사회로 이행하듯이 단계적으로 발전해 나간다는 인식을 전제로 하고 있습니다.

정보사회의 특징은 지적 생산물로서의 정보가 상품화됨과 동시에 물적 생산물로서의 상품은 반대로 정보화되는 것입니다. 이제까지의 공업사회에서는 실체가 있는 물적 생산물만이 상품으로 인정되고 지식이나 정보와 같이 외연량(外延量)도 없고 계량할 수도 없는 것은 상품으로 다루어지지 않았습니다. 그러나 오늘날에는 각종 정보산업이 만들어 내는 뉴스나 방송 프로그램, 디자인, 조사 정보, 특허권, 컴퓨터 프로그램, 광고 등과 같은 정보가 훌륭한 상품으로서 매매되기 시작하였습니다.

최근에는 물적 생산물인 상품의 가치가 원료나 재질과 같은 물질적인 요소보다도 아이디어나 특허권, 디자인과 같은 정보적 요소에 의하여 결정되는 경우가 많아졌습니다. 이렇게 되자 상품의 가치는 그 상품을 생산하기 위하여 투하된 원료나 노동력만으로는 계측할 수 없게 되었습니다. 정보를 생산하는 경우 원료나 생산수단에 해당하는 것은 어디까지나 인간의 두뇌인데 그 능력이 천차만별이기 때문에 같은 노동시간을 소비한다 해도 완성된 정보의 질은 당연히 다르기 마련입니다. 따라서 정보사회는 인간의 지적 창조력을 정당하게 평가하는 사회입니다.

50. 지식 정보화 사회의 특징에 대해 아는 대로 말해 보시오.

예시 답안

지식 정보화 사회는 정보화가 고도화된 사회로서 산업사회와는 다른 원리에 의하여 움직이는 사회이므로 기존 업무방식, 생활 방식, 거래 방식 등에 많은 변화가 초래되었습니다. 또한 지식 정보화 사회는 지금까지 진행되어온 정보화가 질적으로 보다 향상된 단계로서 '지식의 정보화'와 '정보의 지식화'가 동시에 진행되는 사회라고 말할 수 있습니다. 지식 정보화 사회는 다음과 같은 특징을 가지고 있습니다.

첫째, 정보화 사회에서는 대량의 정보가 만들어지고 정보의 유통이 활발해집니다. 이런 시대에서는 정보를 많이 아는 것보다 적절한 정보를 빠른 시간 내에 수집·분석하는 능력이 훨씬 더 중요합니다.

둘째, 시간과 공간의 제약으로부터 보다 자유로워질 수 있습니다. 인터넷과 초고속통신망 등을 통해 범지구적 범위에서의 정보 교환이 이루어집니다.

셋째, 정보가 다양화되고 전문화됩니다. 또한 과거에는 정보의 일방적인 소비자였던 대중이 정보와 지식을 생산합니다.

넷째, 산업구조가 점차 지식정보 중심으로 재편됩니다. 따라서 관련 직업도 많이 생길 것입니다.

51. 사이버 언어폭력의 원인은 무엇이며 해결책은 무엇이라고 생각합니까?

예시 답안

사이버 공간은 서로 얼굴을 마주하지 않는 비대면성과 익명성을 특징으로 합니다. 이러한 특성으로 인하여 사이버 공간에서 언어폭력을 당해도 가해자를 추적하여 처벌하기가 어렵습니다. 이렇게 처벌이 어렵다는 사실이 온라인에서의 폭력을 증가시키고 있습니다. 그런데 우리나라에서는 사이버 폭력의 정도가 외국에 비해 더욱 심하다고 합니다. 그 이유는 의식과 제도의 측면에서 살펴보아야 합니다. 먼저 의식의 측면에서 살펴보면, 사이버 공간의 비대면성과 익명성이라는 특징으로 인하여 우리가 타인을 직접 대면할 때 아주 중요하게 여기는 체면이라는 문제를 신경 쓸 필요가 없기 때문에 평소에 하지 못하는 말을 마음대로 하는 경향이 있습니다. 또한 사이버 공간에서 지켜야 할 예절에 대해 학교에서도 집에서도 배운 적이 없어, 사이버 언어폭력이 타인의 인권을 침해하는 심각한 행위임을 인식하지 못하고 있습니다. 제도적인 측면에서 살펴보면, 우리나라에서는 사이버 공간의 폭력에 대처하는 제도와 법률이 아주 미흡하며 사이버 인권 침해에 대한 당국과 통신업체들의 단속도 아직 초보적인 수준입니다. 감시 인원이 매우 적어서 제대로 감시를 할 수 없고, 명백한 명예 훼손이 아닌 경우에는 처벌도 어렵습니다. 이러한 사이버 언어폭력은 상대방의 인격을 모독하고 인권을 침해하는 행위이므로 학교에서 체계적인 사이버 예절교육을 실시해야 하며, 가정에서도 부모들이 자녀들에게 '컴퓨터를 사용하는 방법보다 더 중요한 것은 사이버 공간에서 지켜야 할 예의'임을 일깨워 주어야 합니다. 또한, 사이버 언어폭력에 대한 처벌도 강화해야 합니다.

52. 유전자 조작 콩을 개발하여 전 세계에서 기아에 시달리고 있는 사람들을 도와야 한다고 생각합니까? 아니면 유전자 조작 콩의 부작용 때문에 개발을 제한해야 한다고 생각합니까?

Key Point

유전자 조작 식품이 우리의 식탁을 위협하고 있다. 그러나 이 유전자 조작 식품은 또한 인류의 기아 문제 해결에 쓰일 수도 있다. 콩도 그중의 하나이다. 이 문제를 접근할 때는 유전자 조작을 어떤 목적을 가지고 누가 주도하고 있는가에 대해서도 생각해야 한다. '개발'과 '원조'라는 명목으로 거대 자본이 주도하고 있다면 재고해 볼 필요가 있다. 또한 유전자 조작 식품의 문제가 광우병과 살충제, 성장호르몬 등의 문제와도 연관되어 있다는 점을 아울러 거론할 필요가 있다.

예시 답안

부작용의 우려가 없지 않지만 인도적 차원에서 유전자 조작 콩을 개발하여 기아에 시달리고 있는 사람들을 도와야 합니다. 과학기술은 인류에게 질 높은 행복을 가져다주기도 하지만, 역기능으로 인해 많은 위험을 초래하기도 합니다. 이 때문에 과학기술의 성과에 대해 전문가들조차 이율배반적인 모습을 보이는 애매한 경우가 발생하기도 하는 것입니다. 만약 현재의 영농기술과 생산물의 공평한 분배를 통해 식량 문제의 해결이 가능하다면 굳이 유전자 조작 식품을 만들어 낼 필요가 없을 것입니다. 그러나 아프리카 대륙의 국가들을 포함한 많은 후진국의 경우 국민들이 기아에 굶주리고 있는 것이 현실입니다. 따라서 식량 문제의 해결을 위해 유전자 변형 기술은 어느 정도의 불가피성을 갖고 있습니다. 그러나 유전자 조작 식품의 필요성이 아무리 입증된다 하더라도 그러한 식품의 안전성에 대한 검사는 계속되어야 합니다. 물론 미국의 식품안전국(FDA)은 유전자 조작 식품의 유해성을 찾을 수 없다는 주장을 되풀이하고 있으나 잠재적 위험성까지 제거된 것은 아닙니다. 더욱이 유전자 조작 식품의 개발은 선진국들 간의 생산비 절감과 무역에서의 '비교우위'와 깊은 관련을 맺고 있습니다. 따라서 만약 유전자 조작 식품의 개발을 정당화한다 하더라도 그것은 본래의 취지에 맞게 선진국들 간의 무역 전쟁의 도구가 아닌 인도적 차원에서 기아 문제의 해결을 위해 쓰여야 합니다.

53. 탄소배출권 거래제에 대해 설명하시오.

> **예시 답안**
>
> 탄소배출권 거래제란 정부가 온실가스를 배출하는 사업장을 대상으로 연단위 배출권 할당하여 할당범위 내에서 배출행위를 할 수 있도록 하고, 할당된 사업장의 실질적 온실가스 배출량을 평가하여 여분 또는 부족분의 배출권에 대하여는 사업장간 거래를 허용하는 제도입니다. 유럽연합(EU)과 미국 그리고 중국 등 약 38개의 국가에서 이미 시행하고 있으며, 우리나라 또한 2015년부터 탄소배출권 거래제를 시행하고 있고 한국거래소가 배출권 시장을 개설해 운영해 보고 있습니다. 이처럼 탄소배출권 거래제는 시장 지향적인 성격을 가지며, 지속 가능한 환경을 위해서 필요한 제도라고 생각합니다.

54. 언론의 자유와 권력 간의 갈등에 대해 논하시오.

> **예시 답안**
>
> 최근 권력과 언론 간의 갈등이 심각하게 대두되고 있는데, 언론사도 기업이므로 성역이 될 수는 없습니다. 남을 비판하기 전에 자기성찰을 해야 하는 것이 당연하므로 먼저 언론이 자기 정화의 작업을 착수했어야 했다는 아쉬움이 있습니다. 하지만 자기성찰과 개혁이 필요한 곳은 언론뿐만이 아닙니다. 정치 권력도 그 대상에서 제외될 수는 없습니다. 시민단체의 역량이 미약하고 의회의 기능이 제대로 그 역할을 못하고 있는 우리 사회에서 언론이 때로는 미움의 대상이 되기도 하지만, 그래도 오늘날 우리 사회의 목탁구실을 한 것은 인정해야 합니다.

55. 독도 문제는 어떻게 해결되어야 한다고 생각합니까?

> **예시 답안**
>
> 독도는 신라 지증왕 때부터 우리 땅이었습니다. 그런데 러일 선생 이후 일본이 불법적으로 독도를 자기 땅으로 편입하였고 일본은 끊임없이 독도의 영유권에 대한 분쟁을 일으켰습니다. 일본은 시시때때로 자기 마음대로 방위 백서에 독도를 일본 영토로 표기하는 등 독도에 대한 자신들의 영유권을 주장하고 있습니다. 이러한 일본의 행보는 우리나라의 영유권과 주권을 침해하는 행위로 우리는 반드시 독도에 대한 영유권 분쟁을 해결해야 합니다. 이를 해결하기 위해서 우선 독도 문제에 대한 국제 사회의 관심을 환기시켜야 합니다. 국제 사회에서 독도 문제에 대하여 관심을 갖는 경우는 거의 전무하다고 합니다. 그러므로 국제적인 세미나 등을 개최하여 한국학 연구자들의 국제적인 연대를 강화해야 합니다. 또 정부는 일본에 대하여 강경하면서 유연한 태도로 대응하는 한편 국제 사회에서 우리나라의 입장에 대하여 우호적인 태도를 가질 수 있도록 외교적인 노력도 해야 합니다. 또 국민 개개인들은 독도에 대한 올바른 인식을 가지고 독도 문제에 대하여 항상 관심을 가져야 한다고 생각합니다.

56. 빅데이터와 스몰데이터의 유용성과 그 활용 방안에 대해 말해 보시오.

> **예시 답안**
>
> 빅데이터(Big Data)는 기존의 데이터베이스 관리 도구의 역량을 넘어서는 대규모 데이터의 생성·수집·분석을 하는 기술로, 방대한 데이터와 이를 활용하는 기술을 말합니다. 반면 스몰데이터(Small Data)는 개인의 취향이나 라이프스타일, 건강과 같은 사소한 행동에서 나오는 개인화된 데이터입니다. 빅데이터를 활용하면 과거의 방대한 통계 자료를 수집·분석하여 특정 집단의 공통적 특징을 구별해 내는 데 유리하며, 스몰데이터를 활용하면 이용자 개개인의 취향, 기호, 성향 등 개인의 차별화된 특성을 파악하는 데 유리합니다. 이로 인해 스몰데이터는 개개인의 니즈를 분석하기 힘든 빅데이터의 보완재로써 비즈니스에 디테일을 적용하는 데 큰 역할을 할 수 있습니다. 실제로 스몰데이터는 IT 기업이 주도하는 금융 서비스, 즉 핀테크 분야에서 적극적으로 활용되고 있습니다. 스몰데이터를 활용하면 앞으로 초개인화 서비스를 만들어낼 수 있을 것으로 예측되며, 공공업무 분야에서도 국민 개개인에 대한 맞춤 서비스를 제공하는 데 큰 역할을 할 수 있을 것이라 생각합니다.

57. 근로소득과 사업소득의 차이에 대해 설명하시오.

> **예시 답안**
>
> 법률상으로 「근로기준법」의 적용 대상이 되는 모든 사람들로, 특정 회사와 고용 계약을 맺고 인적 용역을 제공하여 급여를 지급받는 사람을 근로자라고 합니다. 근로소득은 근로자가 고용 계약 또는 고용 관계에 의해 근로를 제공하고 받는 금전적 대가를 포함한 모든 대가 등을 말합니다. 반면 사업자는 고용 관계에 상관없이 영리를 목적으로 용역을 계속·반복적으로 공급하거나 해당 일을 전업으로 하는 사람으로, 사업소득은 사업자가 지속적으로 행하는 사업을 통해 얻어지는 수입을 말합니다.

답변 작성

Q 근로시간 변경과 근로시간 단축으로 인한 보수 감축에 대한 견해를 밝히시오.

A
> 직접 작성

Q 지원한 직렬에서 시행하고 있는 정책 중 관심 있는 정책과 그 정책의 개선 방안에 대해 말해 보시오.

A
> 직접 작성

Q 제4차 산업혁명에 대해 아는 대로 말해 보시오.

A
> 직접 작성

Q 통상임금과 평균임금의 차이에 대해서 설명하시오.
A 직접 작성

Q 예산 편성 과정에 대해 말해 보시오.
A 직접 작성

Q 정부의 일자리 창출 노력에 대해 아는 대로 말해 보시오.
A 직접 작성

Chapter 03 | 창의·혁신

주요 기출질문 리스트

- 중요하다고 생각하는 공직가치와 이를 공직에서 어떻게 실현할 것인지 말해 보시오. 24 지방직
- 상사가 본인의 역량보다 과중한 업무를 다 떠맡기는 경우, 어떻게 대처할 것인지 말해 보시오. 24 지방직
- **공무원에게는 전문성과 창의성이 필요한데, 공무원에게 필요한 전문성과 창의성에 대해 설명하고 전문성과 창의성을 발휘해 성과를 낸 경험에 대해 이야기하시오.** 23 지방직
- **자신의 부처에 대한 언론의 부정적인 보도가 있다면 어떻게 할 것인지 구체적인 해결책을 말해 보시오.** 22 국가직
- 주변 동료들은 다 당신이 맞다고 하는데, 상사가 다른 것이 옳다고 하고 있다. 어떻게 대처할 것인가? 21
- '소통'을 잘하기 위해서는 무엇이 필요한가? 21
- 일 잘하는 상사와 친교적인 상사 중 같이 일하고 싶은 상사와 그 이유는 무엇인지 말해 보시오. 20
- 자신의 경험이 희망하는 부서에서의 업무에 어떤 방식으로 도움이 될지 말해 보시오. 20
- 합격하면 앞으로 어떤 노력을 할 것인지 말해 보시오. 19
- 초등학교 3학년 교실에 가서 서울시 정책을 홍보해야 할 경우 어떻게 할 것인지 말해 보시오. 19
- 전날 야근을 하고 9시까지 출근해야 하는데 8시 50분에 기상했다. 제일 먼저 무엇을 할지 말해 보시오. 18
- 민원인이 법령에 어긋난 것을 요청할 경우 어떻게 할지 말해 보시오. 18
- 흥부와 놀부의 성격상 장단점을 비교하여 설명하고 본인은 어느 쪽에 가까운지 말해 보시오.
- 출산 장려를 위해 평소 생각한 아이디어가 있으면 말해 보시오.

- 최근 1~2년 사이 혹은 학창 시절에 노력으로 이루어낸 성과를 말해 보시오.
- 본인이 가진 단점을 지속적인 노력을 통해 개선한 경험을 말해 보시오.
- 업무에 있어서 창의력을 발휘하여 해결한 사례를 말해 보시오.
- 합격 이후에 자기 계발을 위해 무엇을 하고 싶은지 말해 보시오.
- 갑자기 급한 목돈이 필요한 경우 어떻게 하겠는지 말해 보시오.
- 현재 자기 계발을 위해 따로 준비하는 것이 있는지 말해 보시오.
- 희망 부처는 어디이며, 그 부서의 가장 시급한 과제는 무엇인지 말해 보시오.
- 희망 부처에 발령받지 못할 경우 어떻게 할 예정인지 말해 보시오.
- 우리나라는 언제쯤 통일이 될 것 같은지 말해 보시오.
- 우리 사회가 안고 있는 가장 시급한 과제는 무엇인지 설명하시오.
- 시간 외 근무에 대한 생각을 말해 보시오.
- 야근 수당 없는 야근에 대해 말해 보시오.
- 향후 취득하고 싶은 자격증이 있다면 그 이유를 말해 보시오.
- 조직 생활에서 가장 중요한 덕목은 무엇이라고 생각하는지 말해 보시오.
- 업무 지시에 순응하지 않는 하급자를 어떻게 다룰 것인지 말해 보시오.
- 팀의 리더가 될 경우 가장 강조하고 싶은 가치는 무엇인지 말해 보시오.
- 지금까지 인생에서 가장 힘들었던 일과 그 극복 방법을 말해 보시오.

01 공통질문

1. 전혀 경험도 없고 양이 많은 어려운 일을 내일 오전까지 해야 할 경우 어떻게 하겠습니까?

Key Point

응시자의 의지, 도전정신, 문제 접근 방법, 인간관계 등을 묻는 질문이다. 호흡이 잘 맞는 동료나 경험 많은 선배에게 도움을 요청하거나 누군가의 조언을 구하여 시간 내에 일을 해내겠다는 의지를 보이면 좋은 신뢰감을 얻을 수 있다. 어려움을 극복하는 것이 한 단계 더 발전할 수 있는 계기가 된다는 점을 강조한다.

예시 답안

먼저 일을 도와줄 수 있는 경험 있는 선배와 동료 직원에게 도움을 청하겠습니다. 또 직장 내에 그런 직원이 없으면 타 조직에 근무하는 경험 있는 사람이나 친구들에게 협조를 요청하겠습니다. 같은 직장인으로서 사정을 설명하고 정중히 요청하면 입장을 이해하고 도와주리라 생각합니다.

2. 업무 수행 중 실수를 하게 될 경우 어떻게 하겠습니까?

예시 답안

우선 빨리 그리고 효과적으로 제가 한 실수를 시정하겠습니다. 저는 실수의 심각성 정도를 결정하여 만약 그것이 단순한 실수라면 제가 수정할 것이고, 심각한 실수였다면 해결 방법을 찾고 상사나 동료에게 알리겠습니다. 또한 여러 가지 해결책을 제시할 수 있도록 방안을 강구하고, 이 문제를 해결하기 위해 아주 열심히 노력할 것입니다. 자신의 잘못을 시인하고, 그 잘못을 바로잡기 위해 노력하는 것이야말로 어떤 경우에 있어서든 가장 책임 있는 행동이 될 것이라고 생각하기 때문입니다.

3. 상사와 의견이 다를 때는 어떻게 하겠습니까?

Key Point

상사의 명령에 무조건 따르겠다는 대답도 시대에 뒤떨어지는 대답이고 지나치게 자신의 의견만을 내세우는 것도 현명하지 못하다. 상사의 명령이 업무상의 적법하고 합리적인 것이라면 절대적으로 따라야 하겠지만 그 명령이 명백히 부당하다고 판단되는 경우 자신의 의견을 제시해야 하며, 상사의 의견이 타당하지 않다고 판단되면 자신의 소신을 밝히는 것이 좋다.

예시 답안

(A)
제 의견을 논리적이면서도 예의에 어긋나지 않게 말씀드리고, 그 후 다시 상사의 의견을 경청하겠습니다. 제 의견이 잘못되었을 수도 있으나, 도무지 납득이 안 되는 의견일 때에는 무조건 상사의 의견에 따른다고 해서 바람직한 일은 아니라고 생각합니다. 시간을 두고 심도 있게 이야기를 나누어 보겠습니다.

(B)
신입사원으로 무슨 일이든 배우겠다는 생각밖에 없습니다. 비록 상사가 불합리한 지시를 내린다 하더라도 배운다는 자세로 일단 따를 것이며, 제 자신이 상사의 위치에 올랐을 때 불합리한 점을 고치도록 하겠습니다.

(C)
사람이면 누구나 제 나름의 의견이 있지만 그중 어떤 문제를 해결하는 데 가장 적합한 의견은 반드시 있을 것이라 생각합니다. 상사와 부하직원 간에 대화를 자주해 '상사이기 때문에', '부하이기 때문에'라는 식의 지위로 결론을 내리는 일이 없도록 평소에 협조적인 직장 분위기를 만드는 것이 중요하다고 봅니다.

4. 악성 민원인이 인신공격성 발언을 하며 소리를 지르고 행패를 부린다면 어떻게 하겠습니까?

Key Point

역량 면접으로 압박 면접까지 이어질 수 있다. '그래도 안 되면 어떻게 하겠습니까?'라는 식의 압박 면접 질문이 들어와도 당황하지 않고 본인이 생각해 두었던 것을 조리 있게 말하는 것이 중요하다. 이러한 질문은 정확한 정답이 없기 때문에 감정에 동요하지 않고 차분하게 자신의 의견을 말하는 태도가 필요하다. 이를 통해 위기대처 능력을 어필할 수 있다.

예시 답안

민원이 있을 경우, 민원인 입장에서는 나름대로 깊은 고충이 있다고 생각합니다. 따라서 먼저 민원인의 사정이 어떤 것인지 잘 들어 주고 공감해 주는 것이 필요합니다. 민원인은 문제 해결도 중요하지만 자신의 사정을 알아 주기를 바라는 마음 또한 있을 것입니다. 따라서 그 상황에 동요하지 않고 우선 민원인을 진정시키고 이야기를 들어볼 것입니다.

5. 10년 후 당신은 어디서 무슨 일을 하고 있으리라고 생각합니까?

Key Point

한마디로 그 사람의 그릇을 알아보기 위해 응시자의 미래 비전과 자세를 묻고 있다. "몇 년 후에 결혼하고, 몇 년 후에 집을 사고, 몇 년 후에 무슨 직급에 오르겠다."라는 대답은 피하는 것이 좋다. 인간적인 면과 자기 발전 계획에 대해 구체적으로 언급하는 것이 좋다.

예시 답안

저의 인생관은 머리보다는 가슴, 최고보다는 최선을 다하는 사람으로 살아가는 것입니다. 저의 목표는 10년 후 과장이 된다든지, 부장이 된다든지 하는 것보다는 사람들로부터 항상 최선의 노력을 다하는 사람, 사람 냄새가 나는 가슴이 따뜻한 사람으로 평가받는 것입니다. 그리고 단편적인 지식만을 쌓기보다는 전체를 볼 수 있는 사람이 되기 위해서 제 전공 이외에도 계속 관심을 가지고 경험을 쌓으며 공부해 나갈 계획입니다.

6. 휴일 근무나 늦은 퇴근에 대해 어떻게 생각합니까?

Key Point

사생활의 어려움을 극복하고 자신이 국민의 공복으로서 근무할 수 있다는 자신감과 난관을 극복할 수 있다는 적극적인 자세가 요구된다. 그리고 가급적 근무시간 내에 일을 마무리하여 시간 외 근무나 휴일 근무가 없도록 하겠다는 의지 표시도 중요하다.

예시 답안

(A)
업무상 불가피하다면 당연히 시간 외 근무를 하여야 할 것입니다. 그러나 퇴근 후 개인시간은 적절한 휴식을 통해 업무의 효율을 높이고 일과 관련된 중요한 착상이나 아이디어를 얻을 수 있으므로 아주 중요하다고 생각합니다. 따라서 가급적이면 근무시간 내에 일을 매듭지어 시간 외 근무나 휴일 근무가 없도록 하는 근무자세를 갖도록 하겠습니다.

(B)
저는 하고 싶은 일을 할 때는 좀처럼 피로를 느끼지 않는 스타일입니다. 대학 시절 시화전을 위해 3일간 6시간을 자며 작업에 몰두하기도 했고, 공모전 참가를 준비하면서 거의 한 달 동안 잔뜩 긴장한 채 생활하기도 했었습니다.
물론 학창 시절의 경험과 사회생활의 긴장감이나 스트레스의 강도면에서는 비교가 안 된다는 것은 잘 알고 있지만, 건강한 신체와 하고 싶은 일은 어떠한 상황에서도 하고야 만다는 의지는 누구보다 강하다고 자신합니다.

7. 휴일에는 주로 무엇을 합니까?

Key Point

성격이 외향적인지, 내향적인지, 인간관계는 어떤지를 묻고 있다. 집에서 시간을 보낸다는 답변과 항상 같은 사람과 놀기만 하는 사람은 내향적으로 보이기 쉽다.

예시 답안

대학 농구팀에 소속되어 있어서 일요일에는 항상 농구 연습을 하며 땀을 흘리고 있습니다. 몸을 움직이지 않고 가만히 있지 못하는 성격이라 집에서 쉬는 일은 거의 없습니다.

8. 데이트 약속이 있을 때 잔업을 시키면 어떻게 하겠습니까?

Key Point

사생활도 물론 중요하지만, 사생활보다는 직장 생활을 더 중요시한다는 태도를 보여야 한다.

예시 답안

데이트와 사적인 약속 모두가 중요하기는 하지만 공무원으로서 그 업무는 국민을 위한 일이므로 더 우선순위가 높다고 할 수 있습니다. 그러므로 상대방에게 양해를 구하여 데이트는 주말로 미루고, 잔업을 먼저 처리할 것입니다.

9. 코르크 마개로 닫은 병 속 동전을 병을 깨뜨리지 않고 꺼내는 방법을 말해 보시오.

예시 답안

(A)
먼저 동전이 어떻게 병 속에 들어갔는지 알아보겠습니다. 그 다음에는 들어간 방법의 역순으로 빼내겠습니다.

(B)
제가 직접 해결하기 어려운 문제를 만난다면 그 문제를 해결할 수 있는 전문가에게 자문해 보는 것이 가장 바람직하다고 생각합니다. 따라서 소재공학이나 물리학 교수님에게 먼저 자문을 구해 본 후 판단을 내리겠습니다.

(C)
현대는 무한 정보에 접속할 수 있는 정보화 시대입니다. 따라서 인터넷 검색을 통해 꺼내는 방법을 알아보겠습니다.

10. 당신을 '동물'에 비유한다면 무엇이라고 생각합니까?

Key Point

독자적인 행동을 하는 동물이나 게으른 동물 등 부정적인 이미지를 가진 동물에 비유하지 않도록 조심한다.

예시 답안

고양이에 비유하고 싶습니다. 동작이 날렵하고 사람들로부터 귀여움을 받는다는 점도 있지만 사소한 일에는 놀라지 않고 침착하여 사리판단이 냉철하다는 점도 저와 유사합니다.

11. 면접위원이 4명인데 당신은 바나나를 3개만 가지고 있습니다. 이럴 경우에 어떻게 그 바나나를 저희에게 골고루 나눠 주시겠습니까?

Key Point

"자로 정확하게 치수를 재어 3개를 4등분해서 골고루 나눠드리겠습니다." 등의 대답은 재미도 없고 면접위원들에게 강한 인상을 심어주지도 못한다.

예시 답안

혹시 바나나가 먹기 싫은 분이 있을지 모르니 먼저 바나나가 싫은 분이 있는지 물어보겠습니다. 네 분 모두 바나나를 원하신다면 제가 사비를 털어 시장에서 바나나 하나를 사다가 바나나 개수를 네 개로 맞추어 놓겠습니다. 그 후 네 분께 하나씩 드리겠습니다.

12. 초등학교 3학년 교실에 가서 서울시 정책을 홍보해야 할 경우 어떻게 할 것인지 말해 보시오.

예시 답안

먼저 사전에 초등학생들에게 인기 있는 콘텐츠를 검색·분석할 것입니다. 또한 초등학생들과 관련이 있는 정책이 어떠한 것이 있는지, 장점이 무엇이 있는지 등을 분석해서 정리할 것입니다. 그리고 앞서 분석한 초등학생들에게 인기 있는 콘텐츠를 토대로 일방적으로 말하는 것이 아닌 영상을 만들거나 PPT 등을 활용하여 시각적인 효과를 극대화할 것입니다. 최근 흔한남매 등 초등학생들에게 인기 있는 유튜버들이 많이 있습니다. 저작권이 문제가 되지 않는 선에서 이들의 특징을 활용해 PPT 등 자료에 적용한다면 아이들이 지루해하지 않게 정책을 홍보할 수 있을 것입니다.

13. 그리스·로마 신화에 '프로크루스테스의 침대(Procrustean Bed)'라는 말이 있습니다. 이 침대는 악명 높은 프로크루스테스라는 도둑이 험난한 산길을 걸어가는 나그네를 집안으로 불러들여 침대에 눕게 하고는 나그네의 키가 침대 길이보다 길면 잘라서 죽이고, 짧으면 몸을 늘여서 죽인다는 말에서 생겨난 이름입니다. 만약 본인이 지금 이 침대에 눕게 될 상황에 놓인다면 어떻게 하겠습니까?

Key Point
이 질문은 자기 생각에 맞추어 남의 생각을 뜯어고치려고 할 때나, 남에게 해를 끼치면서까지 자기주장을 굽히지 않는 횡포를 부리는 불합리하고 부당한 언행을 일삼는 경우에 초점을 맞추어 대답하면 된다.

예시 답안
프로크루스테스가 나그네를 죽이는 방법은 누가 보아도 불합리하고 부당한 것이라는 것은 누구나 알 수 있습니다. 불합리하고 부당하다는 사실을 알면서도 우리는 묘안을 찾지 못해 고뇌하는 경우가 많습니다. 이러한 경우는 '이에는 이, 눈에는 눈'라는 말처럼 같은 방법으로 대응하는 수밖에 없을 것입니다. 자신의 현재 상황을 운명으로 받아들여 체념하는 식의 대답은 바람직하지 않다고 생각합니다. 수많은 나그네를 죽인 것과 같은 방법으로 프로크루스테스로 하여금 부당한 방법에 의한 억울한 죽음을 맛보게 하여 잘못을 뉘우치도록 하겠습니다. 수단과 방법을 가리지 않고 도둑이 먼저 그 침대에 눕게 하여 몸의 일부가 잘려서 죽게 되거나, 늘어나 죽게 되는 경우에 처하게 하여 부당한 방법으로 불합리한 죽음을 당한 나그네의 입장이 되어 보게 한 다음 자신의 잘못을 뉘우치게 하여, 험난한 산길을 가는 나그네의 삶을 가르쳐 주고 싶습니다.

14. 미국에는 주유소가 몇 개 있습니까?

Key Point
해외의 유명한 학자가 고안해 낸 질문으로, 실제 미국의 입시시험에도 사용되었다. 논리성과 독특한 대답을 요구하는 것으로 맞고 틀림은 그다지 관계없다.

예시 답안
주유소의 월 평균 매상을 1억 6천만 원 정도로 가정하고, 1인당 월 가솔린 평균 사용량을 4만 원이라고 생각하면, 한 주유소당 고객 수는 약 4,000명이 된다고 생각합니다. 또한, 미국 인구로부터 추산하여 미국 전체에 차가 2억 대 정도 있다고 가정하면 2억÷4,000=50,000으로, 최소한 5만 개는 될 것이라고 생각합니다.

15. 길을 걷던 노인이 차도로 넘어져 달려오는 버스에 깔려 죽을뻔한 상황에서 옆을 지나가던 청년이 그 노인을 밀쳐 내고 대신 목숨을 잃었습니다. 또한 최근 소방관 6명이 인명구조를 하다 순직한 일이 있었습니다. 이와 같이 자신의 목숨을 버려서까지 남을 구하는 것을 옳은 일이라고 생각합니까?

Key Point

겉으로는 남을 위해 죽음을 무릅쓰는 행위를 문제 삼고 있으나, 그보다는 대의를 위한 삶과 자기 자신을 위한 삶의 대립을 묻고 있다. 어느 쪽이 '옳다', '옳지 않다'를 말하기는 어려우나 분명한 소신을 가지고 답해야 할 것이다. 이 대답에 그대로 자신의 인생관이 드러날 것이기 때문이다.

예시 답안

물론 그들의 행위는 아무런 비난도 할 수 없는 숭고한 일입니다. 그러나 자신의 목숨을 소중히 하는 것도 가치 있는 일이라고 생각합니다. 천하를 얻고도 건강을 잃으면 아무 소용이 없다고 합니다. 세상 그 어느 것도 '자기 자신'이 세상에 존재하고 있다는 전제하에서 의미가 있는 일이지, 죽은 후에는 아무런 의미가 없는 것입니다. 그러므로 '나'의 목숨과 안전을 위하는 태도를 비난할 수는 없는 것입니다. 또한 사랑하는 가족과 친지들과의 관계를 생각해서라도 남을 위해 목숨을 버리는 것을 꼭 긍정적으로만 생각할 수는 없을 것입니다.

16. 시장님의 성함을 알고 있습니까? 그분의 인품에 대해서는 어떻게 생각합니까?

Key Point

매스컴에서 얻은 지식을 너무 내세우지 말고, 자기 입장이 해당 시에 지원하는 응시생이라는 점도 잊지 말자. 시장의 인품에 대해서는 단언하지 말고 "~라고 듣고 있습니다." 정도로 해 두는 것이 무난하다.

예시 답안

○○○ 시장님이십니다. 신문이나 TV, 인터넷 등에서 자주 등장하시므로 얼굴도 알고 있습니다. ○○○ 시장님은 헌신적인 태도와 강한 추진력을 가진 존경할 만한 분이라고 들었습니다.

17. 만약 불합격하면 어떻게 하겠습니까?

Key Point

불합격할 것을 생각하면서까지 응시하는 사람은 없다. 이런 질문은 불합격했을 때의 대응을 일부러 물어서 응시자의 마음의 강도를 알아보려고 하는 것이다. 이런 질문은 깊이 들어가지 말고 가볍게 비껴간다.

예시 답안

(A)
저는 지금 정말로 하고 싶은 일에 도전하고 있기 때문에 불합격에 대해서까지 생각하지 않고 있습니다. 저는 대학 시절부터 막연하게나마 공무원에 대한 관심과 열의를 가졌습니다. 그래서 방학 때마다 시민단체나 행정복지센터에서 아르바이트를 하면서 나름대로 현장 경험을 쌓았습니다. 그동안 배운 여러 지식과 경험을 바탕으로 제 포부를 더 깊이 전개해 나가고 싶습니다.

(B)
현재로서는 불합격에 대해서 전혀 생각하고 있지 않습니다. 면접위원 님께서 보시고 저에게 미흡한 데가 있다면 다시 한 번 그것을 지적해 주시면 감사하겠습니다. 지적해 주시는 점은 반드시 고쳐 앞으로 유능한 공무원이 되도록 최선을 다하겠습니다.

18. 문학작품 중에서 자신과 가장 닮았다고 생각하는 캐릭터가 있다면 무엇입니까?

『호밀밭의 파수꾼』의 주인공이 가장 저와 닮았다고 생각합니다. 그는 현대 문명을 그리 좋아하지는 않습니다. 그에게 그것들은 비판의 대상이 됩니다. 때문에 또래의 아이들과 쉽게 어울리지 못합니다. 하지만 그는 자신을 바라볼 시간을 많이 가졌습니다. 그는 항상 스스로에게 질문했습니다. '나는 무엇이며 무엇을 해야 할까?' 그는 호밀밭에서 뛰노는 아이들이 벼랑에 떨어질 때 손을 잡아 줄 수 있는 파수꾼이 되고자 합니다. 저는 자신을 돌아보는 그의 모습이 저와 닮았다고 생각합니다. 저는 홀로 사색하는 시간을 많이 가졌으며 제가 어떤 사람이고 어떤 일을 해야 할지를 생각하고 행동하는 것을 좋아합니다.

19. 동료가 업무를 소홀히 하여 나에게 과중한 업무가 주어지는 경우 어떻게 대처하겠습니까?

Key Point

공무원 조직에서 꼭 필요한 조직 융화 및 갈등 관리 능력에 대해 알아보는 질문이다. 조직 내 갈등 상황에 대한 질문이 나오면 조직 관행을 갑자기 뒤집는 방식이 아닌, 상관과의 상의를 거치거나 팀원들의 동조 및 협동을 통해 개선해 나가겠다는 방향으로 대답한다.

예시 답안

공무원 업무는 조직 내 조화와 협력이 중요하므로 팀워크를 해치지 않는 것이 중요하다고 생각합니다. 상관에게 이에 대해 직접적으로 보고한다면 팀 내 분위기를 해쳐 팀워크가 깨질 가능성이 있습니다. 그렇기 때문에 상황에 대해 직접 보고한다기보다는 팀 내의 개인별 업무분장을 확실히 해달라고 요청하겠습니다. 만약 해당 동료가 업무분장 후에도 계속 업무를 소홀히 하여 저에게 일이 넘어온다면 먼저 동료 직원들과 사적인 자리에서 진솔한 대화를 통해 어려움을 알리는 것이 좋을 것 같습니다.

20. 공무원에 대해 무사안일주의나 소극적 자세와 같은 부정적 인식이 있는데, 이런 인식이 있는 이유와 이를 개선할 수 있는 방안을 말해 보시오.

예시 답안

공무원의 경우 신분 보장이 되고, 공무원 사회만의 폐쇄성이 있어 일반 국민들에게 무사안일주의, 철밥통, 소극적 자세와 같은 부정적 인식이 있는 것이 사실입니다. 이를 개선하기 위해 우선 개인적으로 공무원이라는 직업군이 공적 영역에서 헌신한다는 특수성이 있는 만큼 이에 대한 자긍심을 고취할 수 있도록 스스로가 '봉사자'라고 생각하는 마인드를 가지고 일하며, 자신의 업무에 대해서도 전문성을 향상시켜야 한다고 생각합니다. 이런 개인적인 노력뿐 아니라 공무원 조직의 사기 양양, 공무원 조직의 비정상적인 관행과 제도를 타파하기 위해 조직 차원에서도 노력해야 한다고 생각합니다.

02 여성

1. 결혼은 언제쯤 할 생각입니까?

Key Point

취업을 앞둔 입장에서 결혼관에 대해 구체적으로 이야기하기보다는 일에 대해 관심이 더 많음을 나타내도록 한다.

예시 답안

(A)
저는 아직 결혼에 대해 구체적으로 생각해 보지는 않았습니다. 이제 사회에 첫발을 내딛는 사회초년생으로써 결혼보다 더 신경 쓸 것이 많은 것이 사실입니다. 다만 막연하게나마 저희 부모님 같은 부부관계라면 이상적이지 않을까 하고 생각합니다. 두 분은 나이가 10년 이상 차이나지만 서로 존대하시고 간혹 말다툼이 있으시더라도 한나절도 안 되어 다시 웃으며 화해를 하십니다. 의견을 개진하고, 화해와 화합을 도모하는 일을 소홀히 하지 않으시는 두 분의 모습이 좋아 보입니다.

(B)
저도 언젠가 결혼을 하겠지만 딱 언제가 좋겠다는 식으로 결혼 시기를 정하지는 않았습니다. 서로의 차이를 존중해 주고, 공동의 목표를 위해 즐겁게 같이 노력할 수 있는 부부가 바람직하다고 생각합니다. 저는 한 5년 후쯤 사회적 기반이 어느 정도 안정되면 저희 가족 모두와 화합할 수 있는 사람과 결혼을 구체적으로 생각해 보고 싶습니다.

(C)
결혼에 대해 구체적인 계획은 아직 없습니다. 그리고 결혼을 전제로 사귀는 이성친구도 없습니다. 우선은 제 일에 열중하고 싶습니다. 부모님께서는 항상 대학에서 배운 전문인으로서의 지식과 재능을 충분히 사회활동으로 펼치라고 말씀하였습니다. 그 때문인지 저희 언니들도 결혼보다는 일에 매진하여 30대에 결혼하였습니다. 저도 좀 늦지 않을까 생각됩니다.

2. 만약 교제 중인 상대가 결혼 후 일을 그만두라고 강요한다면 어떻게 하겠습니까?

Key Point

여성 응시자들에게 빈번하게 주어지던 질문이다. 의견 대립이 생겼을 때 상대방을 어떻게 설득하고 타협하는지 알아보려는 질문 의도를 파악하고, 상대를 설득시켜 꼭 계속 근무하겠다는 의지를 밝히는 것이 좋다.

예시 답안

저는 일도 연애만큼 중요하다고 생각합니다. 연애를 하더라도 직장 문제에 대해 확실히 선을 긋고 시작할 것입니다. 그러나 만약에 그런 상황에 처하게 된다면 제가 왜 공무원이 되었는지, 목표가 무엇인지에 대해 솔직하게 그리고 충분한 시간을 두고 이야기해서 이해를 시킬 것입니다.

3. 가사는 여성이 주로 맡아야 한다고 생각합니까?

Key Point

이 질문은 "가사는 여성이 맡아야 하는데 왜 지원했느냐."라는 의도로 들려 다소 불쾌할지도 모른다. 질문의 의도를 "일과 가사가 과중된 상황을 어떻게 해결해 나갈 것인지"를 묻는 데 두고 상황 자체를 유연하게 해결하려는 자세를 보여 주는 것이 낫다.

예시 답안

제가 전업주부라면 가사를 통솔하겠지만, 저도 직장 생활을 하니 아무래도 모든 집안일을 혼자 부담하기는 어려울 것으로 짐작됩니다. 남편과 합리적으로 분담하겠습니다.

4. 야근이나 휴일근무, 출장이 가능합니까?

Key Point

평소에 남녀평등을 외치던 여직원들이 정작 야근이나 당직, 잔무가 있을 때는 여자임을 내세워 슬쩍 빠져나간다는 인식이 사회에 만연해 있으므로 자신의 의지를 확실히 밝히는 것이 중요하다. 자신의 의지를 뒷받침할 수 있는 경험을 들어 답변하면 일에 대한 의욕을 보다 효과적으로 전달할 수 있다.

예시 답안

할 수 있습니다. 사회에 진출한 이상 성별을 내세워 야근이나 출장을 기피하는 것은 바람직하다고 생각지 않습니다. 제가 맡은 일에서 만족스러운 결과를 얻는다면, 야근이나 출장을 좀 더 활용할 수도 있다고 생각합니다.

5. 여성이라고 남성 직원이 업무에 협조하지 않는다면 어떻게 하겠습니까?

Key Point

이 질문은 남성과의 마찰을 해결하는 방식을 통해 응시자의 대인관계와 문제 해결 능력을 측정하려는 것이다. 이러한 마찰은 일단 직접적인 대화로 푸는 것이 원칙이다. 그 후 다시 높은 강도의 정중한 항의도 받아들여지지 않을 때는 공식 창구를 이용하는 것이 좋다. 따라서 비협조적인 남성 직원과 직접 대화를 해서 자신의 입장을 밝히고, 다시는 그런 일이 생기지 않도록 서로의 접점을 찾도록 노력하겠다는 대답이 무난하다.

예시 답안

저 같은 경우는 대응 방식에 단계를 두고 낮은 강도의 대응으로부터 차차 수위를 높이겠습니다. 일단은 당사자와 부드러운 분위기에서 서로의 입장을 밝히고 긍정적인 방향으로 해결할 수 있도록 노력하겠습니다. 그래도 문제가 시정되지 않는다면 정중하면서도 단호하게 항의하겠습니다. 도저히 해결이 안 된다면 공식 창구를 통해 시정을 요청하겠습니다.

답변 작성

Q 출산률을 높이기 위해 평소 생각한 아이디어가 있으면 말해 보시오.
A
직접 작성

Q 업무에 있어서 창의력을 발휘하여 해결한 사례를 말해 보시오.
A
직접 작성

Q 초등학교 3학년 교실에서 서울시 정책을 홍보할 경우 어떻게 할 것인지 말해 보시오.
A
직접 작성

Q 1억 원이 생긴다면, 무엇을 할지 말해 보시오.

A 직접 작성

Q 정책 결정자가 된다면 사회의 어느 부분을 혁신하고 싶은지 말해 보시오.

A 직접 작성

Q 합격하면 앞으로 어떤 노력을 할 것인지 말해 보시오.

A 직접 작성

Chapter 04 | 윤리·책임

주요 기출질문 리스트

- 사회생활을 하면서 도움을 받았던 적과 도움을 준 적이 있는지, 이에 대해 상대는 어떻게 반응했는지 말해 보시오. 24 지방직
- 본인의 장점과 단점은 무엇이며, 그런 장단점이 직무에 어떤 도움이 된다고 생각하는지 말해 보시오. 24 서울시
- 아르바이트를 하면서 문제점이 발생한 적이 있는지, 그 경우 어떻게 극복하였으며 이를 통해 무엇을 느꼈는지 말해 보시오. 22 국가직
- 봉사를 해본 적이 있는지, 있다면 어떤 것이 기억에 남는지, 이를 통해서 무엇을 배웠는지 말해 보시오. 21 국가직
- 소통을 늘리기 위해서는 무엇이 필요할까요? 21 국가직
- **조직의 관행을 바꾼 경험이 있다면 말해 보시오.** 20
- **인생에서 최고의 성과를 낸 경험을 말해 보시오.** 20
- 조직 내에서 조직원의 실수를 본인이 해결하여 성과를 낸 경험에 대해 말해 보시오. 19
- 자신의 장점이 합격 후 공직에서 업무를 진행할 때 어떻게 도움이 될 수 있을지 말해 보시오. 19
- 타인에게 오해를 받아서 곤란한 상황에 놓였던 경험과 이를 해결하기 위해 어떻게 하였으며 결과적으로 어떻게 되었는지를 말해 보시오. 19

- 모욕을 당한 경험이 있다면 말해 보시오. 18
- 사람에게 온정을 느낀 경험이 있다면 말해 보시오. 18
- 갈등을 중재했던 경험이 있다면 말해 보시오. 18
- 본인 혹은 타인이 자존감이 높거나 낮아서 문제가 되었던 경험을 말해 보시오. 18
- 3분 동안 자기소개를 해보시오.
- 자신의 장점을 두 가지만 말해 보시오.
- 본인만이 가진 개성을 말해 보시오.
- 학창 시절 중 리더십을 발휘한 경험이 있으면 말해 보시오.
- 의사소통 때문에 문제가 있었던 경험과 이를 해결한 사례를 말해 보시오.
- 자신과 의견 충돌이 있는 동료를 설득할 때 가장 좋은 방법은 무엇인지 말해 보시오.
- 상사와 의견 충돌이 있는 경우 대처 방안을 말해 보시오.
- 화가 난 민원인이 무리한 요구를 계속하는 경우 어떤 대처법을 가지고 있는지 말해 보시오.
- 단체로 들어온 민원인이 무리한 요구를 하는 경우 어떻게 대처할 것인지 말해 보시오.
- 본인이 싫어하는 사람들과 함께 성과를 만들어 낸 사례가 있다면 구체적으로 설명하시오.
- 가장 존경하는 인물과 그 이유를 말해 보시오.
- 임용이 된 후 자기 계발을 위해 어떤 노력을 할 것인지 말해 보시오.
- 민원인이 전임자의 실수로 발생한 사안을 본인에게 해결하라고 요구한다면 어떻게 대처하겠는지 말해 보시오.
- 직속 상사가 자신보다 한참 어리다면 어떻게 할 것인지 말해 보시오.
- 본인의 성격에 대해 말해 보시오.
- 자신의 성격상 장단점을 구체적인 예를 들어 설명하시오.
- 취미가 무엇입니까?
- 대인관계에 대해 말해 보고 친구들 사이에서 상담을 많이 받는 편인지 상담을 많이 해주는 편인지 말해 보시오.
- 함께 일하고 싶은 상사 유형과 반대로 함께 일하기 싫은 상사 유형을 말해 보시오.
- 대인관계에서 겪었던 어려움과 극복 방법을 말해 보시오.
- 혼자서 일하는 경우와 협업을 통해 일하는 경우 어느 쪽이 본인의 성격에 잘 맞는지 설명하시오.
- 본인이 생각하기에 고쳤으면 하는 버릇은 무엇인지 말해 보시오.
- 건강 관리를 위해 무엇을 하고 있는지 말해 보시오.
- 최근에 읽은 책 중 감명 깊었던 것이 있으면 말해 보시오.
- 정기 구독하는 신문이나 매체가 있는지 말해 보시오.
- 술·담배를 즐기는 편인지 말해 보시오.
- 민원인으로부터 뜻하지 않은 선물을 받은 경우 어떻게 하겠는지 말해 보시오.

1. 자기소개를 해보시오.

Key Point

자기소개는 면접 질문 중 기본이라 할 수 있다. 자신을 소개하게 하는 이유는, 자기 자신에 대한 지속적인 관리와 객관적인 평가를 유지해 왔는지를 파악하기 위함이다. 따라서 제출한 자기기술서(자기소개서 혹은 사전조사서)를 바탕으로 본인의 지원 동기와 준비된 사항들을 핵심적으로 담아 낼 수 있어야 한다.

예시 답안

(A)

저는 1998년 5월 10일 서울에서 1남 1녀 중 장남으로 태어났습니다. 어려서부터 줄곧 대전에서 살아왔으며, 성실하신 부모님 덕분에 아주 풍족하지는 않았지만 경제적으로 별 어려움 없이 자랐습니다. 초등학교 때부터 학급의 임원을 맡아 활동하면서 리더십과 책임감이 강하다는 평을 종종 들어왔습니다. 저는 중·고등학교 시절부터 경영 분야에 관심이 있어서 경영학과를 선택하였으며 부전공으로 교육학을 공부하고 있습니다. 저는 2018년 12월에 군에 입대하여 공군 의무병으로 복무하였습니다. 제대 후에는 다양한 아르바이트를 통해 여행경비를 모아 중국과 일본으로 배낭여행을 다녀왔습니다. 이를 통해 우리와 비슷하면서도 다른 점이 많은 그들의 문화를 경험하며 견문을 넓힐 수 있었습니다. 복학 후에는 성적우수 장학금을 2회 수상하는 등 학업에 열중했고 현재는 4학년으로 전공 및 영어와 일본어를 공부하며 취업을 준비하고 있습니다.

(B)

저는 1남 2녀의 장녀로 태어나 부모님의 사랑을 받으면서 자라왔습니다. 언제 어디서나 저를 향한 부모님의 기대와 큰 사랑을 느낍니다. 아버지는 개인 사업을 하시고 어머니는 집에서 가사를 돌보고 계십니다. 저희 가족은 같이 보내는 시간이 많습니다. 그래서 가족 간에 대화가 잘 이루어지고 있으며 그 대화 속에는 저와 동생들이 나아가야 될 인생의 지침과 남들과 어울려 살아가는 지혜가 담겨 있습니다. 이러한 환경에서 자란 저에게 무언가 칭찬받을 점이 있다면 그것은 오로지 부모님의 덕분입니다. 저는 삶의 애착을 가지고 무슨 일이든 긍정적인 사고와 적극적인 자세로 남들보다 두 배 더 열심히 하려고 노력하고 있습니다. 특별히 내세울 만한 특기나 자랑거리는 없지만 대인관계에는 자신 있습니다. 누구를 대하든 예의를 중시하고 어느 정도는 내가 먼저 손해를 본다는 생각으로 사람을 대하기 때문에 인간성이 좋은 사람으로 평가받고 있습니다.

2. 자신의 장단점을 말해 보시오. (1)

Key Point
이 질문의 의도는 구체적인 장단점을 알기보다는 자기 자신에 대해 어느 정도의 객관적인 분석을 하고 있고, 자기 개선의 노력 등을 시도하는지를 알고자 함에 있다. 자신의 장점은 조직에 이익이 되는 쪽으로 이야기하고, 단점에 대해서는 솔직하게 이야기하되 구체적으로 어떻게 고치고 있다고 말할 수 있어야 한다.

예시 답안

(A)

'하면 된다.'라는 긍정적인 사고로 항상 노력하고, 모든 일에 적극적으로 뛰어들려고 하는 성격이 저의 장점입니다. 그리고 사람을 대할 때 어느 정도는 내가 손해를 본다는 생각으로 사람들을 대하고 있습니다. 단점은 성급하고 무슨 일이든 시작하면 너무 집착하는 면이 있기 때문에 다른 일에 신경을 쓰지 않는 경향이 있어 종종 실수를 범하기도 합니다. 그래서 항상 여유와 냉철함을 가지기 위해서 요즘은 바둑을 즐기고 있습니다.

(B)

저는 남들이 하기 싫어하는 일을 묵묵히 해나가는 차분한 성격입니다. 그것을 제 장점이라고 생각하지만 거꾸로 말하면 내성적이라고도 할 수 있겠지요. 그래서 되도록이면 여러 사람들과 어울리려고 노력하고 있습니다.

(C)

저는 협동심이 강하고 책임감이 강한 편입니다. 또한 행동력이 있다고 주변으로부터 인정을 받고 있는데, 그에 비해 성격이 급해 일 처리가 다소 빠르지 않느냐는 지적을 받고 있습니다. 신속하게 일을 처리하다 보니, 간혹 뜻하지 않은 실수가 생기기도 합니다. 그래서 가급적이면 빠르게 일을 진행하더라도 마음을 느긋하게 갖고 꼼꼼하게 일을 처리하고자 노력합니다.

3. 자신의 장단점을 말해 보시오. (2)

예시 답안

(A)
명랑한 성격이 저의 가장 큰 장점입니다. 작은 일에 일희일비하지 않고 항상 긍정적인 생각을 하고 살아가기 위해 노력합니다. 원래는 다소 소극적인 성격이었으나 적극적인 태도로 살아가려고 노력을 하다 보니 성격도 명랑하고 낙천적인 성격으로 변한 것 같습니다.

(B)
저의 우유부단한 성격이 단점 중 하나라고 생각합니다. 어떤 일을 결정 내릴 때 추후 발생할 수 있는 경우의 수들을 고려하는 편이어서 쉽사리 결정을 내리지 못하는 경우가 많이 있습니다. 이러한 성격이 때로는 신중히 처리하여 실수를 줄이는 좋은 면도 있으나 주변 사람들에게 때로는 답답하다는 인식을 주기도 합니다. 앞으로는 충분히 판단하되 결정을 내릴 때는 조금 더 과감하게 판단할 수 있는 사람이 되려고 노력하겠습니다.

4. 이 직무에 적합한 본인의 남다른 강점이 있다면 말해 보시오.

Key Point

다른 응시자와 어떤 차별점이 있는지 확인하기 위한 질문이므로, 직무와 연관할 수 있는 경험을 이야기하고 이를 통해 다른 직원들과 차별화될 수 있는 장점을 제시한다.

예시 답안

저는 남들보다 일을 효율적으로 진행하기 위해 많이 고민하고, 그 방법을 실제로 업무에 적용시키기 위해 노력합니다. ○○직과 관련하여 ○○ 아르바이트를 해본 경험이 있는데, 수기로 작성하던 창고 재고를 보다 효율적으로 파악하기 위하여 상품을 종류별로 분류하고 이를 엑셀 파일로 정리하여 간단한 검색만으로도 창고 재고의 상황을 파악할 수 있도록 작업하였습니다. 저의 이런 노력을 아르바이트 업체에서 높이 평가하여 정직원 전환 제의를 받을 수 있었습니다.

5. 지금 긴장하고 있습니까?

Key Point

솔직한 현재 심경을 그대로 말한다.

예시 답안

솔직히 말씀드려 다소 긴장됩니다. 이 같은 긴장은 마치 대학수학능력시험을 볼 때 시험 답안지를 나누어 받기 직전의 기분과 비슷합니다. 그러나 사실 자신에게 중대한 일을 하려 할 때 긴장되지 않는다면 후에 성공에 대한 성취감도 적을 것입니다. 합격 후 직무에 있어서도 중요한 일을 맡으면 다소 긴장하더라도 정신을 가다듬어 조금의 결함도 없이 완수하려 합니다.

6. 자세가 좋지 않군요.

Key Point

나쁜 점을 지적받으면 "죄송합니다."보다는 "지적해 주셔서 감사합니다."라고 대답하는 것이 좋다.

예시 답안

지적해 주셔서 감사합니다. 지금 저의 인생이 결정되는 순간이라서 면접에 열중하다 보니 저도 모르게 그런 자세를 취했나 봅니다. 앞으로 주의하겠습니다.

7. 주변 사람들이 본인을 어떻게 생각하는지 말해 보시오.

예시 답안

저는 자라면서 밝고 진취적이라는 말을 많이 들었습니다. 중학교 시절에는 핸드볼을 했는데 지희 팀이 지고 있을 때도 항상 파이팅을 외치며 친구들을 독려하였고 쉬는 시간에도 주전자에 물을 받아오는 등 솔선수범하는 모습을 보였습니다. 이러한 성격 덕분에 고등학교와 대학교에서도 비슷하여 많은 친구들을 사귈 수 있었으며 원만한 대인관계를 유지할 수 있었습니다.

8. 생활신조나 좌우명이 있다면 무엇인가요? 왜 그런 생활신조나 좌우명을 가지게 되었는지 이유를 말해 보시오.

Key Point

삶에서 중요하게 생각하는 가치관이나 삶에 대한 목표, 태도 등을 알아보기 위한 질문으로, 왜 그런 생활신조나 좌우명을 가지게 되었는지에 대한 계기와 이를 실제 삶에서 어떻게 실천하고 있는지 예를 들어 설명한다. 되도록 지원하는 직무에 도움이 되는 것을 선택하는 것이 바람직하다.

예시 답안

(A)
조금 진부해 보이지만, 제가 가장 삶에서 중요하게 여기는 가치는 '신뢰'입니다. 사회생활을 하면서 다른 사람과 관계를 맺는 것은 필연적이며, 그 과정에서 가장 중요한 요소가 바로 신뢰라고 생각합니다. 인간관계는 신뢰를 바탕으로 이루어져야 긍정적인 영향을 주고받을 수 있으며, 업무 관계 또한 신뢰가 바탕이 될 때 시너지 효과가 난다고 생각합니다. 그렇기 때문에 저 스스로 먼저 신뢰받는 사람이 되도록 노력하고 있으며, 이를 통해 다른 사람에게 긍정적인 영향을 끼칠 수 있도록 늘 노력하고 있습니다.

(B)
저의 생활신조는 오늘 해야 할 일을 내일로 미루지 않는 것입니다. 일을 자꾸만 뒤로 미루다 보면 나중에는 일이 커져서 힘이 배로 듭니다. 그래서 조금 힘이 들더라도 그때그때 일 처리를 하려고 노력하고 있습니다.

(C)
저의 생활신조는 '약속을 잘 지키자.'입니다. 바쁜 생활 속에서 가볍게 생각할 수 있는 시간 약속을 비롯해 생활에 대한 모든 것이 약속을 통한 것이라 생각하기 때문에 약속을 잘 지키는 것을 생활신조로 삼고 있습니다. 약속을 잘 지킨다는 것은 자신의 신용도, 책임감 등과 직결되는 것이기 때문에 대단히 중요하다고 생각합니다.

(D)
저의 생활신조는 '약속을 잘 지키자.'입니다. 실은 고등학교 시절에 아주 사소한 약속을 지키지 못했던 탓으로 가장 절친한 친구를 잃고 말았습니다. 저에게 있어서는 사소한 일이었으나 상대방에게는 매우 중대한 일이었던 것입니다. 그때부터 아무리 작은 일일지라도 약속은 반드시 지키는 사람이 될 것을 결심하였습니다.

9. 친구 관계에 대해 말해 보시오.

Key Point

대인관계를 통해 당신의 인성을 판단하려는 질문이다. 새로운 환경에 적응을 잘해서 새로운 친구들을 갖게 되는 것도 점수를 받을만하지만, 한 번 사귄 친구와 오랜 기간 관계를 유지하고 있는 경험을 내세우는 것이 더 바람직하다.

예시 답안

(A)

저는 활달하고 원만한 성격의 소유자로 주위에 많은 친구가 있습니다. 또 남의 얘기를 잘 들어 주는 편이기 때문에 친구들이 고민을 털어놓고 같이 상의하는 편입니다. 그중에서도 중학교와 고등학교를 같이 다닌 친구가 한 명 있는데, 그 친구와 제일 친합니다. 대학 시절에 같은 과 친구 두어 명과 아르바이트를 통해 만나 일을 그만둔 후에도 지금까지 우정을 지속하고 있습니다. 저는 형제처럼 마음을 터놓을 수 있는 친구가 많다는 것이 무척 행복하고 자랑스럽습니다.

(B)

저는 어려서부터 한 동네에서 자라 온 친구 한 명과 아주 친합니다. 그 친구와는 오랜 세월을 친하게 지내 왔기 때문에 서로 속마음도 터놓는 사이입니다. 친구는 이공계 쪽으로 전공을 택했고, 저는 순수 인문학을 택하는 등 성향은 조금 다릅니다. 친구는 항상 탐구하는 자세로 사건의 흐름을 본질부터 파악해 내는 데 비해, 저는 행동하면서 생각하고 조금 성격이 급한 편입니다.
이런 성격 때문에 예상치 못한 실수를 저지르기도 하는데 자주 친구에게서 제 행동의 절충점을 찾습니다. 저의 모자란 점을 잘 보완할 수 있는 장점이 많은 친구입니다. 저는 친구란 나 자신을 모두 비춰줄 수 있는, 속까지 보여 주는 거울과도 같은 존재라고 생각합니다.

(C)

친구는 많은 편이라 생각합니다. 중·고등학교 시절에서부터 친구들을 사귀어 왔지만 그래도 대학 시절에 더 많은 친구를 가지게 되었습니다. 아마도 중·고등학교 시절에는 활성화되지 않았던 동아리나 연구회에 적극적으로 참가했기 때문이라 생각됩니다. 특히 같이 동아리 활동을 했던 친구들, 크게 말다툼을 했거나 함께 고민했던 친구들은 평생을 함께할 친구들로 생각하고 있습니다.

10. 친구나 후배들이 상담을 많이 해오는 편입니까? 본인이 상담을 많이 하는 편입니까?

예시 답안

저는 후배들에게 상담을 많이 해주는 선배였던 것 같습니다. 논리적으로 말하는 것을 좋아하여 평소 후배들에게 진학이나 진로 문제에 대한 상담을 곧잘 해주었습니다. 상담을 할 때에는 너무 직설적으로 결론을 내리지 않고 본인이 생각하지 못했던 부분을 한 번 더 생각할 수 있도록 조언하는 정도로 하였습니다. 상담을 통해서 저 역시도 새로운 것들을 배울 수 있는 계기가 되었습니다.

11. 첫인상이 중요하다고 생각합니까? 그다음이 더 중요하다고 생각합니까?

예시 답안

사람관계에서 첫인상은 무척 중요한 부분을 차지한다고 생각합니다. 첫인상이 좋은 경우 그 사람을 바라보는 시선에 여유가 생기고 설령 그 사람이 실수를 하더라도 선의로 받아넘기는 경우가 많습니다. 반대로 첫인상이 좋지 못한 경우 괜한 오해를 사는 경우도 많은 것 같습니다.

하지만 진실한 인간관계는 첫인상보다는 그 이후 그 사람의 진솔한 모습에서 형성되는 것이라고 봅니다. 흔히 겉만 번지르르한 사람이라는 말처럼 첫인상은 좋았으나 그 뒤의 행동에 실망하는 경우도 많기 때문입니다.

12. 취미가 무엇입니까?

Key Point

특별한 취미가 없더라도 "별로 없습니다."라는 대답은 좋지 않다. 구체적인 대답 내용이 되어야 하고, 이왕이면 실무에서도 유효하게 응용되는 것이 좋다.

예시 답안

(A)

연극 관람입니다. 어머니께서 대단한 연극 팬이셨기 때문에 어릴 적부터 연극 관람이 낯설지 않았습니다. 처음에는 무작정 따라다니기만 했는데, 나이가 들수록 연극에 대한 관심이 높아져 갔습니다. 이제는 어머니와 제법 전문적이고 심도 있는 대화를 나누기도 합니다. 제 스스로에게 정서적·문화적으로 만족감을 주는 것은 물론, 어머니와 꾸준하고 지속적인 연극 관람으로 모자 간에 대화의 기회가 많은 것이 아주 다행한 일이라고 생각합니다.

(B)

검도입니다. 고등학교 때 스트레스가 많이 쌓이고 몸이 허약해져 시작한 검도가 이제는 훌륭한 자기 수양의 방법이 되었습니다. 대련 그 자체에도 즐거움을 느끼지만, 검도장에 들어서는 그 순간부터 여러 가지 잡념들을 잊고 두어 시간 후 검도장을 나올 때는 몸과 마음이 가볍게 비워진 제 자신을 느낍니다. 생각을 정리하고 몸을 단련하는 데에 검도만큼 좋은 운동은 없다고 생각합니다.

(C)

어렸을 때 할머니 댁에 자주 갔었는데 자주 레코드를 통해 음악 감상을 즐기던 막내고모와 함께 음악을 들었습니다. 뿐만 아니라 피아노를 전공하신 고모는 음악에 대한 여러 가지 이야기를 많이 들려 주셔서 어렵지 않게 음악을 가까이 할 수 있었고, 피아노도 배울 수 있었습니다. 그 영향인지 몰라도, 저 역시 음악을 즐겨 듣고, 특히 클래식에 매력을 느낍니다. 고모로부터 배운 피아노를 지금도 가끔 연주하며 정서적으로 균형감을 찾기도 합니다.

13. 평소 처음 만난 사람과 잘 어울리는 편입니까?

Key Point

응시자는 첫 만남의 중요성을 잘 알고 있다는 것을 전달해야 하며, 그에 대한 자신의 대처 방안을 구체적으로 설명하도록 해야 한다. 이때 단순히 '자신 있다'거나 '잘 한다'가 아니라 설득력 있는 일화를 들어 이야기하는 것이 효과적이다.

예시 답안

저는 쾌활한 성격이라 그런지 처음 만난 사람과도 스스럼없이 금방 친해지는 편입니다. 사람들도 저를 편하게 생각하는 것 같습니다. 물론 그렇다고 제가 사람을 사로잡을 수 있는 화술이나 매력을 가지고 있다는 것은 아닙니다. 다만, 저는 어떤 사람이라도 저와 비슷한 관심 분야를 가지고 있을 것이라는 생각을 합니다. 그리고 공통된 화제를 찾으려고 노력을 합니다. 지금까지는 그런 접근 방법이 효과적이었다고 판단합니다. 제 스스로가 스포츠나 영화, 컴퓨터 등 다양한 분야에 관심을 가지고 있는 것도 큰 도움이 되었습니다. 사회생활에서는 학창 시절보다 필연적으로 훨씬 다양한 부류의 사람들을 만나게 됩니다. 또 그에 걸맞게 사람을 만나는 데도 다양한 방식이 필요합니다. 더욱 적극적인 자세로 사람들을 만날 준비가 되어 있다는 것을 말씀드립니다.

14. 어떤 버릇이 있습니까?

예시 답안

다른 사람과 대화할 때 제스처를 많이 사용하는 버릇이 있습니다. 저는 진지하게 말하기 위해 제스처를 사용하지만 상대방에게는 유머 있게 보일지도 모르겠습니다.
그러나 상대방이 그다지 나쁘게 여기지 않는 버릇이라 생각합니다. 오히려 상대방에게 저의 열의가 전달되어 이해시키는 데 효과적이라 봅니다.

15. 아침에 일찍 일어나는 편입니까?

Key Point

아침에 일찍 일어나지 못하는 사람은 직장인으로서는 실격이다.

예시 답안

네, 그렇습니다. 저희 집은 아버지께서 일찍 출근을 하셨기 때문에 다함께 아침 식사를 하기 위해 늦어도 6시 30분에는 일어나지 않으면 안 되었습니다. 그리고 대학 1학년 때 동아리 활동을 위해 학교에서 매일 아침 8시에 만나 간단히 어제의 일을 돌이켜 보고 이야기하며 오늘은 무엇을 할 것인가에 대해 의논을 하는 활동이 있어 매일 일찍 일어나야 했습니다. 이렇게 어릴 적부터 대학에 와서까지 일찍 일어나는 일이 반복이 되다 보니 이제는 습관이 되어 버렸습니다.

16. 이것만큼은 남에게 질 수 없다고 생각하는 것이 있습니까?

Key Point

자신의 '셀링 포인트(Selling Point)'를 딱 잘라 묻고 있다. 자신의 '무기'는 무엇인지 명확하고 구체적으로 말할 수 있어야 한다. 가능한 한 신변의 이야깃거리를 사용하는 편이 좋다.

예시 답안

(A)
숫자 계산입니다. 어렸을 때부터 주산을 배워 암산에 자신이 있으며, 대학교 2학년 때부터는 가게에서 계산을 하는 아르바이트를 했기 때문에 계산의 속도와 정확도에는 자신 있습니다.

(B)
아침·점심·저녁에 먹는 식사량과 그 빠르기입니다. 뭐든지 곱빼기 이상을 먹을 정도로 잘 먹습니다. 단, 잘 먹는 만큼 일도 잘합니다.

17. 지금까지 가장 기뻤던 일은 무엇입니까?

Key Point

각각의 '가치관'을 알기 위한 질문이다. 단순히 '사건'뿐만 아니라, 거기에서 어떤 기쁨과 가치관을 얻었는가를 말할 수 있어야 한다. 의외로 대답하기 어려운 질문 중의 하나이다.

예시 답안

작년 추계 리그에서 저희 축구부가 결승에서 졌을 때, 시합에는 출전하지 못했던 후배가 함께 울어 준 것입니다. 좀처럼 말을 듣지 않던 후배에게 단결심이 생긴 것을 보고, 시합에는 졌지만 큰 감동과 함께 자신감을 얻을 수 있었습니다.

18. 최근 화가 났던 일은 무엇입니까?

Key Point

각자의 '감정의 기질'을 묻는 질문이다. 정치나 비즈니스계의 스캔들을 화제로 하는 것은 그다지 좋지 않다. 또 정론이라도 자신의 정당성을 너무 주장하면 오히려 감점 요인이 된다.

예시 답안

이것은 제 자신에게 화가 났던 일입니다만, 얼마 전 동창 모임이 있던 날, 귀가 시 마지막 전철을 타고 가다가 잠이 드는 바람에 종점까지 가게 되어, 하는 수 없이 지나가는 차를 얻어 타고 새벽에야 겨우 돌아왔던 일입니다. 하지만 그 덕분에 모르는 사람에게 무언가를 부탁하는 요령과 배짱을 얻었습니다.

19. 좌절한 적이 있습니까?

Key Point

힘든 시기를 어떻게 극복했는가를 말할 수 있으면 좋은 평가를 받을 수 있다. "동아리에서 인간관계 때문에 고생했다." 등과 같이 많은 사람들이 이야기하는 내용은 채용 담당자도 지겨워하기 때문에 피하는 편이 좋다.

예시 답안

마트에서 판매 아르바이트를 시작했을 때, 전혀 팔리지 않아서 지점장에게 매일 야단을 맞은 일입니다. 아르바이트라고는 해도 돈을 받는 것에 대한 엄격함을 느꼈고, 자신의 미숙함에 분한 마음을 가졌습니다. 하지만 나중에는 숙달되어 손님을 대하는 노하우도 익히게 되어 꽤 성과를 올릴 수 있게 되었습니다.

20. 체력에는 자신이 있습니까?

Key Point

정신력 못지않게 중요한 것이 체력이다. 체력에 자신 있음을 구체적인 일화를 통해 말하도록 한다.

예시 답안

시골에서 자라서 그런지 어려서부터 걷고 뛰는 것에는 누구보다 자신이 있었습니다. 고등학교 때는 반대표 계주 선수나 마라톤 선수로 발탁되기도 하였습니다. 그리고 ○○마트에서 아르바이트를 할 때는 하루 종일 서서 근무하는 일을 했었기 때문에 남들보다 인내심을 갖고 해야 하는 일에는 자신이 있습니다.

21. 지금까지의 학교생활 중 가장 인상에 남았던 일이 있다면 말씀해 주시겠습니까?

Key Point

가능하면 그 체험이 업무에도 활용될 수 있는 것이라면 좋을 것이다. 학교생활의 상징이 될 만한 체험을 예로 들어 간결하게 설명하는 것이 바람직하다.

예시 답안

개인적으로 박경리의 대하소설『토지』의 배경이 되는 경남 하동으로 농촌활동을 갔던 일이 가장 기억에 남습니다. 『토지』를 무척 감동 깊게 읽었던 저로서는 드라마와 책으로만 존재하던 머릿속의 공간이 제 눈앞에 실제로 펼쳐지자 무척 감동적이었고 그 땅에 사시는 분들에 대한 애정을 느낄 수 있었습니다. 훌륭한 문학작품은 문학으로 그치지 않고 실생활 속에 살아 숨 쉴 수 있음을 느낄 수 있는 귀중한 체험이었습니다. 낮에는 들에서 일하고 저녁에는 토론을 하고 다음 날 새벽 일찍 산 정상까지 오르기도 했습니다. 모두들 들뜬 기분과 기백으로 출발했지만, 정상까지 오른 사람은 저와 교수님뿐이었습니다. 해냈다는 자신감과 더불어, 늘 문학적 조언과 인생의 선배로서 따뜻했던 교수님을 더욱 가깝게 느끼는 계기가 되었습니다.

22. 학창 시절 별명은 무엇이었습니까?

Key Point

별명은 자신의 특성을 나타낼 수 있는 캐치프레이즈이다. 별명이 없다고 하면 특성이 없는 사람으로 보인다. 없는 사람은 그럴듯한 별명을 스스로 만들어놓도록 한다.

예시 답안

중학교 시절부터 친구들은 저를 셰퍼드라고 불렀습니다. 제가 길을 찾는 데는 명수이고 친구들이 어디 같이 가자하면 별로 거절하지 않기 때문에 붙은 별명으로 알고 있습니다. 지금도 예전 친구들을 만나면 그렇게 불립니다.

23. 학교 다닐 때의 성적은 어떤 편이었습니까?

Key Point

요점은 성적에 대해 당신이 어떻게 받아들이고 있는가 하는 점이다. 좋지 않았던 성적을 좋았던 것처럼 말해도 안 되고, 이런 저런 핑계를 둘러대는 것도 좋지 않다. 성적의 결과를 솔직히 받아들이고, 앞으로는 더욱 분발하겠다는 식으로 대답하는 것이 합리적이다.

예시 답안

뛰어난 성적이라고는 생각하지 않습니다. 하지만 자기가 노력한 만큼 나타나는 것이 성적이므로 이를 솔직히 받아들이고 있습니다. 앞으로 다른 부분에 있어서는 더욱 노력해 나가겠습니다.

24. 사회봉사 경험이 있습니까? 있다면 어떤 것 입니까?

예시 답안

고등학교 때 장애가 있는 초등학교 학생들에게 읽기와 쓰기를 가르치는 프로그램에 적극적으로 참여한 적이 있습니다. 대학에 와서는 보육원의 어린이들과 게임도 같이하고 또 그들에게 도덕적인 통솔력도 주면서 교회의 주일학교를 통해 시간을 같이 보내 그 아이들의 형과 같은 역할을 했습니다. 또한 유권자를 등록하는 일에도 참여했으며 지난 대통령 선거 때 유권자들에게 투표를 권하는 캠페인을 하기도 했습니다. 캠페인은 유권자들의 선거 참여를 높이기 위한 캠페인이었고 선거캠프라던가 특정 정당과는 관계가 없는 행사였습니다.

25. 대학 생활 중 어떤 일에 몰두했습니까?

Key Point

학창 시절을 어떻게 보냈는지, 또 그것을 통하여 무엇을 얻었는지를 묻고 있다. 단순히 자랑으로 끝내지 말고 거기에서 무엇을 얻었고 어떻게 자신이 성장했는지까지 말할 수 있어야 한다. 면접위원에게 감동을 주는 화제가 바람직하다.

예시 답안

학과 공부도 열심히 했지만 그에 못지않게 동아리 활동도 열심히 했습니다. 보육원 아이들을 정기적으로 방문하는 동아리였습니다. 제가 그 아이들에게 도움을 주었다기보다는 늘 제가 더 큰 배움을 얻고 돌아오곤 했습니다.

26. 사회인과 학생의 차이는 뭐라고 생각합니까?

Key Point

사회인으로서의 각오를 묻고 있다. 면접 시간에 늦게 온다거나 농담이 지나친 학생에게 진절머리가 난 면접위원도 많아 이런 질문이 적지 않다. 절도 있는 의견을 말하는 것이 좋다.

예시 답안

기본적으로 '책임감'의 차이라고 생각합니다. '사회인은 일의 전문가', '학생은 공부나 놀이의 전문가'와 같은 견해도 있다고 생각합니다. 또한 돈으로 비유하자면 '사회인은 벌고 저축하는 사람', '학생은 쓰는 사람'의 차이가 아니겠습니까? 저는 지금부터 '일의 전문가'로 다시 태어날 각오를 가지고 있습니다.

27. 업무 중 의견 충돌이 생길 경우 어떻게 해결하겠습니까?

예시 답안

업무 처리를 하다 보면 여러 가지 현안에 대해 서로 의견 충돌이 있을 수 있습니다. 다양한 가치를 가진 문제에 대한 정답은 없으므로 서로의 다름을 이해하고 존중하며 더 나은 해결 방안을 찾아가는 노력이 필요하다고 생각합니다. 자신의 의견만이 유일한 해법이라는 생각을 버리고 다양한 견해를 경청하는 습관을 기르겠습니다.

28. 나이가 많은데 어린 상사와 잘 어울릴 수 있겠습니까?

예시 답안

나이 어린 상사와 일을 한다는 것은 저에게 전혀 문제가 되지 않습니다. 나이의 많고 적음과 직장에서의 상하관계는 전혀 별개의 것이고, 사적인 관계와 일은 구별되어야 한다고 생각합니다. 업무상 상사의 지시를 충실히 따를 것이며, 오히려 나이 어린 상사 분께서 관계를 불편해하지 않도록 더욱 조심하고 배려하겠습니다.

29. 민원인이 화가 나서 담당자인 본인을 제쳐 두고 상급자와의 독대를 요구한다면 어떻게 하겠습니까?

예시 답안

대부분의 경우 민원인들이 과도한 화를 내는 이유는 담당자와 의사소통의 벽을 느끼기 때문이라고 생각합니다. 역지사지의 마음으로 민원인의 입장에서 한 번 더 생각하면 의외로 대화가 잘 이루어질 수 있다고 생각합니다. 그러나 막무가내로 억지를 부리는 민원인에겐 원칙적인 처리 규정에 대해 단호하게 이야기해야 할 때도 있을 것입니다. 상황을 잘 판단하여 좀 더 경청하는 자세로 업무에 임한다면 대부분의 문제점들은 풀리리라 생각합니다.

30. 본인의 이익과 본인이 속한 공동체의 이익 간에 충돌이 있다면, 어떻게 하겠습니까?

예시 답안

조직이란 개개인의 화합과 노력이 함께할 때 더욱 빛을 발하는 것입니다. 저의 사적인 이익을 버려 조직의 큰 안녕을 가져올 수 있습니다. 나아가 조직의 안녕은 다시 개인에게 더 큰 포상이 주어진다고 생각합니다.

31. 자신을 '사물'에 비유한다면 무엇이라고 생각합니까?

Key Point

자신에 대한 분석과 성격을 묻는 질문이다. 동물에 비유하는 것은 너무 흔하다. 조금은 다른 사람과 다른 시점에서 가능한 한 신변의 물건에 비유하여 대답할 수 있는 것이 바람직하다.

예시 답안

지금 제가 신고 있는 이 신발입니다. 더위나 추위에도 꿈쩍 않고, 비와 흙먼지를 막아 주며, 또 내측에서부터의 압박과 때로는 지독한 발 냄새도 잘 참으며 앞을 향해 힘차게 나아가는 부분이 저와 유사하다고 생각합니다.

32. 일에 대한 당신의 사고방식은 어떻습니까?

Key Point

얼마만큼 일에 대한 진취적인 자세와 정열이 있는지를 묻고 있다. '자신이 무엇 때문에 일을 하는가?'를 너무 이기적이치 않게 설명한다.

예시 답안

> 인생에서 약 절반의 시간을 일을 하게 되어 있고 일을 통해서 동료나 자기 발전이 가능하기 때문에, 저는 항상 자신의 성장을 재촉하면서 가치 있고 즐겁게 일에 몰두하고 싶습니다. 또 강한 단결심을 가지고 조직에 크게 공헌하고 싶습니다.

Append

※ 비슷한 유형의 질문

- 어떤 작가를 좋아합니까?
  소설 「날개」의 작자인 이상을 좋아합니다. 그의 천재성과 작가로서의 고뇌에 공감하며 그의 기질을 좋아합니다.

- 최근에 읽은 책은 무엇입니까?
  저는 전기문을 좋아합니다. 전기문을 읽으면서 유명한 사람들의 생애를 통해 그들로부터 배울 점이 무엇인가 찾아보기도 합니다. 최근에는 허준의 일생을 다룬 「소설 동의보감」을 읽었습니다.

- 가장 감명 깊게 읽었던 책은 무엇입니까?
  저는 역사 소설을 좋아해서 여러 작품을 읽었는데, 우리나라 근현대사의 어두운 그늘 속에서도 꿋꿋한 삶을 사는 사람들의 이야기를 다룬 박경리의 대하소설 「토지」를 가장 감명 깊게 읽었습니다.

- 즐겨 듣는 음악은 어떤 것입니까?
  저는 음악 듣는 것을 무척 좋아해서 어느 장르나 가리지 않고 듣습니다. 가장 접하기 쉬운 대중음악을 즐겨 듣는 편이며 그중에서도 발라드를 즐겨 듣습니다.

- 좋아하는 운동이 있으면 말해 보시오.
  저는 배구를 좋아합니다. 배구는 뛰어난 개인기 못지않게 여러 사람의 협동심을 요하는 경기이며, 위에서 내리꽂는 스파이크가 특히 매력적입니다.

답변 작성

Q 조직 내에서 조직원의 실수를 본인이 해결하여 성과를 낸 경험에 대해 말해 보시오.
A 직접 작성

Q 중요한 약속이 있는데 동료에게 급한 업무가 생겼다면 어떻게 할지 말해 보시오.
A 직접 작성

Q 본인이 싫어하는 사람들과 함께 성과를 만들어 낸 사례가 있다면 구체적으로 설명하시오.
A 직접 작성

Q 자신의 장점이 합격 후 공직에서 업무를 진행할 때 어떻게 도움이 될 수 있을지 말해 보시오.

A 직접 작성

Q 화가 난 민원인이 무리한 요구를 계속하는 경우 어떻게 대처할 지 말해 보시오.

A 직접 작성

Q 타인에게 오해를 받아서 곤란한 상황에 놓였던 경험과 이를 해결하기 위해 취한 방법 그리고 결과적으로 어떻게 되었는지를 말해 보시오.

A 직접 작성

배우기만 하고 생각하지 않으면 얻는 것이 없고,
생각만 하고 배우지 않으면 위태롭다.

- 공자 -

PART 03

부록

Chapter 01 최신 이슈
Chapter 02 상식
Chapter 03 공무원 헌장
Chapter 04 NCS 기반 면접 알아보기
Chapter 05 인성검사

남에게 이기는 방법의 하나는
예의범절로 이기는 것이다.

– 조쉬 빌링스 –

Chapter 01 최신 이슈

01 최신 이슈 용어

1. 갭투자

용어

주택 매매 가격과 전세 가격의 차액이 적을 때 그 차이(갭)만큼의 금액만으로 집을 매입하는 투자방식이다. 전세를 끼고 주택을 매입하여 일정 기간 후 집값이 상승하면 매도하여 차익을 실현한다. 다만 부동산 가격 상승기에는 이익을 얻지만 하락기에는 깡통주택으로 전락해 세입자 전세금이나 대출이자를 못 갚을 수도 있다.

이슈

갭투자는 전세 시장 가격 불안 조성 및 매매가격 상승을 일으키기 때문에 정부는 이를 막기 위해 대출 규제 및 양도세 규정 강화 등 각종 대책을 내놓고 있다.

2. 국가총동원법

용어

일본은 1930년대 이후 대륙 침략을 위해 한반도를 병참 기지화하고 중일 전쟁과 태평양 전쟁을 일으켰다. 일제는 전쟁 수행을 위해 인적·물적 자원을 통제할 목적으로 1938년 국가총동원법을 제정하여 양곡 배급제와 미곡 공출을 실시하였고, 국민 징용령·학도 지원병 제도·징병 제도 등을 실시하여 젊은이들을 전쟁터로 강제징집하였으며, 여자 정신대 근무령을 공포하여 젊은 여성들을 일본군 '위안부'로 삼는 만행을 저질렀다.

이슈

일본 정부는 국가총동원법에 근거한 국민 징용령으로 강제로 끌려간 조선인이 강제노역을 했던 '군함도(하시마)'의 유네스코 세계유산 등재 후, 유네스코 위원회의 권고에도 불구하고 조선인 차별이 없었다며 역사 왜곡 보고서를 제출하였다. 일본은 조선인이 강제노역에 동원된 또 다른 장소인 '사도광산'까지 유네스코 세계유산에 등재하였으며, 유네스코 위원회의 권고와 우리 정부와의 약속을 이행하지 않은 추도식으로 비판받고 있다.

3. 한국형 녹색분류체계(K-택소노미, K-Taxonomy)

용어
한국형 녹색분류체계는 환경부에서 특정 경제활동이 친환경적이고 탄소중립에 이바지하는지 규정한 지침서이다. 이는 환경 개선을 위한 재화·서비스를 생산하는 산업에 투자하는 녹색 금융의 '투자기준'으로서의 역할 및 환경에 악영향을 끼치면서도 친환경인 척하는 그린워싱을 막는 데 도움이 될 것으로 기대된다. 한국형 녹색분류체계는 '탄소중립 사회 및 환경 개선에 기여하는 진정한 녹색경제활동'을 뜻하는 녹색부문과 '진정한 녹색경제활동은 아니지만 탄소중립으로 전환하기 위해 과도기적으로 필요한 경제활동'을 뜻하는 전환부문으로 나뉜다. 녹색분류체계에 포함됐다는 것은 온실가스 감축, 기후변화 적응, 물의 지속 가능한 보전, 순환경제로의 전환, 오염 방지 및 관리, 생물다양성 보전 등 '6대 환경목표'에 기여하는 경제활동이라는 의미이다.

이슈
이와 관련하여 정부는 원전을 포함하는 녹색분류체계 개정안을 발표하며 향후 논쟁이 커질 전망이다. 정부는 원자력 발전을 '친환경 경제활동'에 포함시키겠다고 발표하며, 원전기술 개발은 녹색부문으로, 원전 건설과 운영은 전환부문으로 분류하였다. 반면 환경단체에서는 방사성폐기물이라는 위험하고 완전한 처리법을 못 찾은 폐기물이 나오는 원전을 포함하면 '그린워싱'을 막겠다는 녹색분류체계 의미가 완전히 상실된다고 주장하고 있다.

4. 도어스테핑(Doorstepping)

용어
도어스테핑은 공개된 장소에서 이루어지는 약식 회견을 가리킨다. 본래 의미는 정치적 유세, 조사나 정보를 얻기 위해 집 앞에서 이야기하는 것으로, 따로 섭외하여 인터뷰하기 힘든 인물의 집이나 기관 앞에서 기다리다가 예정에 없는 인터뷰를 진행하는, 다소 언짢은 인터뷰 요청을 포함한다. 우리나라에서는 대통령을 비롯한 정부 고위 관계자들이 업무를 위해 기관으로 들어갈 때 기자들과 약식으로 인터뷰나 질의응답을 하는 것을 말한다.

이슈
윤석열 대통령은 2022년 5월 11일 첫 도어스테핑을 시작으로 이를 정례적으로 진행해왔으나, 2022년 11월 18일 MBC 출입 기자들과의 갈등 이후 11월 21일부터 잠정 중단하였다.

5. 반의사불벌죄

용어
피해자가 가해자의 처벌을 원치 않을 경우 처벌할 수 없는 범죄를 말한다. '해제조건부 범죄'라고도 부른다. 피해자가 처벌의사가 없음을 명확히 밝히면 해당 사건은 공소기각 판결이 내려진다. 다만 처벌을 원하는 피해자의 의사표시가 없어도 공소를 제기할 수 있기 때문에 고소 또는 고발이 있어야 공소제기가 가능한 '친고죄'와는 구별된다. 현재 폭행죄, 존속폭행죄, 명예훼손죄 등이 반의사불벌죄에 해당한다.

이슈
정부는 현재 사회적 문제로 대두하고 있는 스토킹 범죄 관련하여 반의사불벌죄 조항을 삭제하였다.

6. 분산원장기술

용어

기존 금융 시스템이 데이터를 중앙서버에서 관리하는 중앙집중형이라면 분산원장기술은 거래정보가 기록된 원장을 P2P 공유 네트워크로 분산하여 기록하고 관리하는 기술이다. 다수의 분산 네트워크 참여자(Node)가 암호화기술을 사용해 거래원장 전체를 분산 보관하며, 거래 및 검증을 통한 갱신작업을 공동으로 수행한다. 대표적인 기술로 블록체인이 있다.

이슈

한국은행은 분산원장기술 기반 디지털 화폐(CBDC; Central Bank Digital Currency)의 온라인 CBDC와는 독립적으로 이자지급과 환수, 동결 및 추심 등 오프라인 CBDC 구현 가능성에 대한 실험에 성공했으며, 이에 따라 시스템 보완을 거쳐 통신사 장애나 재해 등으로 민간 지급 결제 서비스를 사용하기 어려운 상황에서 실물 화폐와 함께 백업 지급 수단으로 활용 가능할 것이라고 설명했다.

7. 프리덤 플래그(Freedom Flag)

용어

한·미 연합으로 2015년부터 실시하는 대규모 공중연합훈련으로, 2022년 '비질런트 에이스(Vigilant Ace)'에서 2022년 '비질런트 스톰'(Vigilant Storm), 2023년 '비질런트 디펜스'(Vigilant Defense)에 이어 2024년에는 '프리덤 플래그'(Freedom Flag)로 그 명칭을 바꾸면서 규모도 확대했다. 2024년 훈련에서는 한 국가의 전체 공군력에 필적하는 최신예 전투기·지원기·무인기 등 총 110여 대가 참가해 주요 항공작전 능력을 시험·수행했다.

8. 빅컷(Big Cut)

용어

기준금리를 한번에 0.50%포인트(p) 인하하는 것을 뜻하는 경제용어이다. 0.25%p 인하는 '베이비컷', 0.75%p 인하는 '자이언트컷'이라고도 한다. 기준금리를 0.50%p 인상하는 것을 뜻하는 '빅스텝(Big Step)'은 빅컷과 반대되는 개념으로서 마찬가지로 0.25%p 인상은 '베이비스텝', 0.75%p 인상은 '자이언트스텝'이라고 한다.

이슈

2024년 8월 이후 미국의 금리인하가 기정사실화되면서 그 폭과 관련해 0.50%p 인하를 뜻하는 '빅컷'을 비롯한 다양한 가설이 제기된 가운데 9월 18일 미국 연방준비제도(Fed)는 4년 반 만에 기준금리를 0.5%p 내리기로 결정했다고 발표했다.

9. 석유수출국기구(OPEC)

용어
1960년 개최된 바그다드회의에서 이라크·이란·사우디아라비아·쿠웨이트·베네수엘라의 5대 석유 생산·수출국 대표가 모여 결성한 협의체이다. 결성 당시에는 원유 공시 가격의 하락을 저지하고 산유국 간의 정책 협조를 목적으로 하는 가격카르텔 성격의 기구였으나, 1973년 제1차 석유 위기를 주도하여 석유 가격 상승에 성공한 후부터는 원유가격의 지속적인 상승을 도모하기 위해 생산량을 조절하는 생산카르텔로 변질됐다.

이슈
러시아·우크라이나 전쟁에 의한 에너지 공급 부족과 코로나19 사태 이후의 에너지 수요 폭증에도 불구하고 석유수출국기구의 원유감산 결정으로 원유가격은 당분간 오름세를 유지할 전망이다.

10. 소비기한(Use-by-Date)

용어
식품이 제조 및 유통되어 소비자에게 전달된 후 소비자가 해당 식품을 먹었을 때 건강이나 안전에 이상 없을 것으로 인정되는 소비 최종시한으로, 소비자가 실제 식품을 섭취할 수 있는 기한이다.

이슈
식약처는 2021년 7월 국회에서 통과된 「식품 등의 표시·광고에 관한 법률(약칭:「식품표시광고법」)」 개정안에 따라 2023년 1월부터 식품 등에 표시하는 '섭취해도 안전에 이상이 없는 기한'을 영업자 중심의 유통기한(Sell-by-Date)에서 소비자 중심의 소비기한(Use-by-Date)으로 바꿔 표기하도록 했다. 소비기한은 식품의 맛·품질 등이 급격하게 변하는 시점을 실험으로 산출한 품질안전 한계기간의 80~90%로 설정한 것이고, 유통기한은 통상 품질안전 한계기간의 60~70%로 설정된다. 유통기한이 소비기한으로 바뀌면서 표기되는 기간이 길어지는 셈이다.

11. 보금자리론

용어
'안심전환대출'과 '적격대출'을 통합한 상품으로 1년간 한시 운영되던 특례보금자리론이 2024년 1월 '보금자리론'으로 개편되었다. 기존 특례보금자리론 상품은 우대형과 일반형 등 두 가지로 나뉘었으나, 2023년 9월부터 우대형 기준인 주택가격 6억 원 이하·부부합산소득 7,000만 원 이하인 대출자만을 대상으로 하기 시작했으며 이는 그대로 보금자리론에 적용되었다. 이는 금융위원회 가계부채 현황 점검회의(2023년 9월 13일) 결과에 따라 한정된 지원여력을 서민·실수요층 등에 집중하기 위하여 보금자리론 요건을 강화한 결과이다.

2024년 7월 기준 금리는 3.95~4.25%로, 만기(10·15·20·30·40·50년, 아낌 e 기준)가 길수록 금리가 높아지는 구조이다. 보금자리론은 2024년 1~4월까지 2조 1,160억 원 규모의 신청을 받았는데, 이는 같은 기간(2023년 1~4월) 13조 1,000억 원을 판매한 특례보금자리론의 실적에는 미치지 못한 금액이었다.

이슈

정부는 2022년 금리 상승기 대출자들의 부담을 덜어주기 위해, 안심전환대출을 출시하였으나, 공급 목표를 25조 원의 37.9%(9조 4,787억 원)만 공급되는 데 그쳤다. 이자 부담에 허덕이는 부동산 영끌족에게는 희소식으로 다가온 보금자리론이 안심전환대출의 전철을 밟지 않을지에 대한 귀추가 주목된다.

12. MZ세대

용어

1980년대 초에서 2000년대 초 출생한 '밀레니얼 세대(Millennials)'와 1990년대 중반부터 2000년대 초반 출생한 'Z세대'를 아우르는 말이다. 디지털 환경에 익숙한 MZ세대는 모바일을 능숙하게 사용하고, 최신 트렌드와 새로운 경험을 추구하는 특징을 보인다. 또한 소비시장에서 SNS를 기반으로 강력한 영향력을 발휘하는 경제주체로 부상하고 있다.

이슈

MZ세대의 다양한 가치관과 생각은 획일적인 조직문화와 충돌하며 퇴직 및 이직의 원인이 되고 있는데, 2030 남녀 직장인들을 대상으로 조사한 결과 10명 중 3명이 입사 1년이 채 되기도 전에 퇴사한 것으로 나타났다. 이에 대해 전문가들은 "2030이 자신의 역량을 인정해 주는 곳을 찾아가는 측면에서 (이직은) 긍정적"이라며 "고여 있으면 변화가 없는데, 자신이 발전하면 조직과 사회에도 가치를 제공할 수 있다."라고 말했다. 또한 퇴사를 개인 문제로 치부하는 대신 조직 문제를 짚을 성찰적 자세로 임해야 한다는 조언도 덧붙였다. "젊은이들은 자신의 능력을 인정해 주는 곳으로 옮긴다."라며 "이들이 왜 옮겨가는지를 고민하고, 급여와 복지수준 등을 조정할 필요가 있다."라는 것이다.

13. 여성가족부

용어

2001년 노동부의 여성 주거, 복지부의 가정폭력·성폭력 피해자 보호, 성매매 방지업무 등을 대통령 직속 여성특별위원회가 넘겨받아 '여성부'라는 이름의 독립부처를 신설했고, 2004년에는 복지부로부터 영·유아 보육업무를 이관받았다. 2005년에는 가족정책 기능까지 받아 '여성가족부'로 확대·개편됐는데, 이명박 정부 들어서는 가족 및 보육정책 기능을 복지부로 떼어 주면서 2008년 여성부로 축소됐다가 2010년 청소년, 가족 기능을 다시 넘겨받아 여성가족부라는 이름으로 재편됐다.

이슈

윤석열 정부는 대통령 선거 공약 사항에 따라 여성가족부를 폐지하고 청소년·가족, 양성평등, 권익증진 기능은 복지부로 이관할 계획이라고 밝혔다. 이에 따라 보건복지부에 인구·가족·아동·청소년·노인 등 종합적 생애주기 정책과 양성평등, 권익증진 기능을 총괄하는 '인구가족양성평등본부'를 신설하며 '여성가족부'라는 명칭에서 '여성'을 '양성평등'으로 바꾸고 '인구'를 추가 할 예정이었으나 2025년까지 부처 폐지에 관해 진행하는 것이 없는 상황이다.

14. 워케이션(Workation)

용어
'Work(일)'와 'Vacation(휴가)'의 합성어로, 산과 해변 등 국내외 휴가지에 머물면서 일과시간에는 업무를 하고 퇴근 후와 주말에 휴식을 즐기는 식으로 장기체류와 관광을 혼합한 형태의 근무방식이다. 2015년 미국과 유럽에서 처음 시작되었으며, 화상회의와 협업 툴 등 기술의 발달로 원격근무 기반이 조성되면서 근로자에게 일할 장소를 자유롭게 선택하도록 한 기업이 점점 늘어났다. 특히 코로나19 사태 장기화로 재택근무가 익숙해지며 급속도로 확산되고 있다.

이슈
국내에도 일부 IT 기업들이 워케이션을 도입하여 운영 중이며, 스타트업 기업들을 중심으로 점점 확장 추세에 있다.

15. 임금피크제(성과연급제)

이슈
노동자가 일정한 연령에 도달한 뒤 고용보장이나 정년연장을 조건으로 임금을 감축하는 제도이다. 고령화 추세 속에서 기존 연공급 임금체계로는 임금이 노동생산성을 따라잡지 못할 것이므로 기업의 부담 경감과 고용 안정을 위해 정년 보장과 임금 삭감을 맞교환하자는 취지로 2000년대 들어 도입이 시작됐다. 처음에는 공공기관을 중심으로 일부 사업장에서만 적용되다가 2013년 고용상 연령차별금지 및 고령자고용촉진에 관한 법률(약칭: 「고령자고용법」) 개정으로 노동자의 정년이 60세 이상으로 늘면서 산업계 전반에 확산됐다.

이슈
2022년, 합리적인 이유 없이 연령만을 이유로 직원의 임금을 삭감하는 임금피크제는 「고령자고용법」을 위반한 것이므로 무효라는 대법원의 판결로 임금피크제를 통해 인건비를 절감해온 기업들에 비상이 걸렸다. 향후 유사한 소송이 줄을 이을 가능성이 크기 때문이다. 아울러 대법원이 임금피크제를 적용할 수 있는 합리적 기준을 처음으로 제시함에 따라 노사 간의 재논의 및 협상이 불가피해 보이며, 그 과정에서 갈등이 빚어질 것으로 예상된다.

16. 전력도매가격(SMP)

용어
전력도매가격은 계통한계가격(System Marginal Price; SMP)이라고도 한다. 전기 1kWh를 생산하는 데 소요되는 비용이자 한국전력공사가 발전소에 전기 구매를 위해 지불하는 금액으로 전력계통에서 가장 비싼 발전소를 기준으로 가격이 정해진다. 모든 발전기는 발전에 대한 비용으로 이 가격을 적용받으며, 가격은 보통 국제 유가의 등락에 따라 움직인다.

이슈
글로벌 에너지 가격 폭등으로 2022년 한국전력공사가 연간 역대 최대 적자를 이미 경신했지만, 한국전력공사에 전기를 만들어 파는 대기업 계열 발전기업들은 사상 최대 흑자를 기록하면서 전기 요금 인상 압력이 계속 높아지고 있어, 정부는 SMP의 도매가격에 상한을 두어 한국전력공사의 적자 폭을 줄이려는 목적으로 2023년부터 SMP의 상한제를 시행한다.

17. 중위연령

용어
특정 시점에서 전체 인구를 연령순으로 나열하여 단순히 균등하게 이등분한 나이를 말한다. 즉, 연령순으로 줄을 세웠을 때 한가운데에 있는 사람의 나이가 중위연령이 된다. 인구의 고령화를 가늠하는 지표 중 하나로 활용된다. 일반적으로 중위연령이 약 25세 이하인 경우 '어린 인구(Young Population)', 약 30세 이상이면 '나이 든 인구(Aging Population)'라고 한다.

이슈
통계청의 인구총조사를 기초로 한 '2020~2050년 장래인구추계 시도편'에 따르면 현재의 저출산 상황이 크게 나아지지 않은 채 '최악의 시나리오'로 갈 경우 30년 뒤 서울 인구는 지금보다 4분의 1가량 줄어들며, 2040년에는 세종을 제외한 전국 모든 시도의 인구가 감소하고, 2050년에는 중위연령이 57.9세에 이를 정도로 고령화가 심화되는 것으로 나타났다.

18. 지방교육재정교부금

용어
지방자치단체가 교육기관 및 교육행정기관을 설치·경영하는 데 필요한 재원을 국가가 교부하여 지역 간 교육의 균형 있는 발전을 도모하기 위한 예산이다. 지방교육재정은 시·도 교육청의 교육감이 관장하며, '교육비특별회계'라는 이름으로 지방자치단체의 일반회계로부터 분리돼 운영되고 있다. 교육재정의 대상은 지방자치단체가 설치하고 운영하는 공·사립 유치원, 초·중·고등학교, 특수학교이다.

이슈
시도교육감은 연간 80조 원의 지방교육재정교부금 예산 및 2만여 개의 학교 운영, 590만 명의 학생 교육, 50만 교원의 인사를 책임지는 자리로, 시도교육감 선거에서 진보와 보수 성향 후보의 당선 비율에 따라 정책방향이 크게 엇갈린다.

19. 챗봇 '챗GPT'

용어
챗GPT는 인공지능(AI) 챗봇으로, 세계 최대 소프트업체 마이크로소프트사가 투자한 오픈AI(Open AI)에서 개발하였다. 2022년 11월 출시 이후 2개월여 만에 월간 활성 이용자(MAU)가 1억 명을 넘어서는 등 '열풍'을 일으켰다. 당시 구글의 검색 기능이 주제어를 입력하면 관련 정보가 나열돼 이용자가 선택해야 하는 것과 달리 챗GPT는 스스로 언어를 생성하고 추론하는 능력을 지녀 이용자가 필요로 하는 정보를 가장 먼저 제공했기 때문이다. 인터넷에 연결돼 있지는 않지만 1천 750억 개의 매개변수를 활용해 사람들이 평소 사용하는 언어와 유사한 형태를 보여 준다. 간단한 주제어 몇 개만으로 단 몇 초 만에 글을 만들어내고 시도 지을 뿐만 아니라, 다양한 분야의 논문이나 과제를 높은 수준으로 작성할 수도 있다. 이에 따라 세계 최대 검색 엔진 업체 구글이 2023년 인공지능(AI) 챗봇 바드(Bard) 출시하고 이후 제미나이(Gemini)로 리브랜딩까지하면서 앞서 등장한 챗GPT와 치열한 경쟁을 예고하고 있다.

이슈

챗GPT 이용이 순식간에 확산하면서 국내 대학교에서도 과제, 보고서 작성에 활용하는 사례가 드러나고 있다. 이에 각 대학 측은 챗GPT를 활용한 부정행위 방지를 위해 대책 논의를 시작했으나, 뚜렷한 대비책은 아직 마련하지 못하고 있다. 또한 취업준비생의 자기소개서 작성에도 적용될 경우 업무방해 혐의로 처벌할 수 있을지에 대한 논란도 일고 있다.

20. 촉법소년

용어

촉법소년은 범죄를 저지른 만 10세 이상 14세 미만 청소년을 말하며, 촉법소년의 경우 형사처벌 대신 사회봉사나 소년원 송치 등의 보호처분을 받는다.

이슈

최근 소년사건의 급증이 사회 문제로 대두되면서 「형법」과 「소년법」을 개정안에 따르면 촉법소년 상한연령을 '만 14세 미만'에서 '만 13세 미만'으로 내려야 한다는 여론이 확산되고 있다. 만약 법 개정이 완료되면 만 13세는 촉법소년에서 빠지므로, 현재 촉법소년 대상인 중학교 1~2학년생도 범죄를 저지르면 형사처벌 대상이 될 수 있다.

21. 탄소중립(Carbon Neutrality)

용어

대기 중 이산화탄소 농도를 낮추기 위해 탄소배출량을 줄이고 대기 중으로 배출되는 탄소를 제거·흡수해 순 배출량을 '0'으로 만든다는 개념이다. 지구온난화의 주범으로 꼽히는 온실가스는 대기 구성요소 중 1% 미만에 불과하지만, 산업화 이후 계속 늘어나면서 120년간 지구 평균온도가 약 1.2℃ 상승했다.

이슈

국제연합(UN) 산하 IPCC(기후변화에 관한 정부간 협의체)가 작성한 '지구온난화 1.5℃ 특별보고서'에 따르면 이러한 추세라면 2100년에는 지구 온도가 약 3℃ 상승하며, 2℃ 이상 상승할 시 폭염, 홍수, 해수면 상승 등 기후재앙이 도래한다고 경고한다. 이에 따라 세계적으로 이산화탄소 배출량을 줄이고 탄소중립 상태에 도달하기 위한 많은 논의가 이루어지고 있다.

02 최신 이슈 찬반 토론

1. 범죄 예방 vs. 엄벌 만능 – 촉법소년 연령 하향 논란
주제
2022년 10월 26일 법무부는 '소년범죄 종합대책' 브리핑을 열고 촉법소년 기준을 현행 만 14세 미만에서 만 13세 미만으로 낮추는 내용의 「소년법」・「형법」 개정안을 추진하겠다고 밝혔다. 촉법소년(觸法少年)이란 '법이 닿기엔 어린 나이'라는 의미로 법대로 처벌하기엔 아직 어려서 다른 방법으로 훈육・교화하는 대상을 가리킨다. 현재 우리나라 「소년법」에서는 '형벌 법령에 저촉되는 행위를 한 만 10세 이상 14세 미만 청소년'으로 규정하고 이들의 사건을 '소년형사사건'과 '소년보호사건'으로 나누어 특별취급해 왔다. 처벌 또한 형사처벌이 아닌 사회봉사나 소년원 송치 등의 보호처분 등으로 대신했다. 그러나 이번에 추진되는 법 개정이 이뤄지면 만 13세는 촉법소년에서 제외된다. 촉법소년 연령을 낮춰 형사처벌 대상을 더 많은 청소년으로 확대하겠다는 의미이다.

당시 법무부는 촉법소년 연령 하향 추진에 대해 소년범죄로부터 국민을 보호할 필요가 있다면서 촉법소년에 의한 범죄가 지난 2017년 7,897건에서 2021년 1만 2,502건으로 대폭 증가했으며, 특히 소년강력범죄 중 성범죄 비율은 2020년 86.2%로 나타난 통계 등을 추진 근거로 밝혔다. 이 개정안에 대해 대법원 법원행정처는 '촉법소년 연령 조정 법안에 대해 촉법소년 나이를 낮추는 것은 유엔 아동권리위원회 권고와 맞지 않으며 근본적 해결이 될 수 없다'는 의견을 국회에 제출한 바 있다.

「소년법」은 반사회성이 있는 소년에 대해 '그 환경의 조정과 성행의 교정에 관한 보호처분을 행하고, 형사처분에 관한 특별조치를 행함으로써 소년의 건전한 육성을 기함'을 목적으로 하여 제정된 법률이다. 1958년 7월 24일 제정됐으며, 심신의 발육이 미숙한 소년이 반사회성이 있는 경우에는 그에 대한 보호를 하고, 설사 그가 형사처분의 대상이 된다고 하여 성인과 같은 조처를 하는 것은 바람직하지 않다는 데 취지를 두고 있다. 대상은 19세 미만의 소년으로서 가정법원 소년부 또는 지방법원 소년부에서 보호사건을 관할하게 하되, 14~19세 미만은 범죄소년, 10~14세 미만은 촉법소년, 10세 미만은 범법소년으로 나누고 있다. 한편 청소년을 대상으로 한 설문조사에서도 소년범죄의 심각성을 묻는 질문에 '매우 심각하다(57%)'라고 응답면서 '청소년들이 「소년법」을 악용(67%)'하고 있는 만큼 「소년법」 개정에 찬성(99%)한다.'라고 답했다.

촉법소년 연령 하향에 대한 찬반 의견
[찬성] 흉악범죄 처벌 가능성 열어

법무부 발표에 따르면 촉법소년 범죄는 2017년 7,897건에서 2023년 2만 289건으로 2배 가까이 늘었다. 2023년 소년 보호관찰대상 재범률은 약 13%를 기록해 성인 재범률(4.5%)에 비해 약 3배 가까이 높은 것으로 나타났다. 이처럼 청소년들의 범죄는 늘어났고, 질은 더 나빠졌다. 요즘 청소년들은 부모도, 선생님도, 경찰도 무서워하지 않는다. 이런 때에 법까지 우습게 보는 분위기가 돼버리면 나중에 성인이 돼서도 법을 가볍게 여기는 분위기가 이어질 수 있다. 또한 형사 미성년자들이 범죄를 저지를 때 촉법소년 제도를 악용하는 경우도 많아지고 있다. 중학생들끼리 범죄를 저지른 뒤 만 13세가 처벌받지 않는다는 것을 알고 나이가 어린 동급생에게 잘못을 떠넘기는 것이다.

현행법의 촉법소년 규정은 60여 년 전인 1958년에 지정됐다. 현재의 청소년 성장 과정의 변화를 반영하지 못하고 있는 것이다. 외국의 경우만 해도 영국·호주 10세, 캐나다 12세, 미국 7~14세, 프랑스 13세로 촉법소년에 대해 처벌을 강화하는 입법례들이 많이 나오고 있다. 「소년법」의 관용이 가해자에게는 행운일 수 있지만, 피해자에게는 더없는 고통이다. 법을 악용해 빠져나가도록 방치하는 일은 없어야 한다.

> **좋아요** 청소년 성장 반영 못 해
> - 소년범죄가 점차 흉포화되고 저연령화되고 있다.
> - 촉법소년 전체를 전과자로 만드는 게 아니라 흉악범죄를 저지른 청소년들에 대한 처벌 가능성을 열어 두는 것이다.
> - 촉법소년 연령이 하향돼도 형사처분을 받는 청소년들은 1년에 10명도 안 될 것이다.

[반대] 지나친 엄벌주의 경계해야

「형법」만 있다면 법을 위반한 만 14세 미만의 청소년은 범죄에 대한 대가를 치르지 않는다. 하지만 우리나라에는 「소년법」이 존재한다. 1988년 「소년법」이 전면 개정되면서 보호관찰제도, 사회봉사명령, 수강명령이 먼저 도입됐고, 「형법」에는 1994년 성폭력사범에 대한 보호관찰제도가 도입되는 등 「소년법」상 처분이 「형법」의 처벌보다 앞서 만들어지기도 했다. 이에 법령에 따라 보호처분(1~10호)을 받는데, 6호부터 10호까지는 '시설내 처우'로서 소년보호시설과 소년원 등의 시설에서 소년범들을 일정 기간 수용한다. 즉, 자유를 박탈하는 것이다. 촉법소년도 충분한 처벌을 받고 있다는 의미이다. 성인과 달리 사회화 과정을 다 마치지 않은 소년에게 성인과 같은 처벌을 내리는 건 불합리하다. 사회화 과정에 있는 청소년들에게 처벌을 한다고 해서 사회화가 되는 것도 아니다.

소년범죄는 가정환경과 교육여건 등 복잡한 요소에 대한 고려가 필요한 만큼 보건복지부와 교육부 등이 함께 나서 원인을 정확히 분석해야 한다. 그런 의미에서 국가 형벌권 행사에 관여하는 법무부가 이 문제의 추진 주체가 되는 것은 적절하지 않다. 무엇보다 벌을 줘서 아이들을 겁주는 식의 엄벌주의 기조 자체에 문제가 있다.

> **싫어요** 근거 없는 감정적 대응
> - 성인도 처벌을 강화한다고 해서 강력범죄가 반드시 감소하는 건 아니다.
> - 발달 과정에 있기 때문에 자신의 행동이 미치는 영향을 이해하지 못할 가능성이 크다.
> - 처벌이 아닌 교육적 차원에서의 접근을 더 강화할 필요가 있다.

2. 상생 vs. 민폐 - 길고양이 급식소 논란

2022년 7월 2일 서울시 용산구 효창공원의 한 나무에 길고양이 때문에 생긴 주민갈등을 그대로 드러내는 안내문이 붙었다. '공원 내 허가되지 않은 시설로 인해 민원발생이 있어 이전 협의하고자 하오니 본 안내문을 보시면 공원관리소로 연락해 주시기 바랍니다.'라고 쓰인 안내문에서 허가되지 않는 시설물로 민원발생의 원인이 된 것은 길고양이들에게 먹이를 주겠다며 갖다 놓은 밥그릇과 사료였다.

용산구청 공원녹지과는 2022년 들어서만 효창공원 길고양이에 관한 민원을 20건 이상 접수했다. 최근 온라인 커뮤니티와 블로그 이용자들이 구청에 국가지정문화재가 이렇게 훼손되고 방치되는 것을 더는 지켜볼 수 없다면서 '길고양이 밥그릇을 치워 달라.'라고 민원을 넣고 이것을 인증한 것이 시작이었다. 백범 김구 선생 등 애국지사의 유해가 있는 효창공원이 사적 제330호로 지정됐다는 점을 들어 보다 엄격하게 관리돼야 한다는 주장이었다. 일부 네티즌은 고양이를 가리키는 혐오 표현까지 포함한 게시글을 올리며 길고양이에 대한 불쾌감을 숨기지 않았다. 반면 길고양이들에게 자발적으로 먹이를 주는 이른바 캣맘들은 더 적극적으로 밥그릇을 설치하는 동시에 구청에 역으로 '길고양이 생존을 보장해 달라.'라는 민원을 제기했다. 또한 공원에 설치된 길고양이 급식시설을 치운 사람을 재물손괴죄로 형사고소를 하기도 했다.

양측의 주장이 부딪치는 중에 용산구청은 난감한 상황이다. 2021년 10월경 처음으로 캣맘들이 공원에 설치한 고양이 집과 밥그릇을 치운 이후 고양이 집은 다시 생기고 있지 않지만, 매달 10~15개 정도의 밥그릇이 회수되고 있는 상황이다. 다만 한 관리사무소 관계자는 일부 민원과는 달리 "동상 등을 훼손하는 동물이 있다면 비둘기지, 고양이나 캣맘 때문에 시설이 훼손된 적은 없었다."라고 언급했다.

한편 서울시는 2021년 3월 「도시공원 및 녹지 등에 관한 법률」 제15조 제1항 제2호의 규정에 따른 생활공원 중 소공원 및 근린공원에 급식소를 설치할 수 있다는 규정을 마련했다. 이에 따라 현재 시장 또는 구청장은 길고양이의 효과적인 개체 수 조절과 쾌적한 도시 환경을 위해 소공원 및 근린공원에 길고양이 급식소를 설치할 수 있다. 근린공원에 해당하는 효창공원은 급식소 설치가 가능하다.

길고양이 급식소에 대한 찬반 의견

[찬성] 개체 관리 · 건강 관리 · 환경 관리

개별적으로 고양이들에게 밥을 주는 것도 길고양이 생존에는 도움이 되는 일이다. 하지만 뒷정리가 제대로 안 되거나 차량이나 발길에 차여 주변을 지저분하게 만들기도 하고, 관리되지 않는 밥그릇으로 인한 청결 문제가 오히려 길고양이의 건강을 해치기도 한다. 반면 공식적으로 정한 급식소를 통해 안정적으로 먹이를 제공하게 되면 길고양이들이 영양실조 등으로 병에 걸리거나 죽는 일을 막을 수 있고, 지속적인 건강 관리도 가능해진다. 그뿐 아니라 굶주린 고양이가 쓰레기봉투를 뜯는 것을 방지해 도시 환경과 미관을 쾌적하게 유지하는 데에도 도움을 준다.

개체 수를 조절하기 위해서나 발정기 때 듣기 괴로운 고양이 울음 또는 싸우는 소리를 듣지 않기 위해서는 중성화 수술을 받게 해야 하고 그러려면 일단 포획을 해야 하는데, 안정적으로 먹이를 제공받는 고양이들의 경우 사람에 대한 경계심이 적어 포획이 쉽다. 무엇보다 우리가 사는 지구는 사람의 소유가 아니다. 최근 많은 시사체가 주민의 이해를 구한 뒤 중성화 수술을 시원하고, 아울러 공원에 관이 관리하는 급식소를 마련하고 있는 것 역시 인간과 동물의 책임 있는 공존을 위한 노력의 일환이다.

> **좋아요 인간과 동물의 책임 있는 공존**
> - 고양이의 건강 관리는 물론이고 포획이 용이해 개체 수 조절이 쉽다.
> - 배부른 고양이는 쓰레기통을 뒤지지 않는다.
> - 지구는 사람의 전유물이 아니다. 사람과 동물이 공존할 수 있어야 한다.

[반대] 팬데믹 시대에 또 다른 위협

우리나라는 전통적으로 고양이를 불길한 동물로 인식해왔다. 이런 인식은 하루아침에 변할 수 없다. 그런 만큼 급식소 주변으로 많은 고양이들이 자유롭게 오가게 되면 적잖은 사람들이 생활에 불편을 느끼게 된다. 또한 코로나19는 박쥐, 에볼라는 원숭이, 메르스는 낙타 등 지구촌을 위협하는 전염병들은 모두 야생동물이 그 기원으로 알려져 있다. 게다가 이들 전염병 모두 사람과 동물에 모두 감염되는 '인수공통감염병'이다. 관리되지 않는 동물은 그만큼 보건위생에 치명적일 수밖에 없다는 의미다. 이외에도 급식소 주변으로 많은 고양이들이 몰리면서 분비물도 늘어나 주변 환경을 해치게 된다.

급식소 관리와 중성화 지원에 대한 계획이 없는 상황에서 급식소만 설치해서는 길고양이 문제가 해결되지 않는다. 미국, 유럽, 일본, 호주 등 해외에서는 이미 길고양이를 생태교란종으로 지정하고 지속적으로 살처분하고 있다. 이뿐만 아니라 길고양이에게 먹이 주는 것을 법으로 금지하는 나라도 있다. 서울 남산의 경우에도 길고양이들이 다람쥐나 청설모를 닥치는 대로 잡아먹어 생태계 파괴가 심각한 상황에 이르자 한때 집중적으로 포획·살처분하기도 했다.

싫어요 먹이만으로는 해결 안 돼
- 고양이를 모두가 좋아하는 것은 아니다.
- 급식소 주변으로 고양이가 몰려 사람들의 건강·환경에 위해를 가할 수 있다.
- 고양이는 이미 생태교란종이다. 개체 수는 조절이 아니라 억제해야 한다.

3. 다회용은 친환경! vs. 다회용이 친환경? - 리유저블 컵 논란

플라스틱 컵 사용이 급증하면서 리유저블 컵에 대한 논란이 거세다. 최근 환경 문제에 대한 고민과 관심이 커지면서 기업, 브랜드 등에서도 에코마케팅에 신경 쓰고 있는데, 그중 하나로 커피 프랜차이즈에서 MD상품으로 만든 것이 리유저블 컵이다. 리유저블(Reusable)은 're+usable'의 영어 합성어로 '다시 사용할 수 있는'이라는 뜻을 가지고 있다. 한 번 쓰고 버리는 일회용이 아니라 반복해서 사용할 수 있는 다회용 컵을 말한다. 다만 무한정으로 사용할 수 있는 텀블러나 도자기 컵과 달리 내구성이 약해 사용횟수에 제한이 있다.

리유저블 컵은 대형 커피프랜차이즈 업체인 스타벅스코리아를 인수한 신세계가 2021년 여름 글로벌 스타벅스 50주년과 세계 커피의 날을 기념해 일회용 컵 사용 절감을 장려한다는 취지로 '친환경'이라는 이름을 걸고 하루 동안 음료를 주문하면 무료로 리유저블 컵에 담아 주는 한정행사를 하면서 대중적으로 알려졌다. 스타벅스 한정판 굿즈는 중고 거래 플랫폼에서 높은 가격에 거래돼 개인 소장용으로뿐 아니라 재테크용으로도 인기가 많은 탓에 해당 행사 역시 개점과 동시에 인파가 붐비는 '오픈런' 현상이 연출됐다. 오전에 이어 오후 시간대에도 일부 매장에 인파가 몰리며 1~2시간 대기해야 하는 '리유저블 컵 대란'으로 이어졌다.

그러나 친환경 소재가 아닌 일반 플라스틱 컵과 동일한 폴리프로필렌을 사용하고 필요가 아닌 소장을 위한 구매가 대부분이었다는 것이 알려지면서 취지와는 달리 '환경 파괴'라는 뭇매를 맞았다. 한편 스타벅스 미국 본사는 2030년까지 폐기물 50% 감축이라는 목표를 가지고 2022년 4월부터 시애틀 본사 매장에서 100% 재사용 컵 프로그램을 시작했다. 매장에서 보증금 1달러를 내고, 리유저블 컵에 음료를 주문한 후 빈 컵을 매장 내에 있는 반환 키오스크에 스캔해서 반납하는 시스템이다. 이때 고객은 보증금 1달러를 스타벅스 계정에 리워드 형태로 돌려받고, 반납된 컵은 전문업체가 세척하고 소독해서 48시간 내로 매장으로 돌아온다. 국내에서는 2025년까지 매장 내 일회용컵 사용을 전면 중단하겠다는 계획 아래 미국 본사와 비슷한 방식이 시범운영되고 있으나 직접 세척 등의 불편함으로 사용은 미미한 실정이다.

리유저블 컵에 대한 찬반 의견

[찬성] 일회용 컵 사용 절감효과

국제적 환경보호단체 그린피스(GREENPEACE)의 보고서에 따르면 2019년 한 해 동안 우리나라에서 사용된 플라스틱 컵의 수가 33억 개에 달한다. 이는 일렬로 눕혀서 늘어 놓으면 지구와 달 사이 거리인 약 38만 4,400km를 채울 수 있는 수다. 그중에서 커피나 음료 전문점에서 우리가 한 해 소비하는 일회용 컵은 약 28억 개로 추정된다. 여기에 안쪽은 물이 스며들지 않도록 폴리에틸렌(PE)으로 코팅한 일회용 종이컵도 한 해 동안 230억 개 정도를 사용한다. 그런 의미에서 이런 일회용 컵을 하나라도 적게 사용하는 것은 큰 의미가 있다. 탄소배출량에 있어서도 일반 플라스틱 컵에 비해 다회용인 리유저블 컵이 현저히 낮고, 쓰레기 처리에 들어가는 비용 또한 낮출 수 있다.

최근에는 우리 사회에도 '친환경'이 주요한 화두로 자리 잡았고, 개인 용기나 컵을 가지고 매장에 방문하는 소비자도 늘었다. 리유저블 컵은 이런 소비자들의 심리에 부응한다. 또한 일회용에 비해 두껍고 단단하게 제작되는 만큼 내구성이 좋아 사용에 있어서도 비교적 안정적이다. 아직은 개인 용기나 컵 사용이 불편한 소비자들에게 리유저블 컵은 최종적으로 개인 용기 및 컵으로 가는 중간단계로서의 역할을 할 수 있다.

좋아요 소비자 인식개선을 위한 출발
- 1년에 수십 억 개씩 사용하는 일회용 컵을 대체할 수 있다.
- 소비자들은 이미 친환경에 손을 들어 주고 있다.
- 리유저블 컵은 최종적으로 친환경 용기로 가기 위한 중간단계로서 편리성까지 갖췄다.

[반대] 되레 환경오염만 야기

여러 번 사용하는 텀블러는 실리콘 고무와 스테인리스 등으로 제작되며, 일회용 포장재나 배달 용기로 사용되는 폴리프로필렌이라는 플라스틱 등으로 제작되는데, 리유저블 컵의 주요 소재도 바로 이 폴리프로필렌이다. 따라서 제작과 폐기 과정에서 온실가스를 배출할 뿐만 아니라 일회용에 비해 두껍고 단단하게 제작되는 만큼 그에 비례해 온실가스 배출량도 일회용 컵보다 약 3.5배나 많다. 실질적으로 여러 번 사용하지 않는다면 오히려 환경오염에 일조하는 셈이다. 결국 일회용 컵에 사용되는 플라스틱을 줄이기 위해 또 다른 플라스틱 쓰레기를 만들어 내는 것이며, 자원을 낭비하는 것에 지나지 않는다. 20회 이상 사용해야 일회용보다 친환경적이라고 하지만 내구성이나 반환의 불편함, 소비자 인식 등으로 현실적으로 불가능한 것이 사실이다.

그린워싱(Greenwashing)은 악영향을 끼치는 제품을 생산하면서도 허위·과장 광고나 선전, 홍보 수단 등을 이용해 친환경적인 모습으로 포장하는 '위장환경주의' 또는 '친환경 위장술'을 가리킨다. 그런 의미에서 리유저블 컵은 친환경이라는 가면을 쓴 새로운 기업의 과장 영업활동, 바로 그린워싱의 수단일 뿐이다.

싫어요 그저 예쁜 쓰레기
- 진짜 친환경 소재를 사용하지 않는다는 점에서 한 플라스틱 컵과 다를 게 없다.
- 현재의 시스템으로 20회 이상 사용하기는 어렵다.
- 친환경이라는 가면을 쓴 새로운 영업활동, 즉 그린워싱의 수단일 뿐이다.

4. 큰 파국 예방 vs. 정치적 선심 – 취약계층 빚 탕감 논란

2022년 7월 14일 서민금융통합지원센터에서 진행된 대통령 주재 비상경제민생회의(제2차)에서 정부는 이른바 '취약계층'의 부채경감방안을 내놨다. 미국의 잇따른 자이언트스텝 등 세계적인 금리 인상 추세로 대출금리가 빠르게 상승하자 서민 금융부담을 줄여 주겠다는 의도이다. 7월 13일 한국은행이 사상 처음으로 '빅스텝(기준금리 0.50%P 인상)'을 단행, 가파른 이자 부담 증가로 금융 취약층에 큰 타격이 갈 것이라는 우려가 제기되는 상황에서 정부가 지원책 마련에 돌입했다는 신호를 보낸 것으로 풀이됐다.

윤석열 대통령의 발언의 골자는 소상공인과 자영업자, 저신용 등급자, 청년층에 대한 금융지원으로 이른바 빚 탕감이다. 윤 대통령은 "물가 상승 억제를 위한 기준금리 인상이 전 세계적으로 이뤄지는 상황에서 취약계층 채무부담이 증가하고 있다."라고 지적하고 "정부는 금융자원을 충분히 활용해 대책 마련에 적극적으로 나설 것"이라고 강조했다. 그러면서 우선 "상환에 어려움을 겪는 소상공인·자영업자의 금융채무는 대출채권을 한국자산관리공사(캠코, KAMCO)가 매입해 만기 연장, 금리 감면 등을 통해 상환 부담을 경감해 줄 것"이고, "고금리 차입자에 대해서는 신용보증기금의 보증을 통해 저금리로 대출을 전환해 금리 부담을 낮추도록 하겠다."라고 밝혔다.

또한 청년층 부담에 대해서는 "연체가 발생하기 전에 선제적 이자감면, 원금 상환유예 등 청년 특혜 프로그램을 신설하고, 청년 안심전환대출을 통해 상환 부담을 줄여야 할 것"이라고 강조했다. 그러면서 "코로나19로 대출이 늘 수밖에 없는 자영업자·소상공인, 부동산 가격 폭등에 불안한 마음으로 내 집 마련을 위해 '영끌' 대출을 받아 주택을 구입한 서민들, 미래에 대한 불안감으로 빚을 내 주식에 투자한 청년들 모두 원리금 상환에 어려움을 겪고 있다."라면서 "정부가 선제적으로 지원하지 않는다면 궁극적으로 우리 사회가 안고 가야 할 사회적 비용은 커질 것"이라고 강조했다. 또 "서민경제가 무너지면 국가경제의 기본이 무너지는 것"이라며 "다시 한 번 고물가·고금리 부담이 서민과 취약계층에 전가되지 않도록 관계기관은 각별히 신경 써 줄 것을 당부한다."라고 말했다. 그러나 이 발언은 대출 상환유예를 넘어 아예 원금을 깎아 주겠다고 하면서 논란이 됐다.

취약계층 빚 탕감에 대한 찬반 의견

[찬성] 정부 지원해야 더 큰 비용 예방

코로나19로 전 세계가 예외 없이 2년 동안 정체되어 있었다. 그로 인해 현재 세계는 이례적이고도 복합적인 경제 위기에 직면해 있다. 글로벌 공급망 이상에 따른 세계적인 인플레이션은 우리나라도 예외가 아니다. 금리는 잇달아 치솟고 환율급등으로 돈의 가치는 전례 없이 하락 중이다. 물가 급등만으로도 이미 서민계층의 일상은 심각하게 위협받고 있다. 여기에 물가가 오르는 데도 경기마저 침체하는 스태그플레이션의 조짐까지 보이고 있어 일자리 창출도 어렵다. 빅스텝에 자이언트스텝까지 시도하지만 오르는 물가를 따라잡지 못하고 있다. 결국 물가를 잡는 유일한 수단인 금리 인상은 가뜩이나 어려운 가계와 영세사업자의 이자 부담만 증폭시켜 놨다. 그런데도 은행은 사상 유례없는 초대규모 이익을 내고 있다. 코로나19로 인한 고통을 서민들이 떠안고 있는 셈이다.

원리금을 갚느라 생활이 어려운 서민이 늘어나고 있다. 만약 이들이 파산해 신용불량자가 되면 사회적으로 더 큰 부담을 안게 된다. 실업자 부조 등 극한계층 직접 지원금 역시 정부 예산이 재원이다. 따라서 최악의 상황일 때 소요되는 비용보다 적은 비용으로 현재의 위기를 막을 필요가 있다.

> **좋아요** 더 어려워진 취약계층 보호
> - 코로나19로 인한 글로벌공급망 붕괴의 결과인 현재 세계적인 경제 위기는 모두가 분담해야 한다.
> - 물가를 잡는 유일한 수단인 금리 인상은 가계와 영세사업자의 이자 부담만 증가시켰다.
> - 실업자부조 등 극한계층 직접 지원에 소요되는 비용보다 부실채권 매입비용이 더 적다.

[반대] 모럴해저드(Moral hazzard) 부추겨서는 안 돼

대출금의 상환조정이나 대출이자가 단기간에 급증하지 않도록 금융당국이 잘 살피는 것은 이전에도 자주 해왔던 금융정책이다. 그러나 정부 조치대로라면 90일 이상 연체자에게 적용하는 '새출발기금'은 쉽게 말해 대출원금의 60~90%를 탕감해 주는 것이어서 성실하게 대출금을 갚아온 건전한 소비자에게 너무 큰 상대적 불이익을 준다. 비슷한 일을 상시로 하는 캠코의 부실채권 감면율(30~60%)과 고려해도 형평에 맞지 않다. 저신용 청년의 빚을 30~50% 깎아 주는 '청년특례 신속채무조정' 프로그램도 "빚을 내 무리하게 코인과 주식 투자에 나섰다가 실패한 이들의 빚을 정부가 왜 깎아 주느냐."는 문제 제기로 이어질 수밖에 없다. 젊다는 이유만으로 과도한 혜택을 준다면 '정치적 선심', 즉 포퓰리즘이라는 비판을 면하기 어렵다.

정부가 금융기관과의 협의 없이 강압하는 분위기도 문제다. 현재 안에는 원금감면율을 어떤 기준으로 세분화할 것인지 명확한 논의도 하지 않았다. 기준도 명확하지 않은 상황에서 은행에게만 손해를 감수하라고 강요하는 것은 과거 군사정권에서나 있었던 일이다. 금융·경제 위기는 본격 시작도 안 했는데, 선심책부터 내는 것은 도덕적 해이를 부추기는 꼴이다.

> **싫어요** 투자 실패자 빚은 왜?
> - 연체자에 한한 금융 혜택은 성실하게 대출금을 갚아 온 건전한 소비자를 우롱하는 행위다.
> - 무리한 투자로 인한 실패는 어디까지나 투자자 본인의 책임이지 정부가 대신해서는 안 된다.
> - 정부가 앞장서서 금융 소비자에게 모럴해저드(도덕적 해이)를 부추겨서는 안 된다.

5. 죽을 권리 vs. 생명 존중 – 존엄사 논란

'세기의 미남'으로 알려진 프랑스의 전설적 배우 알랭 들롱(Alain Delon, 1935년 생)이 일명 '존엄사'를 결심했다. 『르푸앵(Le point)』 등 프랑스 매체들에 따르면 들롱의 아들 앙토니 들롱(Anthony Delon)은 인터뷰에서 들롱이 존엄사를 원한다는 것이 사실이냐는 질문에 "맞다. 사실이다. 그가 내게 그렇게 부탁했다."라고 말했다. 들롱이 존엄사 의사를 밝힌 것은 이번이 처음은 아니다. 그는 2021년 프랑스 공영방송 TV5 몽드(Mode)와 진행한 인터뷰에서 "존엄사는 가장 논리적이고 자연스러운 일이며, 병원이나 생명유지장치를 거치지 않고 조용히 떠날 권리가 있다."라면서 "그렇게 해야 할 상황이 닥치면 주저하지 않고 죽음을 택할 것"이라고 말한 바 있다. 들롱은 프랑스와 스위스 이중 국적자여서 법적으로는 존엄사를 선택하는 데 문제가 없다고 『르푸앵』은 전했다.

1935년생인 들롱은 2019년 뇌졸중으로 입원해 수술을 받은 뒤 스위스에 거주해 왔다. 스위스에서는 1942년부터 약물처방 등 의사의 도움을 받아 환자 본인이 직접 약물을 주입·복용해 목숨을 끊는 존엄사가 합법이다. 존엄사는 '죽을 권리'를 부여한다는 점에서 '안락사'와 비슷하지만, 영양공급 등 연명치료를 중단하는 '소극적 안락사'나 임종에 가까운 중환자의 고통을 덜기 위해 약물을 주입해 사망하게 하는 '적극적 안락사'와는 구분된다.

안락사가 환자의 죽음을 '인위적으로 앞당기는 것'으로서 영양분 공급 등을 중단(소극적)하거나 의사가 직접 치명적 약물을 주입(적극적)하는 방식이라면 존엄사는 임종을 앞둔 환자가 본인 또는 가족의 동의로 연명의료를 중단하는 것이다. 심폐소생술, 혈액 투석, 항암제 투여, 인공호흡기 착용 등 치료효과 없이 임종과정만 연장하는 의학적 시술을 법적으로 중단하는 방식이다. 그러나 통증완화를 위한 의료행위와 영양분, 물, 산소의 단순공급은 중단할 수 없다. 우리나라도 2018년 2월부터 「호스피스·완화의료 및 임종 과정에 있는 환자의 연명의료 결정에 관한 법률(약칭: 「연명의료결정법」, 일명 존엄사법)」이 시행되고 있다. 투병 과정에서 소생 가능성이 없을 경우 무의미한 연명치료는 받지 않겠다고 서약한 '사전의향서' 작성자가 2024년 11월 기준으로 250만 명을 넘었다.

존엄사에 대한 찬반 의견

[찬성] 자기 죽음에 선택권을 가져야 한다

의학적으로 치료가 불분명한 환자의 경우 행해지는 치료가 회복이 목적이 아닌 생명연장을 위한 연명치료이다. 이러한 치료는 삶을 연장시키는 것이 아니라 고통을 연장시킨다는 점에서 무의미하다고 볼 수 있다. 또한 기계에 의존하여 무의미하게 생명을 연장하는 것은 더 이상 존엄하다고 말할 수 없다. 환자의 육체적·심리적 고통은 그 누구도 대신 겪어 줄 수 없다. 이 때문에 계속되는 고통에 대한 환자의 선택을 전적으로 존중해 '죽을 권리'와 '행복추구권'을 보장해 주어야 한다. 환자의 선택하에 인간으로서 지녀야 할 최소한의 품위를 지키며 삶을 마감할 수 있게 해야 하는 것이다.

남겨진 환자 가족들의 경제 상황도 무시할 수 없다. 가족들은 환자의 희박한 회복 확률만을 믿고 병원 치료를 계속 진행해야 한다. 이 과정에서 심적 부담감과 더불어 눈덩이처럼 불어나는 치료비에 가족들은 이중고를 겪게 된다. 무엇보다 현대의학은 죽음도 삶의 일부로서 의료행위로 간주하고 긍정적으로 받아들이고 있다. 회복 불가능한 경우 네덜란드나 벨기에 등에서는 소극적 안락사는 물론 의사조력자살까지 허용하고 있다. 오스트리아 「형법」도 환자의 자기결정권을 무시한 전단적 의료행위에 대해 자유형과 벌금형을 부과하고 있다.

> **좋아요 선택이자 당연한 권리**
> - 인간답게 죽고 고통에서 벗어날 권리도 있다.
> - 생명보조장치에 의존하여 삶을 인위적으로 연장하는 것보다는 '삶의 질'이 더 중요하다.
> - 순리에 따른 죽음을 막는 것 또한 인명의 존엄성을 해치는 것이다.

[반대] 생명은 경제 논리로 재단할 수 없다

인위적으로 생명을 끊는 존엄사 시행은 생명의 존엄성을 훼손한다. 생명은 그 자체만으로 가치가 있는 것으로서 경제적 가치뿐만 아니라 다른 가치로도 환산할 수 없다. 또한 소생 가능성이 있음에도 불구하고 개인적인 문제로 생명을 저버린다면 생명의 가치가 하락해 생명경시풍조가 조성될 가능성이 높다. 또한 존엄사의 본래 목적과 달리 남용될 수 있는 위험성이 존재한다. 장기매매, 보험금을 노린 조력자살 등 돈을 목적으로 법을 악용한 범죄가 걷잡을 수 없이 늘어나 사회악으로 번질 가능성이 있다.

의사의 판단과는 다른 예측 불가능한 상황이 발생할 수도 있다. 의식불명의 환자에게 회생 가능성이 없다고 판단을 내린 이후 환자가 기적적으로 회복하는 경우가 있기 때문이다. 그렇기 때문에 존엄사 합법화를 시행하기에 앞서 환자의 연명치료를 위한 기술, 약물 따위를 의학적으로 더 연구해야 한다. 근본적으로 모든 사람의 죽음은 고통스럽고 비극적이다. 이런 비극 앞에서 개인이 지불해야 하는 비용이 클수록 환자의 자기결정권이라는 권리가 강조되기보다 자기부담이라는 의무가 강조될 수밖에 없다. 특히 경제적 여력이 없는 이들에게는 결코 자발적 선택이 될 수 없다.

> **싫어요** 다른 형식의 자살
> - 생명을 가볍게 여기게 된다.
> - 자살 또는 살인과 명백히 구분하기 어렵기 때문에 사회적으로 악용될 가능성이 높다.
> - 사회적·경제적 약자들에게는 '죽음을 선택할 권리'가 아니라 '죽어야만 하는 의무'가 될 수 있다.

Chapter 02 상식

01 정치·외교·법률

1. 거버넌스(Governance)
통치 시스템의 개념으로, 최근에는 행정을 '거버넌스'의 개념으로 보는 견해가 많다. 공동체 운영의 새로운 체제나 제도·메커니즘 및 운영양식을 다루는 것으로 기존의 통치나 관리 패턴을 대체한다. 또한 정부와 준정부, 반관반민·비영리·자원봉사 등의 조직이 수행하는 공공활동 등 공공서비스 공급체계를 구성하는 인간의 집단적 활동이라 할 수 있다.

2. 고교학점제
학생들이 학습의 주체로서 기초소양과 기본학력을 바탕으로 자신의 적성과 진로에 따라 교과를 선택하고 대학처럼 강의실을 옮겨 다니며 수업을 듣고 졸업에 필요한 학점을 이수하는 제도를 말한다. 외고, 자사고 등의 일반고 전환과 더불어 고등학교 교육의 근본적인 패러다임 전환을 위한 문재인 전 대통령의 핵심 교육 공약 중 하나다. 고교학점제는 2022년 특성화고 도입 및 전체 일반계고에 대한 제도 부분 도입(신입생부터 적용)을 거쳐 2025년부터 전체 고등학교에 본격 시행될 예정이다.

3. 고노 담화
1993년 8월 4일 미야자와 기이치 내각 당시 고노 요헤이(河野洋平) 내각관방장관이 1년 8개월 동안 조사를 걸쳐 발표한 일본군 위안부 문제와 관련된 담화다. 일본군 위안부 문제에 있어 강제성뿐만 아니라 일본 정부가 직간접적으로 관여했다는 점을 인정한 첫 공식 담화라는 점, 이후 일본 정부가 계승해 온 공식 입장이라는 데 의의가 있으나 배상에 대한 언급은 없다.

4. 공공기관
정부가 투자·출자하거나 재정을 지원하여 운영하는 공적인 이익을 위한 기관이다. 공기업과 준정부기관, 기타 공공기관으로 분류된다. 공공기관 중 직원 정원 50인 이상인 곳은 공기업 또는 준정부기관으로 지정될 수 있다. 공기업 또한 자산·수익 규모에 따라서 시장형, 준시장형으로 나뉜다.

5. 공동부유(共同富裕)

공동부유는 시진핑 중국 국가주석이 내세운 정책으로 공동부유의 실현은 중국공산당의 장기 분투목표다. '중국공산당이 인민을 중심으로 하는 발전사상을 견지한다.'라는 원칙을 구현하는 것으로 모두가 함께 잘 사는 사회를 만들겠단 의미를 다지며, 누적된 빈부격차를 줄이기 위해 부의 재분배를 추진한다. 그러나 국가의 과도한 개입이 시장경제를 훼손하고, 기업의 경제활동을 위축시킴으로써 국가 경제의 위기로 이어질 수 있으며, 연예계 산업 규제로 인해 문화산업이 퇴보할 가능성이 있다는 비판이 있다.

6. 공익 서비스 의무(Public Service Obligation)

서비스를 제공하는 주체가 상업적 이익의 관점에서 제공하기 어려운 각종 공적인 서비스를 제공하게 하는 의무를 말한다. 국민 생활에 필수적이나 영리를 목적으로 할 때는 서비스 제공의 보편성에 문제가 생기는 경우, 정책적이나 공적 이익의 관점에서 국가나 지방자치단체가 기업 등에 의무를 부과하여 이를 수행하게 한다. 전기, 가스, 전화, 교통, 우편 등이 대표적이다.

7. 「교원지위법」

「교원의 지위 향상 및 교육활동 보호를 위한 특별법(약칭: 「교원지위법」)은 교원에 대한 예우 및 처우를 개선하고 신분 보장을 강화함으로써 교원의 지위를 향상시키고, 교육 발전을 도모하기 위해 1991년 제정한 법이다. 교원의 보수 우대, 학원에서의 불체포특권, 신분 보장, 교육활동 보호, 교육감이나 교육부 장관과의 교섭·협의권 등에 관한 사항이 규정돼 있다.

8. 국가안전보장회의(NSC)

우리나라에서 1963년 발족한 대통령 지속 헌법기관이다. 국가 안보와 통일, 외교 등과 관련된 최고 의결기구이다. 의장은 대통령이며, 위원은 국무총리, 외교부·통일부·국방부·행정안전부장관 등이다. 주로 국가 안보와 관련된 내용을 다루기 때문에 회의 내용이 공개되지 않는 경우가 대부분이다.

9. 국제노동기구(ILO)

노동자의 노동 조건을 개선하고 지위를 향상하며 나아가 세계 평화에 공헌하기 위해 설치된 UN의 전문기구로, 1919년 베르사유조약 제13편(노동편)을 근거로 창설되었다. 가장 오랜 역사를 지닌 국제기구 중 하나로 1946년 최초의 UN 전문기구로 인정받았으며, '국제노동입법' 제정을 통해 고용, 노동 조건, 기술 원조 등 노동자를 위한 다양한 활동을 하고 있다. 1969년 노벨 평화상을 받았다.

10. 규제개혁위원회

세계화에 따라 과도한 정부 규제가 무역마찰 요인으로 작용하자 규제 개혁에 대한 필요성이 대두되면서 정부의 규제정책을 심의·조정하고 규제의 심사·정비 등에 대해 종합적으로 추진하기 위해 설립되었다. 1998년 4월 김대중 정부 때, 불필요한 행정규제를 폐지하고 비효율적 행정규제 신설을 억제하여 국가 경쟁력을 향상시키기 위해 신설한 대통령 직속기구이다. 국무총리를 포함, 20인 이상 25인 이하로 구성된다.

11. 규제샌드박스(規制 Sandbox)

기업이 신제품이나 신서비스를 출시할 때 원활한 시장 진출을 지원하기 위해 일정 기간 기존의 규제를 면제 또는 유예해 주는 제도이다. 아이들이 안전하고 자유롭게 놀 수 있는 모래놀이터(Sandbox)처럼 '규제 프리존'에서 기업이 자유롭게 사업해 새로운 산업을 발전시킬 수 있도록 기회를 부여한다. 2016년 영국에서 핀테크 산업을 육성하면서 처음 도입했다.

12. 「근로기준법」

근로자의 인간다운 생활을 보장하고 균형 있는 국민 경제의 발전을 도모하기 위해 제정한 법이다. 「헌법」 제34조에서 '근로조건의 기준은 인간의 존엄성을 보장하도록 법률로 정한다.'라고 규정한 내용에 따라 근로조건의 최저 기준을 정한 법으로, 경제적·사회적 약자인 근로자들의 실질적 지위를 보호·개선하기 위해 1953년 처음 제정되었다.

13. 금수조치(엠바고, Embargo)

한 국가가 다른 특정 국가에 대해 직간접 교역을 비롯해 투자, 금융거래 등 모든 부분의 경제교류를 중단·금지하는 조치로 스페인어로 '압류'를 뜻하는 '엠바고(Embargo)'에서 유래한 용어다. 보통 정치적 목적으로 어떤 특정국을 경제적으로 고립시키기 위해 사용한다. 1964년 미국의 베트남에 대한 금수조치가 있었고, 걸프전쟁 당시 이라크에 대한 미국의 제재 조치나 북한과 이란에 대한 제재 역시 금수조치에 해당한다. 언론계에서는 엠바고를 언론에 보도되면 업무 수행에 차질이 심각하게 우려되는 사안에 대해 출입처와 기자들 또는 기자들 내부에서 일정 시점까지 보도를 하지 않기로 하는 약속으로 사용하기도 한다.

14. 대법원 전원합의체

대법원장과 대법관 13명으로 구성되는 합의체를 말한다. 대법원의 심판권은 전원합의체와 대법관 3인 이상으로 구성된 부(部)에서 행사한다. 대법관 4인으로 구성되는 부는 3개 부로 나뉘는데, 구성원인 대법관 전원의 의견 일치에 따라 재판한다. 이 부에서 의견 합의가 되지 않거나 부에서 판결하는 것이 옳지 않다고 판단될 경우 전원합의체에서 최종 판결을 맡게 된다. 그만큼 사회적으로 중대하고 심대한 사건의 판결이 내려지곤 한다.

15. 대항력

「민법」에서 이미 유효하게 이뤄진 권리관계를 제3자가 인정하지 않을 때 이를 물리칠 수 있는 법률에서의 권리와 능력을 말하며, 대항요건을 구비했을 때 발생한다. 주택임대차의 경우 세입자가 임차주택을 인도받고 등기를 마치면 세입자의 집에 대한 법률효과가 발생해 주택의 소유주가 다른 사람으로 바뀌더라도 임대차관계를 주장할 수 있는 권리를 갖는다.

16. 독립국가연합(CIS)

CIS(Commonwealth of Independent States)는 1991년 소련이 해체되면서 연방을 구성했던 15개 구성공화국 중 러시아를 중심으로 한 11개 국가가 1992년 창설한 국가연합체이다. 현재는 러시아, 벨라루스, 아르메니아, 아제르바이잔, 몰도바, 카자흐스탄, 우즈베키스탄, 키르기스스탄, 타지키스탄의 9개 공화국으로 구성되어 있다.

17. 레드웨이브(Red Wave)

붉은색이 상징인 미국 공화당이 대선에 승리하고 상·하원 선거에서 모두 의석수 과반을 넘겨 다수당이 됨으로써 백악관과 의회를 장악해, 이른바 트리플크라운(Triple Crown)을 달성한 상황을 뜻한다. 이러한 상황을 가리키는 비슷한 용어로는 '레드 스위프(Red sweep)'가 있다. 같은 논리로 미국 민주당이 백악관과 상·하 의회를 모두 장악하는 상황은 민주당의 상징색이 파란색인 점을 들어 '블루웨이브(Blue Wave)'라고 한다.

18. 물납(物納)

현금이 아닌 다른 자산으로 세금을 납부하는 것으로 금납(金納)과 대립되는 말이다. 조세는 현금으로 납부하는 것을 원칙으로 하나 현재 현금을 보유하고 있지 않거나 현금 마련이 어려워 현금으로 납부하기 곤란하다고 인정되는 경우 부동산, 유가증권, 토지보상채권과 같은 특정 재산으로 납부할 수 있다. 물납을 하려면 납세자가 별도로 신청하고 관청이 이를 승인해야 한다.

19. 미필적 고의(Recklessness)
법률 용어 중 하나로 자기의 어떤 행위로 인해 범죄 결과가 일어날 수 있음을 알면서도 그 행위를 행하는 심리 상태를 말한다. 근대 「형법」에서는 원칙적으로 범죄의 고의가 있었던 사건에 대해서만 범죄로 인정하게 돼 있는데, 범죄자들이 고의로 부인하는 것을 막기 위해 도입됐다. 좁은 의미로는 '고의'가 범죄 행위로 인한 결과의 발생을 적극적으로 바라고 행위를 하는 것을 말한다면, '미필적 고의'는 자신의 행위로 인해 범죄 결과가 일어날 수 있다는 것을 알면서도 그냥 저지르는 것을 말한다.

20. 박스권
본래 주식에서 사용되던 단어로 주가가 상한선과 하한선 사이의 일정한 구간 사이에서만 이동해 박스 모양을 형성한다는 의미로 사용되었다. 박스권은 정치권에서도 사용되며 콘크리트 지지율을 상징하는 단어로 자리 잡았다. 특히 대통령 지지율, 선호도 조사 등에서 자주 사용되는 것을 볼 수 있다.

21. 북방한계선(Northern Limit Line; NLL)
남한과 북한 간의 해양 경계선으로 해양의 북방한계선은 서해 백령도, 대청도, 소청도, 연평도, 우도의 5개섬 북단과 북한 측에서 관할하는 옹진반도 사이의 중간선을 말한다. 북한은 1972년까지 이 한계선에 이의를 제기하지 않았으나 1973년부터 북한이 서해 5개 섬 주변 수역을 북한 영해라고 주장하며 NLL을 인정하지 않고 침범하여 남한 함정들과 대치하는 사태가 발생하기도 했다.

22. 사법경찰
경찰작용의 하나로서 범죄의 수사를 목적으로 행정기관에서 직위를 갖고 있는 자가 직무를 행하는 것을 말한다. 사회질서를 유지하고 국민의 생명과 재산을 보호하는 행정경찰과 대비되는 개념이다. 사법경찰은 「형사소송법」이 정하는 절차에 따라 수사하게 되며, 검사의 보조기관으로서 검사의 지휘를 받는다.

23. 세이프가드(Safeguard)
긴급수입제한조치라고도 한다. 특정 품목의 수입이 급증해 수입국의 국내 업체에 심각한 피해 발생 우려가 있을 경우 관세 인상이나 수입량 제한 등의 방법으로 해당 품목의 수입을 일시적으로 제한하여 국내 경쟁산업을 보호하는 무역장벽의 하나다. WTO(세계무역기구) 세이프가드협정에서 세이프가드는 심각한 피해를 방지하거나 치유하고, 구조조정을 용이하게 하는 데 필요한 정도로만 취해져야 한다고 규정되어 있다.

24. 송치(送致)

'서류나 물건 따위를 보내어 정해진 곳에 이르게 하다.'라는 의미로, 주로 형사소송 시 경찰에서 검찰로 사건이 넘어가는 것을 뜻한다. 우리나라는 국가기관만이 형사소송을 제기할 수 있는 기소독점주의가 시행되고 있어 국가기관, 즉 검찰이 기소권을 독점하고 있다. 따라서 경찰은 사건을 직접 처벌하지 않고 해당 사건에 대한 의견서를 첨부하여 검찰로 송치하고, 이후 검찰이 해당 건 조사 후 피의자에 대한 기소·불기소 처분을 결정한다.

25. 실증특례

신기술이나 새로운 서비스를 시험 및 검증하기 위해 제한된 범위(규모, 지역 등)에서 테스트를 허용하는 제도이다. 실증특례를 신청하기 위해서는 첫째 새로운 기술을 활용한 제품·서비스일 것, 둘째 근거 법령에 기준·요건이 없거나 금지되어 사업 추진이 어려울 것, 셋째 실증(시험 및 검증) 기간에 이를 가로막는 규제가 존재하여 해당 규제의 적용을 배제할 특례가 필요할 것 등의 세 가지 조건이 필요하다.

26. 양회

매년 3월에 열리는 중국의 가장 중요한 정치행사 중의 하나로 전국인민대표대회(전인대)와 전국인민정치협상회의(정협)를 아울러 이른다. 전인대는 중국의 입법기구이자 국가 최고권력을 쥔 기관이고, 정협은 중국 공산당과 민주당파, 단체, 정계 등의 대표로 구성돼 국가정책을 논의하고 이를 바탕으로 전인대에 법안을 건의하는 역할을 맡는 정책자문기구이다.

27. NGO(Non-Governmental Organization)

비정부기구 또는 비정부단체를 말한다. UN에 의해 공식적으로 사용된 NGO의 개념은 정부 이외의 기구로서 국가 주권의 범위를 벗어나 사회적 연대와 공공목적을 실현하기 위한 자발적인 공식 조직을 말한다. 공동의 이해를 가진 사람들이 특정 목적을 위해 조직한 NGO는 다양한 서비스와 인도주의적 기능을 수행한다. 그린피스, 세계자연보호기금, 국제사면위원회가 대표적이다.

28. 인격권

생명, 신체, 자유, 명예, 정조, 초상, 신용, 사생활 등 인간 자신의 인격적 이익을 보장받을 수 있는 권리를 말한다. 인격권은 그 성질상 권리자 자신에게서 분리될 수 없는 일신전속권이므로 타인에게 양도·처분할 수 없고, 시효의 대상이 되지도 않는다. 인격권과 관련해 우리나라 「헌법」 제10조에는 '모든 국민은 인간으로서의 존엄한 가치를 지니며 행복을 추구할 권리를 지닌다.'라고 명시하고 있다.

29. 일대일로(一帶一路)

중국이 주도하는 신경제 구상으로 중국, 중앙아시아, 유럽을 연결하는 육상·해상 실크로드를 말한다. 2013년 시진핑 주석의 제안으로 시작된 이 프로젝트는 2014년부터 2049년까지 35년간 현대판 실크로드를 다시 구축하여 중국과 주변 60여 개 국가의 경제와 무역의 합작을 확대한다는 거대한 계획이다. 한편 세계적으로 이에 대해 중국의 중화주의의 부활이 아니냐는 우려가 높아지고 있다.

30. 쟁의권(Right to Strike)

근로자가 근로조건을 유지 및 개선하기 위해 단결하여 사용자에 대해 파업 혹은 기타의 쟁의행위를 할 수 있는 권리를 말한다. 사회적 약자인 근로자의 지위를 사용자와 대등한 입장으로 유지시키기 위해 인정됐으며, 우리나라에서는 「헌법」제33조 제1항의 '단체행동권'이라는 내용을 통해 이를 보장하고 있다. 따라서 정당한 쟁의행위에 대해서는 형사상, 민사상의 면책이 인정된다.

31. 전략공천

공천이란 공직선거의 후보자를 추천하는 것이며 전략공천이란 당선 확률이 높은 후보를 선택해 심사나 별도의 경선 과정 없이 세우는 것을 말한다. 당에서 반드시 차지해야 할 지역구가 있다든가, 꼭 당선시켜야 할 당내 인사가 있는 경우 전략공천을 실행한다.

32. 주한미군지위협정(SOFA)

1966년 조인된 한미 간의 협정으로 주한미군의 법적 지위에 관한 양국의 협정이다. 한국전쟁 정전협정 체결 이후에도 남한에 미군이 주둔하게 되면서 주한미군의 법적 지위에 대한 합의가 필요해 논의되기 시작했다. 이 협정은 1991년과 2001년 부분 개정됐으나 이후에도 협정에 대한 불평등이 제기돼 비판이 일기도 했다.

33. 「중대재해처벌법」

「중대재해 처벌 등에 관한 법률(약칭: 「중대재해처벌법」)」은 2021년 제정한 법률로, 안전·보건 조치 의무를 위반하여 인명피해를 발생하게 한 사업주, 경영책임자, 공무원 및 법인의 처벌 등을 규정하였다. 이 법안은 「산업안전보건법」보다 처벌 수위를 높여 법인뿐 아니라 사업주에게까지 책임을 물을 수 있다. 이 법에서 중대재해란 '중대산업재해'와 '중대시민재해'로 나뉘는데, 이 중 중대산업재해는 사망자가 1명 이상 발생하였거나 6개월 이상 치료가 필요한 부상자가 2명 이상 발생한 산업재해에 대해 처벌하고, 상시 근로자가 5명 이상인 사업장에 대해 적용한다.

34. 지적재산권(IP)

'Intellectual Property Rights'의 약자로 인간의 지적 창작물에 대한 재산권이다. 산업 기술을 발명한 뒤 직접 신고와 등록 절차를 거쳐야 보호받을 수 있는 특허 제도부터 직접 창조한 사실을 증명만 하면 정보에 대한 소유권 등을 보장받을 수 있는 저작권 제도까지 모두 포함하는 개념이다. 국내 관련 법률로는 「특허법」, 「저작권법」, 「실용신안법」, 「디자인보호법」, 「상표법」, 「발명진흥법」 등이 있다.

35. 「청년기본법」

청년정책 전반에 청년의 참여 보장 및 청년에 대한 체계적이고 종합적인 지원 근거를 마련하기 위해 만들어진 법으로 2020년 8월 5일부터 시행됐다. 이 법안에서는 청년의 범위를 19세 이상, 34세 이하인 사람으로 정의했다. 청년 일자리와 주거·교육 등 실태를 조사하고 체계적인 청년정책을 위해 연구사업을 수행하며 청년정책을 주로 다루는 위원회를 구성할 때 위촉직 위원의 일정 비율 이상으로 청년을 위촉해야 한다는 등의 내용이 담겨 있다.

36. 초과이익환수제

주택의 재건축으로 조합이 얻는 이익을 규제하기 위한 제도이다. 인근 집값 상승분을 고려하고 재건축에 든 비용 등을 제외한 금액이 1인당 평균 3,000만 원을 넘을 경우 초과 금액의 최고 50%를 세금으로 부과한다. 2006년에 도입됐지만 부동산 시장을 위축시킨다는 우려에 따라 2013년부터 2017년 말까지 유예 상태였다가 2018년부터 본격적으로 시행됐다.

37. 캐스팅보트(Casting Vote)

의회에서 의안의 표결결과가 가부동수(可否同數, 찬성과 반대가 동률)로 나왔을 때, 의장이 의안의 가결·부결 여부에 대해 행시히는 결정권을 말한다. 두 정당의 세력이 비슷할 때 승패를 결정하는 제3당의 투표 또한 캐스팅보트라고 부르기도 한다. 캐스팅보트를 가지고 있는 주체는 어떤 사안에 대해 상당한 영향력을 행사하게 된다. 우리나라 국회는 투표결과가 찬성과 반대의 의결 수가 같을 경우 부결된 것으로 처리한다.

38. 코트라(KOTRA)

코트라(Korea Trade-Investment Promotion Agency)는 수출·투자 유치 등 무역 진흥 등을 담당하는 정부투자기관이다. 「대한무역투자진흥공사법」에 따라 정부가 전액 출자한 비영리 무역진흥기관으로, 중소기업의 해외시장 진출을 지원하기 위한 다양한 무역거래 알선사업 수행, 해외시장 정보수집, 해외 전시 사업, 해외 홍보 사업 등 다양한 무역진흥사업을 진행하고 있다.

39. 하나의 중국(간체자: 一个中国, 정체자: 一個中國)

중국 대륙과 홍콩, 마카오, 대만이 나뉠 수 없는 하나라는 원칙이다. 하나의 중국을 주장하고 있는 중국과 대만의 입장은 다른데, 모두 '합법적인 중국 정부는 오직 하나'라고 말하지만 중국과 대만은 그 합법적 정부가 모두 자신이라는 상반된 주장을 하고 있다. 이 때문에 두 나라의 갈등은 1946년 2차 국공내전으로 갈라진 이후로 계속 이어지고 있다.

40. 한정승인

상속인이 상속으로 얻은 재산의 한도 안에서만 피상속인의 채무 및 유증(유언으로 자신의 재산을 남에게 주는 것)을 변제하는 책임을 지는 상속의 승인을 말한다. 현재 상속인은 상속 개시원인(피상속인의 사망을 안 날)으로부터 3개월 내에 상속을 포기할 것인지 한정승인을 할 것인지 선택할 수 있으며, 한정승인을 하려면 3개월의 '고려기간' 내에 법원에 한정승인 신고를 해야 한다.

41. 행정법원

행정소송법에 의한 행정소송사건을 제1심으로 심판하기 위하여 설치된 지방법원급의 법원이다. 과거에는 '행정처분 → 행정심판 → 행정소송'의 단계를 거쳐야 했지만, 행정심판을 거친 뒤에야 행정소송을 제기할 수 있도록 한 것이 국민의 권익을 침해할 수 있다는 주장에 따라 다른 법률에 특별한 규정이 없는 한 1998년 3월부터는 행정심판을 거치지 않고도 행정소송을 제기할 수 있다.

42. 행정소송

행정청의 위법한 처분이나 공권력의 행사 · 불행사 등으로 발생하는 국민의 권리 침해를 구제하기 위해 이런 '공법상의 분쟁'을 법원에서 해결하는 재판 절차이다. 행정 절차는 국가 형벌권의 발동에 대한 소송인 형사소송, 사법상의 법률관계에 대한 민사소송, 행정기관이 하는 행정심판과는 구분되며, 공법상의 분쟁 중 법령의 적용에 의해 해결할 수 있는 분쟁이 대상이 된다.

43. 헌법불합치

해당 법률의 내용이 사실상 위헌이지만, 법률의 효력이 상실되면서 생기는 사회적인 혼란을 피하기 위해 법이 개정될 때까지 한시적으로 그 법을 존속시키는 헌법재판소의 결정이다. 헌법불합치 결정이 내려지면 국회와 행정부는 헌법재판소가 제시한 기간 내에 해당 법률을 개정해야 하며, 그렇지 못하면 해당 법률의 효력이 사라진다.

02 경제·경영·금융

1. 가처분소득
가계의 소득 중 소비나 저축을 자유롭게 할 수 있는 소득이다. 개인소득에서 비소비지출(세금, 의료보험료 등 개인세)을 빼고 여기에 이전소득(사회보장금, 연금 등)을 더한 금액을 가리킨다. 따라서 가처분소득은 '개인소비+개인저축'이며, 가처분소득이 증가하면 소비도 증가하게 된다. 국민 경제에서 소득분배의 평등한 정도를 측정하는 자료로 많이 쓰인다.

2. 고용승계
기업 인수·합병·양도·분할 등으로 경영주체가 바뀌게 될 경우 기존의 경영주체와 근로자와의 고용 관계가 다음 경영주체로 그대로 이전되는 것을 말한다. 기업합병의 경우 존속·신설되는 기업은 사라지는 기업의 고용 관계를 그대로 승계하도록 의무화돼 있다.

3. 공매도(Short Stock Selling, 空賣渡)
'없는 것을 판다.'라는 한자의 뜻 그대로 특정 종목의 주가가 하락할 것으로 예상할 때 해당 주식을 가지고 있지 않은 상태에서 주식을 빌려 매도(주식을 파는 것) 주문을 내는 것을 말한다. 주식을 판 후 실제로 주가가 하락하면 싼값에 도로 사서 주식 대여자에게 돌려 주는 방법으로 시세차익을 챙긴다. 단, 예상과 달리 주가가 상승하면 공매도한 투자자는 손해를 볼 수 있다.

4. 과세표준(과표)
세금을 부과하는 데 있어 그 기준이 되는 것으로 소득, 재산, 소비 등에 대한 세액을 산정하기 위한 기초이다. 단위는 금액, 가격, 수량 등으로 표시되며, 일반적으로 과세표준에 세율을 곱하여 세액이 결정된다. 세율과 더불어 국민이 부담해야 할 세금을 결정하기 때문에 과세평가에서 중요한 요소로 작용한다.

5. 국고채

국가가 공공목적에 필요한 자금을 마련하기 위해 발행하는 채권이다. 국가가 보증하는 채권으로 국가가 망하지 않는 한 돈을 떼일 위험이 없기 때문에 다른 채권보다 비싸다. 정부를 대신해 한국은행이 발행하고 있으며, 3년·5년·10년·20년·30년짜리 5종류 만기 고정금리부 채권과 만기 10년짜리 물가연동 국고채권 등의 형태로 유통된다. 그중 3년 만기 국고채의 유통물량이 가장 많으며, 이 유통수익률은 국내 시중 자금 사정을 나타내는 지표금리로 사용된다.

6. 국내총생산(GDP)

국내총생산(GDP)은 우리나라 영토 내에서 정부, 기업, 가계 등 모든 경제주체가 일정 기간 생산한 재화 및 서비스의 부가가치를 시장 가격으로 평가해 합산한 것이다. 이때 적용되는 가격에 따라 명목 국내총생산과 실질 국내총생산으로 나뉘는데, 명목 국내총생산은 경제 규모 파악에 이용되는 지표로 국내 최종생산물 수량과 당시 가격을 곱하여 산출하고, 실질 국내총생산은 경제 성장률 산정에 이용되는 지표로 국내 최종생산물 수량과 기준년도의 가격을 곱해 산출한다.

7. 규모의 경제

생산량이 증가함에 따라 평균비용이 감소하는 현상으로 대규모 생산설비를 갖추는 데 초기비용은 많이 소요되지만, 그 이후로 재화의 생산이 시작되면 총비용을 생산량으로 나눈 평균비용은 감소하는 것을 말한다. 대체로 초기 생산단계에서는 대규모의 투자비용이 들어가지만, 그 이후 생산에는 큰 비용이 들지 않는 철도나 통신, 전력 산업에서 주로 실현된다.

8. 근원물가지수(Core Inflation)

물가 변동을 초래하는 여러 가지 요인 중 일시적인 경제 상황이 아니라 기초 경제 여건에 의해 결정되는 물가 상승률을 말한다. 전체 소비자물가 상승률에서 계절적으로 영향 받는 농산물, 외부적 영향을 받는 국제 원자재 가격과 같이 일시적인 물가변동요인들을 뺀 나머지 품목을 집계하여 계산한다. 일시적인 교란요인이 제거된 인플레이션 흐름을 보기 위해 만들어진 것이다.

9. 기대인플레이션(Expected Inflation)

기업 및 가계 등의 경제주체들이 현재 알고 있는 정보를 바탕으로 예상하는 미래의 물가 상승률로써 임금 협상, 가격 설정 및 투자 결정 등에 영향을 미치면서 최종적으로는 실제 인플레이션에 영향을 주는 주요한 경제지표 중의 하나이다. 우리나라는 매월 한국은행이 전국 56개 도시 2,200개 가구를 대상으로 실시하는 소비자동향조사에서 향후 1년간 예상되는 물가 상승률을 일정구간별(1.0% 간격)로 설문조사하여 중앙값을 산출하고, 한국은행 경제 통계 시스템을 통해 공개하고 있다.

10. 기업형 슈퍼마켓(SSM; Super Supermarket)

개인 점포를 제외한 대기업 계열 슈퍼마켓을 지칭하며, 보통 대형 마트보다는 작고 일반 동네 슈퍼마켓보다는 큰 유통매장을 말한다. 대형 유통업체들이 새로운 대형 마트 부지 확보 및 출점이 어려워지자 기존에 개인업자가 운영하던 슈퍼마켓 시장으로 진출하면서 늘어나게 되었다. 대도시에 이어 지방의 중소도시로 확대되면서 중소 유통점과의 갈등이 확산되고 있다.

11. 기저효과(base effect)와 역기저효과(Reverse-base effect)

기저효과란 특정 시점의 경제 상황을 평가할 때, 기준시점과 비교 시점의 상대적인 수치에 따라 지표가 실제보다 부풀려지거나 위축되어 주어진 경제상황을 달리 해석하게 되는 현상이다. 호황기의 경제 상황을 기준시점으로 현재 경제 상황을 비교하면 경제지표가 실제 상황보다 위축돼 보이나, 불황기의 경제 상황을 기준시점으로 현재와 비교하면 반대로 경제지표가 실제보다 부풀려지는 것이다. 반면 직전 상황에 너무 실적이 좋아서 이번에 좋은 실적을 내어 기존 기간에 비해서는 비슷하거나 오히려 성장했음에도 성장하지 못했다며 평가절하하는 현상은 역기저효과라고 한다.

12. 낙수효과(Trickle-Down)

대기업, 재벌, 고소득층 등 선도부문의 성과가 늘어나면 연관산업을 이용해 후발·낙후부문에 유입된다는 의미를 갖는다. 1896년 7월 9일, 미국 민주당 시카고 전당대회에서 처음 언급되고 조지 H. W. 부시(George H. W. Bush)가 경제정책의 이론으로 사용하며 알려졌다. 그러나 낙수효과를 기대한 경제정책은 소득격차, 기업의 사내유보금과 부채가 동시에 증가하는 등의 부정적 결과를 낳았기 때문에 오늘날에는 사실상 허구의 이론이라고 비판받는다.

13. 납품단가 연동제

하도급 계약기간에 원재료의 가격이 변동되는 경우 원청업체의 사업자가 하청업체 사업자에게 해당 변동분을 납품단가에 반영해 주는 제도이다. 러시아 · 우크라이나 전쟁으로 글로벌 공급망이 붕괴되면서 원자재 가격이 상승하고 있으나 대부분의 중소기업들이 가격상승분을 납품단가에 반영하지 못해 어려움을 겪자 중소기업과 대기업의 상생 및 공정한 시장경제 구축을 위해 추진되었다.

14. 내구재와 준내구재, 비내구재

- 내구재: 1년 이상 반복적으로 사용할 수 있는 상품으로 주로 고가의 상품이 많다. 승용차, 가전제품, 가구 등이 내구재에 해당한다.
- 준내구재: 1년 이상 반복적으로 사용할 순 있지만 내구재에 비해 사용 가능한 지속성이 떨어진다. 신발, 가방, 오락용품, 운동용품 등이 있다.
- 비내구재: 이용할 수 있는 기간이 짧으며 반복적으로 이용하기 힘든 상품을 말한다. 서적, 문구, 음식료품, 화장품 등이 대표적이다.

15. 넛지 효과(Nudge Effect)

넛지(Nudge)는 '옆구리를 슬쩍 찌른다.'라는 뜻으로 강요에 의하지 않고 유연하게 개입함으로써 선택을 유도하는 방법을 말한다. 부드러운 개입을 통해 타인의 선택을 유도하는 것으로서 행동경제학자인 리처드 탈러(Richard H.Thaler) 시카고대 학교(University of chicago) 교수와 카스 선스타인(Cass R. Sunstein) 하버드대학교(Havard University) 로스쿨 교수의 공저인 『넛지』에 소개되어 널리 알려졌다.

16. 달러 인덱스(USDX; U.S. Dollar Index)

통화가치가 안정적이거나 경제 규모가 큰 세계 6개국의 통화[유로(EUR), 일본 엔(JPY), 영국 파운드(GBP), 캐나다 달러(CAD), 스웨덴 크로네(SEK), 스위스프랑(CHF)]에 대한 달러화의 가치를 지수화한 것으로 각 통화의 비중은 해당 국가의 경제 규모에 따라 정해져 있다. 1973년 3월을 기준점 100으로 삼아 미국 중앙은행(Fed)이 그 변화 추이를 산출한다. 달러 인덱스가 상승하면 달러화 가치도 올랐다는 의미이고, 하락하면 달러화 가치가 떨어졌다는 의미이다.

17. 대차대조표

특정 시점에 기업의 재정상태(보유하고 있는 자산 및 부채, 자본의 잔액)를 볼 수 있도록 일정한 순서에 의하여 정리한 보고서로 일종의 재산목록표라고 할 수 있다. 총 자산을 차변과 대변으로 나누어 표시하는데, 차변에는 기업소유재산의 운용상태를 나타내는 자산 항목을 표시하고 대변에는 기업의 자본 조달 형태를 알 수 있는 부채 및 자본 항목을 표시한다.

18. 데드크로스(Dead Cross)

주식시장에서 주가의 단기이동평균선이 주가의 장기이동평균선 아래로 급속하게 뚫고 하락하는 현상을 말한다. 일반적으로 데드크로스 발생은 주식시장이 장기적으로 약세장으로 변화하는 강력한 전환신호로 볼 수 있다. 반대로 주가의 단기이동평균선이 아래에서 위로 올라가며 중장기이동평균선과 교차하는 현상은 골든크로스(Golden Cross)라고 하며, 이는 주식시장이 강세장으로 변화하고 있다는 전환신호로 볼 수 있다.

19. 레버리지(Leverage)

영어로 'Leverage'란 지렛대를 의미한다. 지렛대를 이용하면 실제 힘보다 몇 배 무거운 물건을 움직일 수 있는 것처럼 금융에서는 실제 가격변동률보다 몇 배 많은 투자수익률이 발생하는 현상을 지렛대에 비유하여 레버리지로 표현한다. 타인의 자본, 즉 빚을 지렛대로 투자수익률을 극대화하는 것으로 경기호황 시에 상대적으로 낮은 금리로 자금을 끌어와 수익성 높은 곳에 투자하여 끌어온 비용 이상으로 수익을 남길 수 있을 때 효과적인 투자법이다.

20. 리쇼어링(Reshoring)

기업들이 인건비 등 각종 비용 절감을 위해 해외로 생산기지를 옮기는 것을 오프쇼어링(Offshoring)이라고 하는데, 오프쇼어링한 기업들이 진출한 국가의 임금상승 등으로 인한 비용 절감 효과가 줄어들거나 본국의 장기화되는 경기침체와 급증하는 실업난을 해결하기 위해 다시 국내로 돌아오는 현상을 리쇼어링(Reshoring)이라고 한다. 기업이 자발적으로 선택한 오프쇼어링과 달리 리쇼어링의 경우 국가 경쟁력 향상을 위해 국가 정책으로 시행되는 경우가 많다.

21. 마이데이터(My Data)

데이터 활용체계를 기관 중심에서 정보주체 중심으로 전환하여 개인이 자기 정보를 자기 의사에 맞춰 활용할 수 있게 개인정보 주권을 보장하는 개념이다. 개인이 자신의 정보를 적극적으로 관리·통제하며 자산관리나 신용 등에 적극적으로 활용하는 과정이다. 마이데이터 사업은 여러 기관에 분산된 개인정보를 한 곳에 모아 제3의 서비스 사업자에게 제공하는 비즈니스이다.

22. 매파와 비둘기파

매파는 자신의 주장을 관철하기 위해 상대와 타협하지 않고 강경하게 대처하는 입장을, 비둘기파는 타협하여 온건하게 일을 처리하려는 입장을 이르는 말이다. 베트남 전쟁 때 전쟁 지속 강경파를 매파로, 전쟁 대신 외교를 통한 대화로 해결해야 한다는 온건파를 비둘기파로 지칭하며 생겨났다. 통화정책을 예로 들면 매파는 인플레이션을 막고 경기 안정화를 위해 긴축재정과 기준금리 인상을 주장하며, 비둘기파는 경기 활성 및 소비·고용 촉진을 위해 기준금리 인하를 주장한다.

23. 모라토리엄(Moratorium)

주로 경제 용어로서 한 국가의 대외채무에 대한 지불유예를 의미한다. 전쟁·지진·경제공황·화폐개혁 등 한 국가 전체 또는 어느 특정 지역에서 긴급사태가 생겼을 때 국가 권력을 발동해 일정 기간 동안 금전적인 채무이행을 연장하는 것이다. 채무국은 여러 협상을 통해 외채상환을 유예받지만 국제적으로 신용이 하락해 대외거래에 많은 어려움이 뒤따르게 된다.

24. 발생주의 회계

회계방식에는 현금주의와 발생주의 회계 방식이 있다. 현금주의 회계 방식은 현금의 수지(收支)를 회계의 기준으로 삼아 현금 수입이 있을 때 수익이 실현되고 현금 지출 시 손비가 발생한 것으로 처리하는 것이다. 발생주의 회계 방식은 현금을 수수한 시점과 상관없이 거래나 사건이 발생한 시점을 기준으로 수입과 비용을 인식하는 방식으로 원가 개념을 제고하고 미래의 잠재적 위험을 현재에 반영할 수 있는 장점이 있다.

25. 밸류에이션(Valuation)

'평가가치'라는 의미를 가진 말로 주식시장에서는 기업가치를 평가하고 이를 바탕으로 적당한 주가를 판단하는 프로세스를 뜻한다. 매출, 이익, 재무상태, 미래수익 전망, 기업 자산의 시장가치 등 다양한 자료들이 기업가치를 산정하는 지표로 이용된다. 밸류에이션 덫은 기업이익이 늘어 기업가치는 오르고 있는데 주가가 이를 반영하지 못하는 상태를 말한다.

26. 생산가능인구

경제활동을 할 수 있는 연령의 인구로 생산가능연령인 15~64세에 해당하는 인구를 말한다. 이는 일할 의사와 능력이 있는 경제활동인구와 일할 의사가 없는 비경제활동인구로 나뉜다. 경제활동인구는 다시 취업자와 실업자로 구분되며, 비경제활동인구에는 주부나 학생, 구직단념자 등이 속한다. 전체 인구가 늘어도 생산가능인구가 감소하면 오히려 생산가능인구가 짊어져야 하는 비용이 늘어나며, 경제 성장 잠재력도 타격을 받게 된다.

27. 소비자동향지수(Consumer Survey Index)

한국은행이 매월 소비자들의 경제 상황에 대한 인식, 장래 소비지출 계획, 경기 전망, 가계 저축 및 부채, 물가 전망 등 크게 다섯 부문에 대해 설문조사하여 그 결과를 지수로 환산한 것이다. 지수는 100이 기준치로 100보다 높으면 소비자들이 경기 전망에 대해 긍정적으로 보는 것이고, 100보다 낮으면 부정적으로 보는 것이다.

28. 소셜커머스(Social Commerce)

소셜미디어를 활용하는 전자상거래의 일종으로 미국 포털사이트인 야후(Yahoo)에 의해 2005년에 처음 소개됐다. 일정한 수 이상의 구매자가 모일 경우에 특정 품목을 하루 동안만 파격적으로 낮은 가격에 판매하는 형태이다. 최소 구매물량을 넘기기 위해 소비자들이 자발적으로 소셜네트워크(Social Network)를 통해 판매정보를 확산시키는 것이 특징이다.

29. 스타트업(Start-Up)

이제 막 사업을 준비하여 시작한 신생 벤처기업을 말하며, 미국 실리콘밸리(Silicon Valley)에서 처음 사용된 용어이다. 미래가치로 평가받을 수 있는 혁신적 기술과 아이디어로 큰 성장 가능성과 고위험·고성장·고수익의 가능성을 가진 기술 기반 회사를 가리킨다. 이 때문에 비교적 작은 규모인 팀이나 프로젝트는 스타트업이라고 하지 않는다. 스타트업과 벤처의 차이점은 스타트업의 경우 아직 대규모의 자금을 조달받기 전 상태라는 것이다.

30. 슬로우플레이션(Slowflation)

경기 회복 속도가 더뎌지는(Slow) 저성장상태에서도 물가 상승(Inflation)이 발생하는 현상을 가리키는 말이다. 스태그플레이션(Stagflation)보다는 경기 하강의 강도가 약할 때 사용된다. 스태그플레이션이 경제 성장률이 마이너스로 내려간 상태에서 물가가 급등하는 상태라면 슬로우플레이션은 마이너스 성장까지는 아니지만 저성장상태가 계속되는데 물가가 상승하는 현상이다.

31. 양적긴축

중앙은행이 금리 인상을 시행하면서 보유 중인 자산도 줄이는 것으로 시중의 유동성을 빠르게 흡수하는 통화정책이다. 경기가 과열되었거나 물가 상승이 과도할 때 활용하는데, 보통 금리를 인상하고 보유한 채권만기가 도래해도 재투자하지 않고 내다 팔아 시중의 유동성을 거둬들이는 방식 등을 사용한다. 중앙은행이 국채매입 등을 통해 시중에 통화공급을 늘리는 정책인 양적완화와 반대되는 개념이다.

32. 업무연속성계획(BCP; Business Continuity Planning)

기업 또는 기관이 재난, 재해 등 예기치 못한 위기 상황으로 업무 중단 위험에 놓였을 경우 이를 최대한 빠른 시일 내에 타개하고 업무를 정상적으로 복구하기 위한 경영기법이다. 큰 타격에도 업무를 연속적으로 이어나가기 위한 특수 계획이다.

33. 역머니무브(逆 Money Move)

증시나 부동산이 불황이거나 금리가 높을 때 시중자금이 고위험·고수익 자산에서 안전자산인 은행 예적금으로 몰리는 현상을 가리킨다. 이와 반대로 시장이 호황이거나 금리가 낮을 때 시중자금이 안전자산인 은행 예금에서 증시, 부동산시장 등 고수익·고위험 자산으로 이동하는 현상은 머니무브(Money Move)라고 한다.

34. 재정수지

'재정'은 정부가 나라를 운영하기 위한 재원을 조달하고 관리·사용하는 모든 경제활동을 뜻하며, 재정수지는 정부가 거두어들인 재정의 수입(세입)과 지출(세출)의 차이를 말한다. 수입이 지출보다 많을 때는 재정흑자, 지출이 수입보다 많으면 재정적자가 된다. 재정수지는 계산항목에 따라 통합재정수지(정부 총수입-총지출), 관리재정수지(통합재정수지-사회보장성기금수지), 기초재정수지(순융자-순이자비용) 등으로 구분된다.

35. 적정규모화(Rightsizing)

사회·경제적 변화와 비용절감에 대응하고 제품의 품질과 생산성 향상 및 경쟁우위를 극대화할 수 있도록 인원을 줄이는 방법으로 감량경영(Downsizing)의 한 형태다. 적정규모화는 업무 및 과제의 우선순위를 정하고, 불필요한 일을 찾아내어 불필요한 인원을 제거함으로써 규모를 최적화하는 전략이라 할 수 있다.

36. 전방산업과 후방산업

한 산업의 전체 생산흐름에서 해당 산업의 앞뒤에 위치한 업종을 말한다. 최종 소비자와 가까운 업종을 전방산업이라 하고, 원재료 공급이나 제품 소재 등 생산자 쪽에 가까운 업종을 후방산업이라고 한다. 자동차 산업을 예로 들면 자동차 판매업체는 전방산업이고, 자동차 부품이나 제철 등 소재산업은 후방산업이다.

37. 정책모기지

'정책'과 '모기지(Mortgage: 주택 담보 대출)'의 합성어로 실수요자 지원이나 시장구조 개선과 같은 정부정책의 목적을 달성하기 위해 공적인 재원을 기반으로 시중은행의 금리보다 저금리로 제공하는 주택담보대출을 말한다. 우리나라의 정책모기지 대출은 국민주택기금을 재원으로 하고 있으며, 시중은행 대출과 달리 신용등급에 따른 금리차이 없이 평생 고정금리로 대출받을 수 있다.

38. 지주회사

지주회사는 콘체른(Konzern)형 복합기업의 대표적인 형태이다. 모자회사 간의 지배관계를 형성할 목적으로 자회사의 주식총수에서 과반수 또는 지배에 필요한 비율을 소유·취득하여 해당 자회사의 지배권을 갖고 자본적으로나 관리기술적인 차원에서 지배관계를 형성하는 기업을 말한다.

39. 채무불이행(Default)

채무자가 공사채나 은행융자, 외채 등의 원금 상환 만기일에 원리금 지불 채무를 이행할 수 없는 상태를 말하는 경제 용어이다. 따라서 '디폴트를 선언한다.'라는 말은 '돈이 없어서 돈을 갚을 수 없다.'라고 선언하는 것이다. 대표적인 국가 디폴트로는 1997년 우리나라의 IMF 구제금융 요청, 1998년 러시아 국가 부채 위기, 2001년 아르헨티나 경제 위기, 2010년 유럽 국가 부채 위기, 2015년 그리스 경제 위기 등이 있다.

40. 총부채원리금상환비율(DSR; Debt Service Ratio)

총대출상환액이 연간 소득액에서 차지하는 비중이자 금융위원회가 마련한 대출심사지표이다. 연간 총부채 원리금 상환액을 연소득으로 나누어 산출한다. 주택 담보 대출, 신용 대출, 마이너스 통장, 자동차 할부, 신용카드 미결제 등 개인이 받은 모든 대출에 대한 원리금 상환액으로 대출 상환 능력을 심사하므로 금융부채가 더 커져 대출한도가 축소된다.

41. 추가경정예산안

예산 성립 후에 생긴 사유로 변경을 가할 필요가 있을 때 편성·제출되는 예산을 말한다. 정부는 국회의 심의를 동반하여 매년 1년 단위의 나라의 수입과 지출에 대한 계획을 세우는데, 연도 중 계획을 바꿀 필요가 있을 경우 추가경정예산을 편성하게 된다.

42. 칩4(Chip4)

2022년 3월 미국이 한국, 일본, 대만과 함께 안정적인 반도체 생산과 공급망 형성을 목표로 제안한 반도체 동맹으로 미국에서는 '팹4(Fab4)'라고 표기한다. '칩'은 반도체를, '4'는 총 동맹국의 수를 의미한다. 이는 미국이 추진하고 있는 프렌드쇼어링(Friend-Shoring) 전략에 따른 것으로, 중국을 배제한 반도체 공급망을 구축하겠다는 의도로 풀이되고 있다.

43. 캠코(KAMCO, 한국자산관리공사)

캠코(KAMCO; Korea Asset Management Corporation)는 금융기관의 부실채권 정리를 통한 공적자금 회수 및 비업무용 재산 정리업무를 전담하는 자산정리 전문 특수공법인이다. 1962년 2월 공포된 '성업공사령'에 따라 산업은행 산하로 설립됐으며, 금융회사 부실채권 인수, 기업구조조정, 구조조정기금 관리운용, 국공유재산 관리, 국민행복기금 관리운용 및 신용회복지원, 체납조세정리 업무 등을 수행한다.

44. 태스크포스(TF; Task Force)팀

(특수임무가 부여된 특별 편제의) 기동부대라는 군사 용어에서 유래한 단어로, 어떤 과제를 성취하기 위해 이와 관련된 전문가들이 모여 만든 기간이 정해진 임시 조직을 의미한다. 태스크포스는 팀을 넘어 선발된 전문가들이 협동하여 성과를 내며, 일정한 성과가 달성되면 팀은 해체되어 본래 부서로 복귀한다.

45. 테이퍼링(Tapering)

'점점 가늘어지다.'라는 뜻의 테이퍼링은 정부가 경기부양을 위해 초저금리를 유지하며 국채나 금융자산 매입 등으로 통화를 푸는 양적완화 정책을 쓰다가, 경기 회복 과정에서 과도한 통화 공급으로 인한 물가 상승을 막기 위해 양적완화를 점차 축소하는 것이다. 테이퍼링이 본격적으로 시행되면 투자자들은 금리 인상을 예상해 자산을 매각하고 신흥국 달러 자금을 회수하게 된다.

46. 통합재정수지

당해연도의 순수한 수입에서 순수한 지출을 차감한 수치를 통합재정수지라고 하며, 총수입에서 총지출을 뺀 것과 같다. 우리나라는 IMF의 권고에 따라 1979년부터 연도별로 통합재정수지를 작성하고 있다. 통합재정수지에서 국민연금기금, 사립학교교직원연금기금, 고용보험기금, 산업재해보상보험및예방기금 등 사회보장성 기금의 수지를 제외한 수지를 관리재정수지라고 한다.

47. 환매조건부채권(RP; Repurchase Agreement)

금융기관이나 채권발행자가 일정 기간이 지나면 다시 구매하는 조건으로 채권을 팔고, 경과기간에 따른 확정이자를 지급하는 채권이다. '환매채'라고도 한다. 주로 금융기관이 보유한 국공채나 특수채, 신용우량채권 등을 담보로 발행하기 때문에 환금성이 보장된다. 대부분의 나라에서 중앙은행과 예금은행 간 유동성 조절수단으로 활용하고 있다.

48. 환치기

통화가 다른 A와 B 두 나라에 각각 계좌를 만든 후 A국가의 계좌에 A국 화폐로 입금하고 B국가의 계좌에서 B국 화폐로 인출하는 수법이다. 외국환은행을 거치지 않고 돈을 주고받으므로 환수수료도 물지 않고 환율 차익도 발생하며, 송금목적도 알릴 필요 없다. 세계 각국은 국부 유출을 이유로 법으로 금지하고 있다.

49. 히트플레이션(Heatflation)

'열(Heat)'과 '인플레이션(Inflation)'의 합성어로 폭염으로 식량 가격이 급등하는 현상을 말한다. 폭염으로 농산물 수확량이 감소하고 더위 피해를 입는 가축이 증가하며, 무더위에 따른 전력생산 급증으로 에너지 위기가 닥치고 있다. 지구온난화로 인해 이러한 현상이 일상화되면서 지역별 경작물, 수산물 생산현황에 직접적인 영향을 미치는 등 세계 농수산업 지도가 바뀌고 있다.

03 사회·노동·환경

1. 가스라이팅(Gas-Lighting)

타인의 심리나 상황을 교묘하게 조작해 그 사람이 스스로를 의심하게 만듦으로써 타인에 대한 지배력을 강화하는 행위로 『가스등(Gas Light)』(1938)이란 연극에서 유래한 용어이다. 가스라이팅은 가정, 학교, 연인 등 주로 밀접하거나 친밀한 관계에서 이뤄지는 경우가 많은데, 보통 수평적이기보다 비대칭적 권력으로 누군가를 통제하고 억압하려 할 때 이뤄지게 된다.

2. 개인정보 관련 개념

- 개인정보 처리: 개인정보의 수집, 생성, 기록, 저장, 보유, 가공, 편집, 검색, 출력, 정정, 복구, 이용, 제공, 공개, 파기 등 개인정보와 관련된 모든 행위를 말한다.
- 개인정보 처리자: 업무를 목적으로 개인정보 파일을 처리하는 공공기관, 법인, 단체 및 개인 등을 말한다.
- 정보주체: 처리되는 정보에 의해 알아볼 수 있는 사람으로서 그 정보의 주체가 되는 사람을 말한다.
- 가명정보: 식별 가능한 개인정보와 개인 비식별 조치가 된 익명 개인정보의 중간 단계로, 성명·전화번호 등 개인정보 일부를 삭제·대체(가명 처리)하는 등의 방법으로 식별 가능성을 낮춘 개인정보이다. 가명정보의 경우, 정보주체의 동의 없이 통계나 연구 등에 활용할 수 있다.

3. 국가온실가스감축목표(NDC; Nationally Determined Contribution)

온실가스 배출량을 감축하기 위한 목표를 정하여 이를 실행하는 조치를 말한다. 기후변화로 인한 지구의 위기를 극복하여 인류의 지속 가능성을 확보하기 위해 2015년 체결된 파리기후변화협약을 근간으로 한다. 2030년까지 감축의 이행을 약속하는 구속력 있는 목표이다.

4. 그루밍 성범죄

가해자가 피해자의 호감을 얻거나 친밀한 관계를 형성하는 등 심리적으로 상대를 지배한 후 성폭력을 행하는 것을 말한다. 그루밍(Grooming)은 '가꾸다', '치장하다'라는 뜻의 영어 단어로, 가해자가 피해자에게 접근하여 신뢰를 쌓는 과정을 가꾸는 것에 빗대어 사용한 것이다. 그루밍 성범죄는 성적인 가해행위뿐만이 아니라 이를 은폐하기 위해 회유하고 협박하는 것도 포함된다.

5. 그린워싱(Greenwashing)

그린워싱은 'green'과 'white washing(세탁)'의 합성어로 기업들이 실질적인 친환경 경영과는 거리가 있지만 녹색경영을 표방하는 것처럼 홍보하는 '위장환경주의'를 말한다. 예컨대 기업이 제품의 생산 전 과정에서 발생하는 환경오염 문제는 축소시키고 재활용 등의 일부 과정만을 부각시켜 마치 친환경 제품인 것처럼 포장하는 것이 이에 해당한다.

6. 간호법

의사의 수술 집도 등을 보조하면서 의사 업무를 일부 담당하는 진료지원 간호사(PA 간호사)를 명문화하고 그 의료 행위에 대한 법적 근거를 마련하는 등 간호 직종 노동자들의 업무 범위를 명확하게 하는 내용과 이들의 권리와 노동 환경 개선을 위한 국가의 책임을 핵심으로 한 제정안이다. 2024년 8월 28일 국회를 통과하여 2025년 6월 시행될 예정이다.

7. 기초생활보장 제도

기초생활보장 제도는 생활이 어려운 사람에게 필요한 급여를 지급해 이들의 최저생활을 보장하고 자활을 돕고자 실시하는 제도이다. 기초생활보장 급여는 수급자가 자신의 생활의 유지·향상을 위해 그의 소득, 재산, 근로 능력 등을 활용하여 최대한 노력하는 것을 전제로 이를 보충·발전시키는 것을 기본 원칙으로 한다. 기초생활보장 급여의 종류는 생계급여, 주거급여, 의료급여, 교육급여, 해산급여 및 자활급여가 있다.

8. 노란봉투법

기업의 노조의 파업으로 발생한 손실에 대한 무분별한 손해배상소송 제기와 가압류 집행을 제한하는 등의 내용을 담은 법안이다. 「노동조합 및 노동관계 조정법」 개정안이라고도 한다. '노란봉투법'이라는 명칭은 2014년 법원이 쌍용차 파업에 참여한 노동자들에게 47억 원의 손해를 배상하라는 판결을 내리자 한 시민이 언론사에 4만 7,000원이 담긴 노란봉투를 보내온 데서 유래했다. 해당 법안은 제19·20대·21대 국회에서 발의됐으나 모두 폐기됐고, 제22대 국회에서는 본회의를 통과했다.

9. 다중이용시설(多衆利用施設)

불특정 다수가 출입하고 이용하는 시설로, 「실내공기질 관리법」에 따르면 도서관·미술관·공연장·체육시설과 버스·철도·지하철·택시 등 대중교통, 쇼핑센터(대형마트·시장·면세점·백화점 등), 영화관, 대형식당, 대중목욕탕 등이 있다. 「다중이용업소의 안전관리에 관한 특별법」에서는 화재 등의 재난 발생 시 생명, 신체, 재산상의 피해가 발생할 우려가 높은 시설로 정의하였다.

10. 대학혁신지원사업

대학의 자율성 확대를 통해 혁신성장의 토대가 되는 미래형 창의인재 양성체제 구축을 지원하는 재정지원 사업이다. 기존에 정부 주도로 추진되어 온 다양한 목적형 사업을 대학의 자율성을 바탕으로 추진하게 함으로써 대학의 경쟁력을 강화할 수 있도록 지원한다. 2019년부터 본격적으로 진행되었으며 한 번 선정되면 지원은 3년 동안 이루어진다.

11. 데드존(Dead Zone)

일반적으로는 인간을 포함한 생물체가 살 수 없는 지역을 말한다. 등반 용어로는 에베레스트 정상 도달 직전의 마지막 관문으로 통하는 8,440m 지점의 폭이 좁은 12m 수직빙벽 '힐러리 스텝(Hillary Step)'을 뜻한다. 1953년 서방인 최초로 에베레스트를 등정한 에드먼드 힐러리 경(Sir Edmund Percival Hillary)의 이름을 따왔다. 사람이 제대로 호흡할 수 없는 해발 8,000m 이상 고지대를 뜻하기도 한다.

12. 근무시간 면제제도(타임오프제도, Time-off)

노동조합(이하 노조)이 건전한 노사관계 발전과 공동의 이익을 위해 사용자와 협의·교섭, 고충 처리, 안전·보건 활동, 노조 유지·관리 활동시간을 유급 근로시간으로 보장하는 제도이다. 공무원의 경우 근무시간 면제 한도가 일반 기업에 절반 수준에 불과하나 공무원 노조 활동이 민간 기업과 같이 근무시간으로 인정받게 되었다.

13. 디깅소비(Digging Consumption)

'파다'라는 뜻의 '디깅(Digging)'과 '소비(Consumption)'를 합친 신조어로 청년층의 변화된 라이프스타일과 함께 나타난 새로운 소비 패턴을 의미한다. 소비자가 선호하는 특정 품목이나 영역에 깊이 파고드는 행위가 소비로 이어짐에 따라 소비자들의 취향을 잘 반영한 제품들에서 나타나는 특별 수요현상을 설명할 때 사용된다. 대표적인 예로 신발 수집 마니아들이 한정판 운동화 추첨에 당첨되기 위해 새벽부터 줄을 서서 기다리는 등 자신이 원하는 것을 구매하기 위해 시간과 재화를 아끼지 않는 것이 있다.

14. DRT(Demand Responsive Transport) 버스

신도시나 교통 취약지역 도민에게 편리한 교통 서비스를 제공하기 위해 도입한 새로운 형태의 맞춤형 대중교통수단이다. 보통 승합차로 운행되며 전화 등을 통해 승객이 부르면 예약 시간에 맞춰 도착하는 방식으로 운행한다. 2015년부터 전라북도 일부 지역에서 시범사업을 진행했으며, 현재 전국 각지에서 시행하고 있다.

15. 밀프렙족

'밀프렙(Meap Prep)을 하는 사람들'을 뜻하는 말로, 밀프렙이란 식사를 뜻하는 영단어 'Meal'과 준비를 뜻하는 'Preparation'이 합쳐진 용어이다. 일정 기간 동안 먹을 식사를 한 번에 미리 준비해 두고 끼니마다 먹는 사람을 일컫는 신조어다. 사 먹는 것보다 건강한 식단을 구성할 수 있고 식비와 시간을 절감할 수 있어, 최근 고물가 시대가 지속되면서 1만 원에 육박하는 점심 비용을 아끼려는 직장인 등을 중심으로 밀프렙족이 증가하고 있다.

16. 법정감염병(Legal Infectious Disease)

「감염병의 예방 및 관리에 관한 법률」에 따라 2020년 1월부터 제1~4급으로 분류하고 있다. 제1급은 생물테러감염병 또는 치명률이 높거나 집단 발생의 우려가 커 발생 또는 유행 즉시 신고하여야 하고, 음압격리와 같은 높은 수준의 격리가 필요한 감염병(17종)이다. 제2급은 전파가능성을 고려하여 발생 또는 유행 시 24시간 이내에 신고하여야 하고 격리가 필요한 감염병(20종), 제3급은 발생을 계속 감시할 필요가 있어 발생 또는 유행 시 24시간 이내에 신고하여야 하는 감염병(26종)이다. 제4급은 그 외의 감염병으로 유행 여부를 조사하기 위하여 표본감시활동이 필요한 감염병(23종)이다.

17. 베이비부머(Baby Boomer)

전쟁 후나 혹독한 불경기를 겪은 후 사회적·경제적 안정기가 온 이후에 태어난 세대를 말한다. 미국의 경우 제2차 세계대전이 끝난 1946년부터 1965년에 태어난 세대로 경제적인 풍요 속에서 높은 교육을 받아 진보적인 사고를 가지며 다양한 사회·문화 운동을 주도했고, 1980년대 이후 소비주체가 됐다. 우리나라는 한국전쟁 이후인 1955년부터 1963년에 출생한 세대를 가리킨다.

18. 4세대 실손보험

불필요한 보장을 줄이고 자기부담금을 높인 보험으로 무사고 가입자에게 보험료를 깎아 주는 자동차보험처럼 병원에 덜 갈수록 보험료를 덜 내는 방식이다. 도수치료나 MRI와 같은 비급여항목을 특약으로 분리하여 비급여 보험금을 얼마나 지급했는지에 따라 가입자를 5등급으로 차등화하여 비급여진료를 받으면 받을수록 보험료를 더 내는 구조다.

19. 사회적 안전망

사회적 안전망은 사회적 위험(노령, 질병, 실업, 산업재해 등)으로부터 모든 국민을 보호하기 위한 다양한 제도적 장치를 의미한다. 경제 구조 조정으로 불가피하게 발생한 실업자들에게 공공사업을 통하여 일자리를 제공하거나 생계비를 보조해 주는 것을 말한다. 넓은 의미로는 사회보장과 같은 뜻으로 노령 · 질병 · 실업 · 산업재해 같은 사회적 위험으로부터 모든 국민을 보호하기 위한 제도적 장치를 이른다.

20. 수리권(Right to Repair)

소유자가 제품을 고쳐서 쓸 수 있도록 하는 권리로 자동차, 의료기기, 농기구, 전자기기 등 생활 전반에 걸친 권리로 확대되고 있다. 세부내용으로는 수리보증을 장기간 요청할 수 있는 권리, 수리 방식 및 업체를 선택할 수 있는 권리, 수리에 필요한 부품 및 장비 등에 접근할 수 있는 권리, 수리가 용이한 제품을 선택할 수 있는 권리 등이 있다.

21. 식테크(植tech)

'식물'과 '재테크'의 합성어로, 식물을 분양해 수익을 창출하는 것을 말한다. 코로나19 이후 집에 머무는 시간이 많아지면서 집 인테리어나 홈가드닝에 돈과 시간을 투자하는 사람들이 많아짐에 따라 식물 수요가 크게 늘기 시작하면서 대두되고 있다. 잎이 달린 줄기를 잘라 심어 새 식물을 키우는 '삽목(꺾꽂이)'이 가능하다는 점이 식테크의 인기 요소 중 하나로 꼽힌다. 이러한 특징으로 잎이나 줄기 하나씩만 떼어 판매할 수도 있어 식물을 계속 키우면서 수익을 창출할 수 있다.

22. 에너지믹스(Energy Mix)

인구 증가와 더불어 급증하는 전력 사용량을 감당하기 위해 다양한 종류의 에너지 공급원을 적절하게 혼합하여 에너지 공급 효율성을 극대화하는 기술을 말한다. 온실가스 발생량을 저감하는 대책 중 하나로 최근에는 석유와 석탄 같은 화석연료의 사용량은 감소하고 원자력, 태양열, 바이오에너지 같은 신재생에너지의 사용량은 점차 늘어나는 추세다.

23. A세대

경제적으로 구매력 있고 자기 투자에 적극적인 만 45~65세의 중장년층을 일컫는 용어이다. 'Ageless(나이 초월)'와 'Accomplished(성취한)', 'Alive(생동감 있는)' 등의 특징을 가진 세대로 각 단어의 앞자리를 떠서 A세대라고 부른다. 이들은 모바일 환경에도 익숙하고 트렌드에도 민감하며 최근 MZ세대와 함께 국내 유통시장을 주도하는 주요 소비 세력으로 급부상하고 있다.

24. 연앙인구(年央人口, Mid-year Population)
출생률과 사망률 산출 시 기준이 되는 전체 인구이다. 보통 1년의 중간일에 해당하는 7월 1일의 인구를 기준으로 한다.

25. 온실가스배출권 거래제
온실가스배출권 거래는 교토의정서 제17조에 규정되어 있는 온실가스 감축체제이다. 정부가 온실가스를 배출하는 사업장을 대상으로 연단위 배출권을 할당하여 해당 범위 내에서 배출할 수 있도록 하고, 할당된 사업장의 실질적 온실가스 배출량을 평가하여 여유분·부족분에 대해 사업장 간 거래를 허용한다.

26. 영케어러(Young carer)
중증질환이나 장애를 앓는 가족을 돌보며 생계를 책임지는 13~34세의 아동·청소년·청년을 일컬으며 '가족돌봄청년'이라고도 한다. 이들은 학업과 가족돌봄을 병행하고 있어 미래를 계획하기 힘들 뿐만 아니라 신체적 고통은 물론 심리·정서적 고통, 경제적 어려움 등의 삼중고를 겪는 경우가 많다. 이들의 규모는 정부 추산 약 18만 명, 민간단체 추산 약 30만 명으로 파악된다.

27. 인구주택총조사(인구센서스, 人口Census)
우리나라의 모든 사람과 주택 규모 및 특징을 파악하기 위한 국가기본통계조사이다. 한 국가의 영토 내의 모든 인구 및 주택에 대해 조사하여 주요 정책을 수립하고 개발하기 위한 기초자료로 쓰인다. UN에서는 인구주택총조사를 특정한 시점에 한 국가 또는 일정한 지역의 모든 사람, 가구, 거처와 관련된 인구·경제·사회학적 자료를 수집, 평가, 분석, 제공하는 전 과정으로 정의한다.

28. 인도주의 회랑(Humanitarian Corridors)
생존권에 위협을 받는 주민들이 주거지역을 빠져나올 수 있도록 상호조율로 열어 둔 임시통로를 말한다. 탈냉전 시대의 정치적 자유를 보장하기 위해 국제 사회 주도로 제시됐고, 최근 시리아 내전 동안 난민의 탈출을 위한 통로로 주로 이용됐다. 안전한 이동과 수송을 위해 통로로 지정된 길은 비무장지대로 선포된다.

29. 장래인구추계

장래인구추계는 통계청이 인구총조사, 인구변동요인(출생, 사망, 국제인구이동) 등의 추이를 반영해 미래 인구변동요인을 가정하여 향후 50년간의 장래인구를 전망한 결과를 말한다.

30. 전력구매계약(PPA)

전력구매계약(Power Purchase Agreement)은 기업이나 가정이 에너지 공급사업자와 직접 계약해 전력을 공급받을 수 있도록 한 제도로 우리나라에서는 재생에너지 시장에 도입됐다. 한국전력공사가 중개자로 참여하면 제3자 PPA, 완전히 배제되면 직접 PPA로 부른다. 하지만 현행「전기사업법」상 한국전력공사가 전력 송배전과 판매를 독점하도록 돼 있어 직접 PPA의 경우에도 한국전력공사는 송배전망 이용료 등 부대비용을 받는다.

31. 전자감독

2008년 9월 시행된 구「특정 성폭력범죄자에 대한 위치 추적 전자장치 부착에 관한 법률」(현「전자장치 부착 등에 관한 법률」, 2020.2.4.자로 명칭이 개정되었다)에 따라 시행된 제도이다. 전자장치 부착 대상자는 성폭력범죄를 2회 이상 저지르거나 19세 미만의 청소년 및 영유아, 신체적 또는 정신적 장애가 있는 사람에 대하여 성폭력범죄를 저지른 사람, 유괴·살인·강도 범죄를 다시 범할 위험성이 있는 사람 등이다. 부착명령을 선고받은 사람은 부착기간 동안 보호관찰을 받게 된다.

32. 제노사이드(대량학살, Genocide)

특정 인종, 집단을 절멸시키려는 학살을 말한다. 흔히 인종청소라고 부르기도 한다. 인종과 이념의 대립 혹은 종교·정치적인 명목으로 벌어지는 범죄행위이다. 제2차 세계대전 중 벌어진 유대인에 대한 홀로코스트(Holocaust), 캄보디아의 킬링필드(Killing Fields), 코소보의 인종청소가 대량학살의 대표적 사례이다.

33. 젠더(Gender)

생물학적 의미의 성을 가리키는 영어단어 섹스(Sex)와 달리 젠더는 사회적인 성을 의미한다. 1995년 9월 5일 북경 제4차 여성대회 정부기구(GO) 회의에서 결정한 용어이다. 섹스는 남녀차별을 표현하고 젠더는 동등한 남녀 관계를 함축하므로 평등 관점에서 모든 사회적 대등함을 실현해야 한다는 의미가 내포되어 있다.

34. 조용한 사직(Quiet Quitting)

직장을 그만두진 않지만 정해진 업무시간과 업무 범위 내에서만 일하고 초과근무를 거부하는 노동 방식을 뜻하는 신조어이다. 'Quiet Quitting'을 직역하면 '직장을 그만두겠다.'라는 의미이지만, 실제로는 '직장에서 최소한의 일만 하겠다.'라는 뜻이다. 『워싱턴포스트(Washington Post)』는 이에 대해 직장인들이 개인의 생활보다 일을 중시하고 일에 열정적인 '허슬 컬쳐(Hustle Culture)'를 포기하고 직장에서 주어진 것 이상을 하려는 생각을 중단하고 있다는 것을 보여 주는 현상이라고 분석했다.

35. 질소비료

질소를 많이 포함하고 있는 비료로 공기에 79%나 포함되어 있는 질소를 분리하여 만든다. 식물의 생장에는 많은 양의 질소가 필요한데, 화학적으로 만든 질소비료를 토양에 섞어 식물의 생장을 돕는다. 그러나 과다 사용 시 비대생장으로 오히려 죽을 수 있어 사용에 주의가 필요하다. 또한 질소비료와 같은 화학비료는 토양을 산성화시키고 수질 오염을 유발한다는 단점이 있다.

36. 증오범죄

소수인종이나 소수민족, 동성애자, 장애인·노인 등 사회적 약자층에게 이유 없는 증오심을 갖고 테러를 가하는 범죄행위를 일컫는 말로 혐오범죄라고도 부른다. 대개 잔혹성과 집단성을 띠는 것이 특징이며 나치주의자 쿠클럭스클랜(KKK) 등 유색인종에 대한 백인우월주의자들의 증오범죄가 대표적이다. 미국에서는 1991년부터 증오범죄를 공식범죄통계의 한 유형으로 분류하고 있다.

37. 집회·결사의 자유

집단적인 형태로 나타나는 의사표현 행위를 헌법적으로 보장하는 것을 말한다. 우리나라 「헌법」 제21조 제1항에 '모든 국민은 언론·출판의 자유와 집회·결사의 자유를 가진다.'라고 규정돼 있다. 그러나 개인적인 맥락인 언론·출판의 자유와 마찬가지로 집회·결사의 자유 또한 국가의 안전을 보장하고 공공질서를 확립하기 위해 법률로써 제한할 때도 있다.

38. 쿼터리즘(Quarterism)

4분의 1을 뜻하는 영어 '쿼터(Quarter)'에서 나온 말로, 어떤 일에 15분 이상 집중하기 힘든 현상을 말한다. 스마트폰이나 인터넷 사용이 일상화되면서 자극적이고 감각적인 것에는 즉각 반응하나 금세 관심이 바뀌는 등 인내심을 잃어버린 청소년들의 사고, 행동양식 등을 가리킨다.

39. 통합 뉴스룸

저널리즘이 산업적으로 융합되면서 한 기업 내에서 여러 매체를 만족시키기 위한 통합된 뉴스룸 조직을 말한다. 특히 인터넷과 같은 디지털 기술의 발달로 뉴스 유통이 다각화되면서 뉴스룸이 온라인을 포함하는 다중 매체를 만족시키는 통합 뉴스룸으로 전환되게 되었다. 적은 비용으로 다수 매체를 만족시켜 경제적 효율성과 업무 효율성을 높일 수 있으나 기사 품질이 저하되는 등의 문제점이 발생하고 있다.

40. 특수형태근로종사자

근로방식은 일반근로자와 같으나, 사업주와 개인 간의 도급으로 근로계약을 맺고 있는 종사자이다. 특수고용노동자, 준근로자 등으로 불리기도 한다. 독자적 사업장이 없고 계약된 사용자에게 종속되어 자율적으로 일한다. 택배·대리운전기사, 보험설계사, 학습지 교사, 골프장 캐디 등의 직종은 정식노동자로 근로계약을 맺을 수도 있으나 대부분이 특수고용직으로 일한다.

41. 파이어족(Fire族)

'Fire'는 'Financial Independence, Retire Early'의 약자이다. 젊었을 때 극단적으로 절약한 후 노후 자금을 빨리 모아 30대, 늦어도 40대에는 퇴직하고자 하는 사람들을 의미한다.

04 과학·IT

1. 고분자(Macromolecule)

분자량이 1만 이상으로 매우 큰 분자를 거대분자라 하며, 이 분자로 구성된 물질을 고분자라고 한다. 송진, 녹말, 셀룰로오스(Cellulose) 등이 자연에서 얻을 수 있는 대표적 천연 고분자화합물이다. 인간이 인위적으로 만든 것은 합성 고분자화합물이라고 하며 나일론, 스티로폼, 폴리염화 비닐 등 각종 합성고무나 합성섬유, 합성수지가 대표적이다. 고분자화합물은 의식주와 밀접한 관계가 있으므로 그 중요성이 점점 높아지고 있다.

2. 공유경제(Sharing Economy)

용어 자체는 2008년 하버드대학교의 로렌스 레식(Lawrence Lessig) 교수가 처음 사용하면서 등장하였다. 현대 사회에 맞춘 합리적인 소비를 하자는 인식에서 공유경제라는 개념이 부각되었고, 스마트폰의 발달이 그 활성화에 기여하면서 보편적인 개념으로 발전하였다. 차량이나 택시 서비스인 우버(Uber), 집을 공유하는 에어비앤비(Airbnb), 차량 공유 서비스인 쏘카(Socar) 등이 공유경제의 대표적인 사례이다. 최근 개인 항공기 대여 서비스인 비스타제트(VistaJet)가 등장하여 하늘의 공유경제형 사업 모델이라는 평가를 받고 있다.

3. 90:9:1의 법칙

인터넷 이용자 중 90%는 관망하고, 9%는 재전송이나 댓글로 정보 확산에 기여하며, 극소수인 1%만이 콘텐츠를 창출한다는 법칙으로, SNS와 스마트폰 사용이 일반화되면서 영향력 있는 소수의 의견이 다수인 것처럼 확산되며 여론이 한 방향으로 치우치는 현상 등이 이와 관련 있다.

4. 네카시즘(Netcarthyism)

'Netizen(네티즌)'과 'Mccarthyism(매카시즘, 1950년대 미국에서 있었던 공산주의자 색출 소동)'의 합성어로 인터넷에 부는 마녀사냥 열풍을 말한다. 다수의 네티즌들이 인터넷, SNS 공간에서 특정 개인을 공격하며 사회 공공의 적으로 삼고 매장해 버리는 현상이다. 네티즌들의 집단행동이 사법 제도의 구멍을 보완할 수 있는 요소라는 공감대에서 출발했지만 네티즌들의 응징 대상이 대부분 힘없는 시민이라는 점과 사실 확인이 쉽지 않은 인터넷상의 정보를 기반으로 하기 때문에 피해를 보는 사람이 생길 수 있다는 문제가 제기된다.

5. 노모포비아(Nomophobia)

'No, Mobile(휴대 전화)', 'Phobia(공포)'를 합성한 신조어로 휴대폰이 가까이 없으면 불안감을 느끼는 증상을 말한다. 즉, 휴대전화가 없는 상황이 올 경우 굉장한 스트레스를 느끼는 휴대폰 중독 상황을 가리킨다. 2012년 3월 인터넷 보안전문업체 시큐어엔보이는 영국 국민 1,000명을 상대로 설문조사를 벌인 결과 응답자의 66%가 휴대 전화가 없을 때 노모포비아로 고통받고 있다고 밝혔으며, 이는 4년 전보다 11%가 늘어난 것이다. 이에 대해 CNN은 노모포비아의 '대표적인 증상으로 권태, 외로움, 불안함으로, 하루 세 시간 이상 휴대 전화를 사용하는 사람들은 노모포비아에 걸릴 가능성이 높고, 스마트폰 때문에 인터넷 접속이 늘어나면서 노모포비아가 확산일로에 놓여 있다.'라고 진단했다.

6. 다중접속역할수행게임(MMORPG)

MMORPG는 대규모 다중 사용자 온라인 롤 플레잉 게임(Massive Multiplayer Online Role Playing Game)의 줄임말로, 온라인으로 연결된 수십 명 이상의 플레이어가 동시에 같은 가상공간에서 즐길 수 있는 롤 플레잉 게임이다. 롤 플레잉 게임(RPG)이란 게임 속 등장인물의 역할을 수행하는 형식의 게임을 말한다.

7. 대체불가토큰(NFT; Non-Fungible Token)

블록체인을 기반으로 한 토큰마다 고유값을 가지고 있어 복제가 불가능하며 다른 토큰으로 대체할 수 없는 가상자산이다. NFT는 가상자산에 희소성과 유일성을 줄 수 있고 디지털 콘텐츠뿐 아니라 예술품·수집품·게임 아이템·가상 부동산 등에 이르기까지 다양한 품목에 적용이 가능하여 투자의 대상으로도 주목받으며 영향력을 급격히 키우고 있다.

8. DRM(Digital Rights Management)

우리말로 '디지털 저작권 관리'라고 부른다. 허가된 사용자만 디지털 콘텐츠에 접근할 수 있도록 제한해 비용을 지불한 사람만 콘텐츠를 사용할 수 있도록 하는 서비스 또는 정보 보호 기술을 통틀어 가리킨다. 불법 복제는 콘텐츠 생산자들의 권리와 이익을 위협하고, 출판·음악·영화 등 문화산업 발전의 걸림돌이 될 수 있다는 점에서 DRM의 중요성은 점점 커지고 있다.

9. 디도스(DDoS) 공격(Distributed Denial of Service Attack)

특정 컴퓨터의 자료를 삭제하거나 훔치는 것이 목적이 아니라 정당한 신호를 받지 못하도록 방해하는 '분산 서비스 거부공격'을 말한다. 여러 대의 컴퓨터가 일제히 공격해 대량 접속이 일어나게 함으로써 해당 컴퓨터의 기능이 마비되게 한다. 자신도 모르는 사이에 악성 코드에 감염돼 특정 사이트를 공격하는 PC로 쓰일 수 있는데, 이러한 컴퓨터를 좀비PC라고 한다.

10. 디지털 부머(Digital Boomer)

디지털 시대에 디지털 제품의 소비 확산을 주도하는 디지털 신인류로, 이들은 자신과 비슷하거나 공감대가 비슷한 사람들과의 커뮤니케이션을 위해 디지털 매체와 서비스를 소통 채널로 이용한다. 스마트폰 등 디지털 매체를 이용해 패션이나 연예 정보를 공유하고, 대중문화 활동에 적극적으로 참여하며 유행에 열광하는 모습을 보인다.

11. 디지털 폐지 줍기

보상형 모바일 애플리케이션을 통해 포인트를 모아 현금화하거나 기프티콘으로 교환하는 것을 일컫는 신조어이다. 스마트폰을 이용한 재테크라는 뜻에서 '앱테크(Apptech)'라고도 한다. '디지털 폐지 줍기'라는 명칭은 길거리에 버려진 박스나 종이 등을 주워 고물상에 판 뒤 소액의 생활비를 버는 폐지 줍기에서 비롯된 것으로 디지털 환경에서 꾸준히 이벤트에 참여하여 지급된 포인트나 쿠폰을 챙겨 쏠쏠하게 생활비를 번다는 의미가 있다. 관련 앱을 운영하는 기업들은 이렇게 모인 사용자의 정보들을 추후 사업계획 등에 기반 데이터로 활용할 수 있다.

12. 딥러닝(Deep Learning)

인공지능 컴퓨터가 외부 데이터를 스스로 조합하고 분석하여 학습하도록 하는 방법인 머신러닝(Machine Learning) 기술 중 하나다. 사람의 뇌 속 신경망 구조를 모방하여 학습시키는 방법으로 많은 데이터를 분류하여 같은 집합들끼리 묶고 상하관계를 파악하는 기술이다. 딥러닝을 통해 인공지능이 획기적으로 발전하게 됐다.

13. 딥페이크(Deep-Fake)

인공지능이나 얼굴 매핑(Facial Mapping) 기술을 활용해 특정 영상의 일부나 음성을 합성한 편집물을 일컫는다. 특정인의 표정이나 버릇, 목소리, 억양 등을 그대로 흉내 내면서 하지도 않은 말·행동을 한 것처럼 보이게 할 수 있어 논란이 되고 있다.

14. 랜섬웨어(Ransomware)

'몸값(Ransom)'과 '소프트웨어(Software)'의 합성어다. 사용자의 컴퓨터 시스템을 잠그거나 데이터를 암호화해서 사용할 수 없도록 만든 다음 사용하고 싶다면 돈을 내라며 비트코인이나 금품을 요구한다. 주로 이메일 첨부파일이나 웹페이지 접속을 통해 들어오거나 P2P 서비스 등에서 확인되지 않은 프로그램이나 파일을 '내려받기(Download)' 하는 과정에서 들어온다. 랜섬웨어에 걸렸을 경우 컴퓨터 포맷은 가능하나 파일을 열거나 복구하기가 어렵다.

15. 리걸테크(Legal-Tech)

법을 뜻하는 'Legal'과 기술을 뜻하는 'Technology'의 합성어로, 법률과 기술의 결합으로 새롭게 탄생한 서비스를 말한다. 초기의 리걸테크는 법률 서비스를 제공하기 위한 기술이나 소프트웨어를 의미했으나 최근에는 IT 기술을 바탕으로 한 새로운 법률 서비스를 제공하는 스타트업 및 산업을 아우르는 용어로 의미가 확장되었다. 인공지능과 빅데이터가 등장한 2010년 전후로 등장하기 시작했다.

16. 망중립성

인터넷망 서비스를 전기·수도와 같은 공공서비스로 분류해 네트워크 사업자가 관리하는 망이 공익을 위한 목적으로 사용돼야 한다는 것으로, 네트워크 사업자는 모든 콘텐츠를 동등하게 취급해야 하며 어떠한 차별도 있어서는 안 된다는 원칙이다. 따라서 인터넷망을 통해 오고가는 인터넷 트래픽에 대해 데이터의 유형, 사업자, 내용 등을 불문하고 이를 생성하거나 소비하는 주체를 차별 없이 동일하게 처리해야 한다.

17. 메타버스(Metaverse)

현실세계와 같은 사회적 활동이 이뤄지는 3차원 가상세계를 뜻하며, '가공, 추상'을 뜻하는 '메타(Meta)'와 현실세계를 뜻하는 '유니버스(Universe)'가 합쳐진 단어이다. 가상현실(Virtual Reality)보다 진보된 개념으로 증강현실, 라이프로깅(Lifelogging) 등 현실과 기술이 접목된 광범위한 분야를 포괄하는 개념이다. 5G 상용화와 코로나19로 비대면 온라인이 확산되면서 주목받고 있다.

18. 모빌리티(Mobility)

사전상으로 '유동성, 이동성, 기동성' 등을 뜻하는 말로, 전반적으로 사람들이 목적지까지 빠르고, 편리하며, 안전하게 이동할 수 있게 해주는 각종 이동수단과 서비스 등을 가리킨다. 자율주행차, 전동 휠, 전기차 등의 이동수단뿐 아니라 승차공유, 카 셰어링, 스마트 물류 등 다양한 서비스 등도 포함된다.

19. 바이오에탄올(Bio-Ethanol)

재생 가능한 바이오매스(Biomass : 태양에너지를 받아 유기물을 합성하는 식물체와 이들을 식량으로 하는 동물, 미생물 등의 생물유기체)로부터 주로 생물학적 방법으로 합성된 에탄올이다. 휘발유에 혼합하여 사용하기에 충분한 성능을 가진 석유 대체 연료이자 바이오에너지다. 기존 가솔린과 혼합해 사용하기 때문에 가솔린엔진, 석유정제, 유통 인프라를 최소한의 설비 변경만으로 그대로 사용할 수 있다는 장점이 있다.

20. 빅테크(Big Tech)

구글, 아마존, 페이스북과 같은 대형 IT 기업을 가리키는 말이다. 국내에서는 네이버, 카카오와 같이 본래 온라인 플랫폼 제공 기업이었다가 금융시장에 진출한 업체를 지칭한다. 국내 빅테크 기업들은 단순한 은행업무뿐 아니라 자산관리, 보험 판매에 이르기까지 진출영역을 확장하고 있다.

21. 사물인터넷(IoT, Internet of Things)

사물들이 서로 연결된 것 혹은 사물들로 구성된 인터넷을 말한다. 여기서의 '사물'에는 단순히 유형의 사물에만 그치지 않고 공간은 물론 상점의 결제 프로세스 등의 무형 사물까지도 포함된다고 본다. 이러한 사물들이 연결되어 개별적인 사물들이 제공하지 못했던 새로운 서비스를 제공하는 것을 의미한다.

22. 사이버 불링(Cyber Bullying)

인터넷과 소셜 네트워크 서비스(SNS), 스마트폰 등을 이용해 온라인 공간에서 특정 인물을 괴롭히는 행위이다. 최근 학교 폭력도 인터넷 메신저나 스마트폰 문자메시지를 통해 상대방을 24시간 괴롭히는 사이버 불링의 형태로 나타나고 있다.

23. 사회공학적 공격

시스템이 아닌 그 시스템을 운영하는 사람의 취약점을 공략하여 원하는 정보를 얻는 해킹 기법으로, 개인정보를 통해 개인의 감정이나 인지·심리 상태를 공략한다. 특별한 기술이 아닌, 사람들의 방심이나 실수를 기반으로 암호나 정보를 알아낸다. 지인·기관 등을 사칭해 돈·정보를 요구하는 피싱, 링크를 통한 스마트폰 해킹 방법인 스미싱 등이 대표적인 사회공학적 공격이다.

24. 생체정보

인간의 특성을 측정하는 항목을 가리키는 용어이며 얼굴, 홍채, 정맥, 지문 등의 신체적 특성과 서명, 목소리 등 행동적 특성이 생체정보로 쓰인다. 개인의 고유한 신호를 사용하므로 분실·도난의 염려가 없어 보안성과 신뢰성으로 크게 주목받는 차세대 보안기술 중 하나이나 본인이 허락하지 않은 상태에서 정보를 수집·저장하는 등 윤리 문제를 일으킬 수 있는 우려가 있다.

25. 스모킹건(Smoking Gun)

어떤 범죄나 사건을 해결할 때 나오는 결정적 증거로 '가설을 증명하는 과학적 근거'라는 뜻으로도 쓰인다. 이는 살해 현장에 있는 용의자의 총에서 연기가 피어난다면 이는 흔들릴 수 없는 명백한 증거가 된다는 의미에서 붙여진 이름이다. 영국의 유명 추리소설 작가 아서 코난 도일(Arthur Conan Doyle)의 '셜록 홈즈(Sherlock Holmes)' 시리즈 중 하나인 『글로리아 스콧호(Gloria Scott)』에서 나오는 대사에서 유래됐다.

26. 스타링크(Starlink)

스타링크는 세계 최대 위성통신 서비스인 스페이스X(SpaceX)가 자체적으로 시행하는 전 세계 대상 위성인터넷망 구축 프로젝트이자 위성군이다. 광범위한 위성 인터넷 서비스를 위한 용도로 제작됐으며, 궁극적으로는 지구-화성 간 통신망 구축을 목표로 하고 있다. 지난 2019년 5월 60기의 위성발사를 시작으로 2024년 12월 31일 발사한 스타링크 21기를 실은 팰컨9을 포함해 134회 동안 3,666기를 발사하였고, 6,000여 기를 우주에 올려보냈다.

27. 스트리밍서비스(Streaming Service)

네트워크상에서 비디오나 오디오 등의 데이터를 송신하는 동시에 볼 수 있게 하는 기술이다. 스트리밍(Streaming)은 '흐르다', '흘러내리다' 등의 의미를 가지고 있다. 음성, 동영상 등 용량이 큰 파일을 한 번에 다운로드하거나 전송하는 것이 쉽지 않기 때문에 파일의 일부를 조금씩, 실시간으로 전송하는 것이다. 스트리밍서비스는 OTT 서비스의 핵심이다.

28. 시스템 반도체(System Semiconductor)

정보를 저장하는 용도인 메모리 반도체와 달리 시스템 반도체는 디지털화된 전기적 정보를 연산하거나 처리(제어, 변환, 가공 등)하는 등 전자기기 시스템을 제어·운용하는 반도체이다. 비메모리 반도체(Non-memory Semiconductor)라고도 하며, 대표적인 시스템반도체로는 PC용 CPU(중앙연산장치), 스마트폰 및 태블릿용 AP(응용프로세서)가 있다. 비메모리 반도체는 메모리 반도체에 비해 설계가 매우 어려워 이를 제작하려면 고도의 기술력과 창의성을 지닌 인력이 필요하다.

29. CES(국제 전자제품 박람회)

'Consumer Electronics Show'의 약자로 미국소비자기술협회(CTA; Consumer Technology Association)의 주관으로 1967년부터 매년 1월 미국 라스베이거스에서 열리는 소비자 가전제품 박람회다. 세계 최대의 전자제품 전시회로 세계적인 전자회사들이 신기술과 신제품을 선보인다. 원래 가전제품 위주 전시행사였으나, 지금은 첨단 IT 제품 소개장으로 성장하여 IT 대표업계들의 최첨단 주력제품이 선보이는 무대가 됐다.

30. 아르테미스 프로젝트(Artemis Project)

미항공우주국(NASA)에서 추진 중인 달 유인탐사 프로젝트로 2020년 인류 달 착륙 50주년을 맞아 본격화됐다. 인류 마지막 유인탐사는 1972년의 아폴로 17호이며, 아르데미스 프로젝트는 여성 우주인이 처음으로 달을 밟는다는 계획하에 달의 여신인 아르테미스의 이름을 따왔다. 2026년 유인 달 착륙으로 목표가 늦춰졌으나, 아르테미스 계획의 본질과 그 지향점은 바뀌지 않았다. 2020년 10월 13일에는 아르테미스 계획을 성사시키 위한 국제 조약인 아르테미스 약정이 발효되었으며, 2022년 6월 28일에는 달 궤도 시험비행 위성인 '캡스톤(CAPSTONE)'이 아르테미스 계획의 일환으로서 발사 성공하며 새 유인 달 탐사 계획의 시작을 알렸다. 우리나라는 아르테미스 약정에 2021년에 서명하여 10번째 약정 참여국이 됐다.

31. IPTV(Internet Protocol Television)

전파가 아닌 초고속 인터넷망을 통해 다양한 멀티미디어 콘텐츠를 텔레비전 수상기로 제공하는 양방향 텔레비전 서비스이다. 통신과 방송의 융합 서비스로, 비디오를 비롯한 각종 방송 콘텐츠 제공의 측면에서는 일반 케이블 방송과 비슷하나, 시청자가 자신이 보고 싶은 프로그램을 보고 싶은 시간에 볼 수 있다는 점에서 방송 주도권이 시청자에게로 넘어간다고 볼 수 있다.

32. 에너지원(에너지자원, Energy resources)

일상생활에서 사용하는 다양한 에너지를 만들어 내는 원천으로 크게 화석연료, 핵연료, 재생 가능 자원으로 나뉜다. 화석연료는 동식물의 유해가 오랫동안 땅속에 파묻혀 분해된 것으로 석탄, 석유, 천연가스, 오일샌드 등이 대표적이다. 핵연료는 핵분열을 연쇄적으로 일으켜 이용할 수 있는 에너지를 얻을 수 있는 물질로 우라늄, 플루토늄, 토륨 등이 있다. 재생 가능 자원은 시간이 지나면 저절로 재생되는 자원으로 태양, 풍력, 조력, 파도, 지열, 수열 등이 있다.

33. 에듀테크(Edu-Tech)

'교육(Education)'과 '기술(Technology)'을 합친 용어로 교육을 정보통신기술(ICT)에 결합한 산업을 말한다. 즉, 소프트웨어(SW)·미디어·3D·가상현실(VR)·증강현실(AR) 등을 교육에 활용하는 것으로, 이러닝(e-Learning) 단계를 뛰어넘어 개개인에 맞는 교육을 가능하게 하기 때문에 학습자가 새로운 학습 경험을 할 수 있다. '에드 테크(Ed-Tech)'라고도 부른다.

34. 열화상 카메라

적외선을 이용하여 표면 온도를 측정하는 카메라이다. 인체 등에서 내뿜는 열을 감지하고 온도에 따라 다양한 색으로 표현하여 우리 눈으로 그 온도를 볼 수 있게 해준다. 일반 카메라와 달리 오직 열을 이용하여 촬영하므로 연기와 같은 장애물의 유무나 빛의 유무와 상관없이 촬영할 수 있다. 산불의 감시, 체온 측정, 가축의 질병 여부 판단 등 여러 분야에서 유용하게 쓰이고 있다.

35. 온라인 동영상 서비스(OTT; Over The Top)

'Top(셋톱박스)를 통해 제공됨'이라는 의미로, 범용 인터넷을 통해 미디어 콘텐츠를 이용할 수 있는 서비스를 말한다. 시청자의 다양한 요구, 온라인 동영상 이용의 증가는 OTT 서비스가 등장하는 계기가 되었으며 초고속 인터넷의 발달과 스마트 기기의 보급은 OTT 서비스의 발전을 가속화시켰다.

36. 유전자재조합

유용한 유전자가 포함된 DNA를 다른 DNA에 결합시켜서 원래는 존재하지 않았던 새로운 유전자를 만들어 이를 숙주세포에 주입한 후 유용한 물질을 대량 생산하는 것으로 바이오테크놀로지의 핵심 기술이다. 종의 경계를 허물어뜨린 방식이지만 유전자재조합을 통해 재구성된 생물의 경우 외형적인 부분과 관련된 유전자가 아닌 이상 외형적 변화가 일어나지 않으며, 유전자 전체가 아닌 일부만 재조합하는 것이라서 종이 완전히 달라도 재조합이 가능하다.

37. 유전자증폭(PCR) 검사

PCR(Polymerase Chain Reaction)은 의심 환자의 침이나 가래 등 가검물에서 RNA를 채취한 후 진짜 환자의 RNA와 비교해 일정비율 이상 일치하면 양성으로 판정하는 검사방법으로 우리말로 '중합효소연쇄반응'이라고도 한다. 인간의 DNA를 증폭하여 여러 종류의 유전질환을 진단하는 데 사용된다. 또한 세균이나 바이러스, 진균의 DNA에 적용하여 감염성 질환의 진단 등에 사용할 수 있다.

38. 인앱 결제(In-app Purchase)

애플리케이션 유료콘텐츠 결제 시 앱마켓 운영업체가 자체 개발한 시스템을 활용해 결제하는 방식을 일컫는다. 구글, 애플 등 앱스토어를 통해 결제하는 방식으로 이루어진다. 구글이나 애플은 자사 앱 안에서 각국의 앱·콘텐츠를 판매하고 결제 금액의 약 30%까지 수수료로 부과한다.

39. 자율주행 레벨

자율주행은 교통수단이 운전자의 조작 없이 내부에 탑재된 인공지능에 따라 스스로 판단하여 주행하거나 외부 서버와 통신하며 서버의 명령에 따라 스스로 운행하는 무인운전 시스템을 말하며, 자율주행 레벨은 자율주행의 제어 단계를 말한다. 미국자동차기술자협회(SAE)가 분류한 6단계 구분(레벨 0~5)이 글로벌 기준으로 통하며, 시스템의 관여 정도 및 운전사의 제어방법에 따라 점진적인 단계로 구분된다. 레벨0은 비자동화, 레벨1은 운전자 보조, 레벨2는 부분자율주행, 레벨3은 조건부 자동주행, 레벨4는 고도자율주행, 레벨5는 완전자율주행 단계이다.

40. 질소산화물 저감장치(SCR)

선택적 촉매 감소기술(Selective Catalyst Reduction)의 약자로, 차량에서 배출되는 대기오염물질인 질소산화물(NOx) 등을 줄이기 위해 부착하는 장치이다. 요소수라고 부르는 암모니아(NH_3) 수용액 등을 배출가스에 분사시키면 일어나는 촉매 반응을 통해 질소산화물을 물(H_2O)과 질소(N_2)로 변환시킨다. 가장 친환경적인 디젤 엔진 장치로 인정받고 있다.

41. 차량 전동화

차량을 움직이기 위한 구동과 관련된 기능을 모터와 배터리로 보조하거나 대체하여 전기에너지를 생산하고, 이를 활용한 주행을 통해 오염물질을 거의 배출하지 않는 형태로 변화하는 개념이다. 기존의 내연기관을 장착한 차량이 화석연료에 의존하여 발생했던 이산화탄소 배출을 낮추거나 없애기 위한 목적으로 보급된다. 자율주행, 커넥티드 카, 차량공유 등 미래 자동차의 핵심 트렌드와 융합되어 점점 발전하고 있다.

42. 초신성(Supernova) 폭발

질량이 태양보다 10배 이상 무거운 별들을 항성이라 하는데, 항성은 중심부에 있는 수소가 모두 연소하면 마지막에 대폭발을 일으킨다. 이때 태양이 평생 방출하는 에너지를 순간적으로 한꺼번에 방출하며 평소의 수억배 이상 밝게 빛나는데, 이 모습이 마치 새로운 별이 생기는 것처럼 보인다고 해서 초신성이라 부른다. 초신성이 폭발하면 별의 잔해가 흩어지는데, 그 중심핵은 수축하여 아주 작은 중성자별이 되거나 블랙홀이 된다.

43. 캐시 서버(Cache Server)
인터넷 사용자가 자주 찾는 정보를 따로 모아 두어, 이용자가 인터넷 검색을 할 때마다 웹 서버를 가동시킬 경우 신속하게 데이터를 제공하여 시간을 절약해 주는 서버이다. 캐싱(Caching) 서버라고도 한다. 정보를 빠르게 찾을 수 있으며, 인터넷 과부하 현상을 획기적으로 줄여 주는 역할도 한다.

44. 클릭화학(Click Chemistry)
자연에서 분자를 연결하여 또 다른 분자를 만드는 것을 모방하여 마치 블록을 조립하듯이 특정한 두 분자를 부산물을 발생시키지 않고 연결하는 '깔끔한' 합성 방식을 가리킨다. 캐롤린 버토지(Carolyn R. Bertozzi), 모르텐 멜달(Morten Meldal) 그리고 배리 샤플리스(K. Barry Sharpless)가 이 분야를 개척한 공로를 인정받아 2022년에 노벨화학상을 수상했다.

45. 토큰(Token)
블록체인 플랫폼은 채굴 인센티브나 거래 수수료를 지불하기 위한 자체 지불 수단을 가지는데 이를 코인이라 한다. 이런 블록체인 시스템에서 작동하는 응용 서비스는 계속 성장하고, 또 그 성장을 안정적으로 유지할 수 있게 네트워그 침여자들을 새롭게 확보해야 하는데 이 응용 서비스를 위한 지불 수단이 토큰이다.

46. 파밍(Pharming)
해커가 특정 사이트의 도메인 자체를 중간에서 탈취해 개인정보를 훔치는 인터넷 사기 수법이다. 진짜 사이트 주소를 입력해도 가짜 사이트로 연결되도록 하기 때문에, 사용자들은 가짜 사이트를 진짜 사이트로 착각하고 자신의 개인정보를 입력한다. 그렇게 되면 개인 아이디와 암호, 각종 중요한 정보들이 해커들에게 그대로 노출돼 피싱보다 더 큰 피해가 발생할 수 있다.

47. 파운드리(Foundry)
반도체산업에서 반도체 설계를 전담하는 기업으로부터 제조를 위탁받아 반도체 제조를 전담하는 생산전문 외주기업으로 설계기술 없이 가공기술만 확보하면 제품 생산이 가능하다. 반도체산업 기업은 크게 설계부터 완제품까지 담당하는 IDM(Integrated Device Manufacturer), 반도체 설계만 전담하는 팹리스, 타 기업의 반도체를 생산하는 파운드리, 파운드리가 생산한 반도체의 패키징과 검사를 진행하는 OSAT(Outsourced Semiconductor Assembly and Test)로 구분된다.

48. PLA(Poly Lactic Acd)

PLA는 옥수수 전분을 채취한 후 전분 포도당을 발효시켜 얻은 젖산을 이용해 만든 친환경수지를 가리킨다. 자연 상태에 버려졌을 때 미생물에 의해 물과 이산화탄소 등으로 완전분해되고, 중금속이나 환경호르몬 같은 유해물질이 검출되지 않는 안전한 소재이다. 플라스틱 대용으로 사용되며, 일회용으로 사용하는 빨대, 컵, 수저가 대표적인 PLA 제품이다. 열에 약하며, 모양이 변형되거나 이상이 생길 수 있다는 단점이 있다.

49. 핀테크(FinTech)

'Finance(금융)'와 'Technology(기술)'의 합성어로, 금융과 IT의 융합을 통한 금융 서비스 및 산업의 변화를 통칭한다. 금융 서비스에서 모바일, SNS, 빅데이터 등 새로운 IT 기술 등을 활용하여 기존 금융 기법과 차별화한 기술 기반 금융 서비스 혁신이 대표적이며 최근 사례로는 모바일뱅킹과 앱카드 등이 있다. 산업적으로 애플페이, 삼성페이, 알리페이 등이 그 예에 해당한다.

50. 확장현실(XR; eXtended Reality)

가상현실, 혼합현실, 증강현실 등 관련 기술 전체를 통틀어 일컫는 용어로 기술 활용을 통해 확장된 현실을 창조하여 현실과 가상의 경계를 부수는 것이다. XR은 가상·증강·혼합현실 등 가상기술 전체를 지원할 수 있는 새로운 형태의 웨어러블(착용 가능한) 기기가 나오면서 만들어진 용어이며, 기기를 통해 현실을 실감하고 상호작용이 가능하도록 한다.

51. 핵티비즘(Hacktivism)

'해커(Hacker)'와 '행동주의(Activism)'의 합성어로, 정치·사회적인 목적을 위해 특정 정부·기관·기업·단체 등의 웹 사이트를 해킹해 서버를 무력화시키거나 과부하가 걸리게 만들어 접속을 어렵게 하는 방식으로 공격을 시도하는 것을 가리킨다. 자신의 정치적·사회적 목적을 이루기 위해 적극적이면서도 다양한 활동을 벌인다. 이라크전 때 이슬람 해커들이 미군의 폭격에 의해 불구가 된 이라크 아이들의 사진을 웹사이트에 올리면서 시작됐다.

05 문화·스포츠·미디어

1. 게이미피케이션(Gamification)
2002년 영국의 프로그래머 닉 펠링(Nick Pelling)에 의해 처음 사용됐고, 이후 2011년 미국에서 열린 '게이미피케이션 서밋(Gamification Summit)'을 통해 공식적으로 사용되기 시작했다. 게임 외적인 분야에서 문제 해결, 지식 전달, 행동 및 관심 유도 혹은 마케팅을 위해 게임의 매커니즘과 사고방식을 접목하는 것을 뜻한다. 현재는 마케팅·경영·교육 등 다양한 분야에서 활용되고 있으며, 특히 마케팅에서 고객 몰입도 향상을 통해 매출 증대를 목적으로 많이 사용된다.

2. 골든글로브상(Golden Globes Awards)
할리우드 외신기자협회(Hollywood Foreign Press Association)에서 수여하는 영화상이다. 1944년 20세기폭스(20th Century Fox Film Corporation)의 스튜디오에서 소규모로 최초의 시상식이 개최된 이래로 현재는 세계 영화 시장을 움직일 정도의 큰 영향력을 갖게 되었다. 뮤지컬, 코미디 부문과 드라마 부문으로 나뉘어 작품상, 감독상, 남녀 주연상 등을 시상한다.

3. 기린 대화법
미국의 심리학자 마셜 로젠버그(Marshall B. Rosenburg)가 개발한 비폭력 대화법이다. 상대방을 설득할 때는 '관찰 - 느낌 - 욕구 - 요청'의 네 단계의 말하기 절차에 따르고, 평가하고 강요하기보다는 감성에 호소하며 부탁을 하여 상대방의 거부감을 줄이는 것이다. 기린은 목이 길고 키가 큰 동물이기 때문에 포유류 중 심장이 가장 크고 온화한 성품의 초식동물로, 높은 곳에서 주변을 살필 줄 아는 동물이기도 하다. 이런 기린의 성품처럼 상대를 자극하지 않고 배려할 수 있는 대화법이 기린 대화법이다.

4. 노튜버존
'노(No)'와 '유튜버존(Youtuber+Zone)'의 합성어로 유튜버의 촬영을 금지하는 공간을 뜻한다. 일부 유튜버가 영상을 촬영한다며 허락을 구하지 않고 주방에 들어가거나, 손님과 점원에게 인터뷰를 요청해 피해를 끼치자 식당 측이 이를 금지하면서 생긴 말이다. 아울러 후기 영상을 올려주는 대가로 무료 식사 서비스를 요구하고, 시청자 수 확보를 위해 자극적인 연출을 주문하는 유튜버가 늘어나면서 노튜버존을 선언하는 식당이 늘고 있다.

5. 능·원·묘

조선 왕실의 묘소는 왕족의 지위(품격)에 따라 능·원·묘로 구분된다. 왕과 왕비 그리고 추존된 왕과 왕비, 황제와 황후의 무덤은 능이며, 왕의 사친(왕을 낳은 후궁이나 왕족), 왕세자 및 그 빈의 묘소는 원이다. 그리고 나머지 왕족(대군, 군, 공주, 옹주, 후궁), 폐위왕의 묘소는 묘이다. 현재 능이 40기, 원이 13기, 묘가 63기 있으며, 조선왕릉 40기는 2021년에 유네스코 세계문화유산으로 지정되었다.

6. 뉴베리 메달(Newbery Medal)

아동용 도서를 처음 쓴 영국 출판인 존 뉴베리(John Newbery)의 이름을 따서 지은 상으로, 미국도서관협회(ALA)가 1922년부터 미국 아동 문학(소설, 시집, 논픽션)에 공헌한 작가에게 시상한다. 수상 대상은 미국 시민이나 미국에 거주하는 사람의 작품이다. '미국 아동·청소년 도서계의 노벨상'으로 불리는 최고의 상으로, 수상작은 미국 초등학교와 공립도서관의 권장도서 목록에 오른다.

7. 더비매치(Derby Match)

더비(Derby)는 본래 영국의 경마대회 명칭에서 유래했으며, 스포츠에서 연고지가 같은 두 팀의 라이벌전을 뜻한다. 여기에 의미가 확장되어 오늘날에는 프로 스포츠에서 강팀들끼리 치르는 라이벌전을 의미한다. 유럽 축구 리그에는 유명한 더비가 많은데, 대표적으로 영국 프리미어리그의 맨체스터 유나이티드와 리버풀 간의 '노스웨스트 더비', 스페인 라리가의 레알 마드리드와 FC바르셀로나의 클래식 더비(엘 클라시코) 등이 있다.

8. 도상(圖像, Icon)

그림으로 그린 사람이나 사물의 형상으로, 특히 종교나 신화적인 주제를 표현한 미술품에 나타난 인물이나 사물의 형상을 말한다. 도상은 보통 그것이 표시하는 것과 비슷한 특징을 지니고 있으며, 그 물체와 동일시되는 기호적인 측면이 있다. 불교, 그리스도교 등 많은 종교에는 각각 특유한 유형의 도상이 있으며 그 대표적인 예가 그리스도교의 십자가이다.

9. 링크드인(Linkedin)

유럽과 북미 등지에서 이용 계층이 늘어나고 있는 SNS 형식의 웹 구인·구직 서비스이다. '1촌 맺기'와 같이 다양한 연결망을 통한 일자리 매칭 서비스를 갖추고 있다. 링크드인에서 개인정보가 공개된 사람이라면 검색을 통해 특정인의 경력을 살펴볼 수 있다. 하지만 SNS의 특성상 매우 공개적인 구직이 진행되기 때문에 한국과 일본 같은 이직 사실을 회사에 알리기 어려운 직장 문화에서는 각광받지 못하고 있다.

10. 문화재지킴이

문화재를 가꾸고 지키기 위해 국민들의 자발적인 참여로 2005년부터 시작된 활동으로, 문화재뿐만 아니라 '문화재를 가꾸는 문화'를 물려 주기 위한 목적이 있다. 문화재청은 문화재지킴이 활동을 위해 위촉장 수여, 기본교육 기회 제공, 활동 확인서 제공, 우수지킴이에 대한 표창 및 포상 등을 지원한다. 주요 활동으로는 문화재 주변 정화, 모니터링, 소개 및 홍보, 협약 및 후원 등이 있다.

11. 미국배우조합상(Screen Actors Guild Awards; SAG)

'미국배우조합(SAG)'이 주최하는 시상식으로 1995년 시작되어 현재에 이르고 있다. 미국배우조합은 미국 4대 조합 중 아카데미상의 향방을 가르는 미국 영화예술과학 아카데미에서 가장 많은 회원 수를 보유한 영화단체이다. 앞서 영화『기생충(Parasite)』은 SAG 시상식에서 배우 전체에게 주는 앙상블상을,『미나리』의 윤여정은 여우조연상을 받은 바 있으며, 2022년에는 넷플릭스 드라마 시리즈『오징어 게임(Squize Game)』으로 이정재가 남우주연상, 정호연이 여우주연상을 받았다.『오징어 게임』은 최고 액션 연기가 담긴 작품과 배우에게 수여하는 스턴트 앙상블상까지 수상했다.

12. 미국 3대 음악시상식

그래미 어워드(Grammy Awards), 아메리칸 뮤직 어워드(AMAs), 빌보드 뮤직 어워드(BBMAs)를 말한다. 이 중 가장 권위 있는 상은 그래미 어워드로 전 미국 레코드 예술과학아카데미가 1년간의 우수한 레코드와 앨범을 선정해 우수 레코드상을 수여한다. 아메리칸 뮤직 어워드는 대중 투표를 통해 수상자가 결정되며, 빌보드 뮤직 어워드는 빌보드 차트에 기반하여 시상한다.

13. 미국프로골프(PGA) 투어

PGA(Professional Golf Association)는 현재 2만 3천여 명의 남녀 프로골퍼가 속한 세계 최대 프로골프협회이다. 1916년 미국프로골프협회(PGA of America)로 처음 조직되었으나 1968년 토너먼트 골프선수를 위한 별개 조직으로 분리되었다. PGA는 1부 리그, 시니어 투어, 2부 리그 등 다양한 국제 골프대회를 주관하고 있으며, 이를 총칭하여 'PGA 투어(TOUR)'라고 한다. 2000년에 최경주(53, SK텔레콤)가 한국인 최초로 PGA 투어에 데뷔한 이후 수많은 선수들이 도전하고 있으며 2023년 1월 현재까지 PGA투어 무대를 밟은 한국 국적 선수는 총 13명이다. 이들 '코리안 브라더스'가 합작한 우승 수는 2002년 최경주의 컴팩 클래식부터 2023년 김시우(28, CJ대한통운)의 소니오픈까지 총 24승이다.

14. 발롱도르(Ballon d'Or)

'황금빛 공'이라는 뜻의 '발롱도르'는 1956년 프랑스 축구 전문지『프랑스 풋볼(France Football)』이 제정한 상으로 축구 선수에게 가장 명예로운 개인 상이다. 원래 유럽 축구클럽에서 활약한 유럽 선수들만을 대상으로 하였으나 2007년 전 세계로 범위가 확대됐다. 2018년부터는 여자선수부문과 21세 이하 남자선수 부문 '코파 트로피'가, 2019년에는 골키퍼 부분의 '야신 트로피'가 추가됐다.

15. 볼로냐 라가치상(Bologna Ragazzi Award)

매년 이탈리아 볼로냐에서 개최되는 세계 최대 규모의 아동도서전 '볼로냐 국제아동도서전(Bologna Children's Book Fair)'에서 한 해 동안 출간된 아동도서 중 분야별 최고 도서를 선정해 수여하는 상이다. 1966년 제정됐으며, 아동도서 분야 상 중 최고 권위를 인정받는다. 2011년 작가 김희경이 그림책『마음의 집』으로 논픽션 부분 대상을 수상하며 한국 작가 중 처음으로 대상을 수상했다.

16. 비엔날레(Biennale)

2년마다 열리는 국제미술전이다. 세계 각지에서 여러 종류의 비엔날레가 열리고 있지만, 그중에서도 가장 역사가 길며 그 권위를 인정받고 있는 것은 베니스 비엔날레이다. 우리나라는 1995년 제45회 전시부터 독립된 국가관을 개관하여 참가하고 있다. 3년마다 열리는 국제미술전은 트리엔날레(Triennale)라고 한다.

17. 서원(書院)

시빙 성리학자들이 향촌 사회에서 자체적으로 설립한 학교이다. 향교(鄕校)가 공립학교라면 서원은 사립학교라 할 수 있다. 서원은 후학 양성의 기능과 함께 선배 유학자를 기리는 사원의 기능도 있었다. 서원의 구조를 살펴보면 대부분 앞쪽에 공부하는 강당과 기숙사를 두고 뒤쪽에는 선현을 위한 사당을 짓는 '전학후묘(前學後廟)' 배치를 하고 있다. 조선 시대에는 중앙에서 서원에 과도한 특권을 허락하여 각종 폐단이 일어나기도했지만 현대에는 문화재로서의 가치가 크다. 우리나라 중부와 남부 여러 지역에 걸쳐 위치한 9개의 서원(소수서원, 남계서원, 옥산서원, 도산서원, 필암서원, 도동서원, 병산서원, 무성서원, 돈암서원 등)은 '한국의 서원'이라는 이름으로 2021년에 세계문화유산에 등재되었다.

18. 선댄스 영화제(The Sundance Film Festival)

세계 최고의 권위를 지닌 독립영화제로 미국의 감독 겸 배우 로버트 레드포드(Robert Redford)가 할리우드의 상업주의에 반발하고 독립영화 제작에 활기를 불어넣기 위해 창설하였다. 로버트 레드포드는 영화 『내일을 향해 쏴라(Butch Cassidy and The Sundance Kid)』에서 자신이 맡았던 배역 이름을 따서 선댄스협회(Sundance Institute)를 설립하고, 1985년 미국 영화제(The United States Film Festival)를 흡수하여 선댄스영화제를 만들었다. 매년 1월 20일 미국 유타주 파크시티(Park City)에서 열린다.

19. 스포츠중재재판소(CAS)

각종 국제 스포츠대회에서 일어날 수 있는 분쟁을 신속, 공정하게 심판하기 위해 국제올림픽위원회(IOC)가 1984년 창설한 국제기구이다. 1994년 별도의 기구로 독립한 이후 법인 지위를 갖고 어떤 단체로부터 감독이나 지시도 받지 않는 독립기구로 본부는 스위스 로잔(Swiss Lausanne)에 위치해 있다. 판정 시비와 약물 도핑, 선수 자격 시비 등을 둘러싼 심판을 담당한다. 우리나라는 대한체육회가 2022 베이징겨울올림픽 쇼트트랙 남자 1000m 실격 판정에 대한 국제스포츠중재재판소(CAS) 제소 계획을 철회했다. 한국은 이 경기에서 7일 쇼트트랙 남자 1000m 준결승에서 황대헌(23·강원도청)과 이준서(22·한국체대)가 각각 조 1위와 2위로 결승선을 통과했지만, 반칙 판정을 받아 실격했고 이에 대해 편파 판정 의혹이 있었다.

20. 아이즈너상(Eisner Award)

미국 만화계의 거장 윌 아이즈너(Will Eisner)를 기리기 위해 제정됐으며, '만화계의 아카데미상'으로 불릴 만큼 권위 있는 상이다. 1988년 제1회 시상식을 시작으로 매년 미국 샌디에이고 코믹콘에서 열린다. 2022년 7월 네이버웹툰 연재작인 '로어 올림푸스(Lore Olympus)'가 우리나라 웹툰 플랫폼 사상 최초로 베스트 웹코믹 부문 수상작으로 선정되었다.

21. 에미상(Emmy Awards)

'TV계의 아카데미상'이라고 평가되는 에미상은 1949년 창설된 이후 매년 뉴욕과 할리우드 등지에서 개최되고 있다. 프라임타임 에미상, 주간 에미상, 로스앤젤레스지역 에미상, 국제 에미상 등이 있고, 이 중 본상 격인 프라임타임 에미상은 매년 9월 LA에서 발표, 저녁 시간에 진행하는 프로그램에 대해 수여하는 것으로 26개 분야에 걸쳐 시상한다. 심사는 예선과 본선에 걸쳐 이루어지며 예선은 4개 지역(아시아권, 남미권, 유럽권, 기타 영어사용권)에서 분산하여 개최된다.

22. 유네스코 세계유산

유네스코(국제연합교육과학문화기구)는 인류 보편적 가치와 중요성을 지녔다고 인정하는 유·무형의 유산을 유네스코 유산으로 지정하여 보호하고 있다. 유네스코 유산은 세계유산·인류무형문화유산·세계기록유산으로 나뉘는데, 그중 세계유산은 인류의 소중한 문화 및 자연 유산을 보호하기 위해 지정한 유산으로 '문화유산', '자연유산', '복합유산'으로 나누어 관리한다. 우리나라는 석굴암·불국사(1995), 해인사 장경판전(1995), 종묘(1995), 창덕궁(1997), 화성(1997), 경주역사유적지구(2000), 고창·화순·강화 고인돌 유적(2000), 조선왕릉(2009), 한국의 역사마을:하회와 양동(2010), 남한산성(2014), 백제역사유적지구(2015), 산사, 한국의 산지승원(2018), 한국의 서원(2019), 가야고분군(2023) 등 총 14건의 문화유산과, 제주 화산섬과 용암동굴(2007), 한국의 갯벌(2021) 등 총 2건의 자연유산을 보유하고 있다.

23. 창작씨앗

신진예술인들이 예술계에 안착하고 창작활동을 펼칠 수 있도록 생애 1회, 1인당 200만 원을 지원하는 사업이다. 공식 명칭은 '신진예술인 예술활동준비지원금사업 – 창작씨앗'으로 2021년부터 시작되었으며, 「예술인복지법」상 신진예술인 예술활동증명을 완료한 예술인을 대상으로 한다. 정부는 이러한 예술활동준비금 지원을 통해 신진예술인의 자생력 확보 및 전문 문화예술 생태계 진입 촉진 등을 목표로 추진 중이다.

24. UEFA 챔피언스리그

유럽축구연맹(UEFA) 주관 아래 유럽 각국의 프로축구 리그 우승팀과 상위팀들끼리 벌이는 축구대회이다. 1955~1956 시즌 '유럽 클럽 선수권 대회(European Champion Clubs Cup)'로 시작돼 '챔피언스컵'으로 이름을 바꾼 뒤 다시 '챔피언스리그'로 명칭을 변경했다. '유럽컵 위너스컵'이 폐지되면서 UEFA컵과 함께 유럽 2대 축구대회로 꼽힌다.

25. 칸영화제(Festival de Cannes)

프랑스 칸에서 1946년 시작되어 매년 개최되는 영화제로 베니스영화제, 베를린영화제와 더불어 세계 3대 영화제 중 하나이다. 대상에는 '황금종려상'이 수여되며 시상은 경쟁 부문과 비경쟁 부문, 주목할 만한 시선 부문 등으로 나뉜다. 우리나라는 『춘향뎐』(1999)으로 경쟁 부문에 최초 진출했다. 2019년 봉준호 감독의 『기생충』이 한국 영화 최초로 황금종려상을 수상했으며, 2022년에는 박찬욱 감독이 『헤어질 결심』으로 감독상을, 송강호 배우가 『브로커』로 남우주연상을 수상했다.

26. 케이콘(K-Con)

CJ E&M이 매년 전 세계를 무대로 개최하는 한류문화 축제이다. 한류문화 축제 중 최대 규모로, 2012년 미국 어바인(Irvine)에서 최초 개최된 이후 전 세계 각지에서 개최되어 케이팝(K-POP)뿐만 아니라 영화, 드라마, 음식, 패션, 관광 등 다양한 한류문화를 전파하는 역할을 하고 있다. 현재 여러 정부기관과 연계하여 중소기업의 해외 진출 통로가 되고 있다.

27. 크리처(Creature) 장르

'크리처'란 '신에 의해 창조된 것'이라는 의미로 보통 기묘한 생물이나 괴물을 뜻하며, '크리처 장르'는 그런 실존하지 않는 괴생명체나 괴수가 나오는 장르를 통칭한다. 호러 장르의 하위 범주로, 외계인이나 좀비, 정체불명의 악마, 귀신, 괴동물 등이 등장하는 장르를 크리처 장르라고 한다.

28. 타이브레이크 시스템(Tie Break System)

원래 테니스 경기 한 세트 내에서 두 선수 게임 포인트가 6:6일 때 시간 단축을 위해 마지막 한 게임으로 승패를 결정짓는 방법을 말한다. 야구에서는 원래 두 팀이 같은 승률로 공동선두가 될 경우 상대 전적에서 우위인 팀이 정규시즌 우승을 했으나 2020년부터는 두 팀이 공동선두가 될 경우, 상대 전적이 아닌 단판 승부로 1위를 결정짓는 타이브레이크가 도입되었다.

29. 퍼네이션(Funation)

'Fun(재미)'과 'Donation(기부)'의 합성어로, 쉽고 재밌는 방법으로 기부하는 새로운 형태의 기부 문화를 말한다. '얼마를 기부하느냐(금액)'보다 '어떻게 기부하는지(기부 방법)'에 대한 관심이 커지면서 나타났다. 즉, 액수 중심의 틀에 박힌 기부보다는 참여자가 흥미와 즐거움을 중요시하는 기부 문화인 것이다. 스마트폰 앱 등을 활용한 퍼네이션은 기존의 번거롭고 부담스러운 기부 방식에서 벗어나 간편하고 재밌게 기부할 수 있다는 장점이 있다.

30. 퍼펙트게임(Perfect Game)

야구에서 한 명의 투수가 선발로 출전하여 상대팀에게 단 한 명의 주자도 출루하는 것을 허용하지 않고 승리로 이끈 게임을 말한다. 퍼펙트게임은 투수의 완투승으로 경기가 종료되는 시점에 성립된다. 국내 프로야구에서는 아직 달성한 선수가 없으며, 120년 역사의 메이저리그에서도 단 24명만이 퍼펙트게임을 기록했다. 상대팀에게 단 한 개의 안타도 허용하지 않고 승리로 이끈 게임은 '노히트 노런(No Hi No Run)'이라고 한다.

31. 포스팅 시스템(Posting System)

본래 국내 프로야구 선수가 메이저리그에 진출할 경우 최고 이적료를 써 낸 구단에 우선협상권을 주는 공개입찰 제도로 선수의 구단선택권을 배제한 채 독점협상권을 가진 구단과 계약을 진행해야 하는 불리한 규정이었으나, 2018년 선수가 자신과 계약 의사가 있는 모든 메이저리그 구단과 30일 동안 협상을 진행할 수 있게 하는 등 선수 선택권을 강화하는 방향으로 개정되었다.

32. 프리미어리그(EPL)

프리미어리그(English Premier League)는 잉글랜드 프로축구 1부 리그를 말한다. 잉글랜드 프로축구 리그는 4부로 구성되어 있으며 이 중 최상위 리그인 프리미어리그에서는 20개 소속 클럽이 경기를 치러 우승팀을 결정한다. 프리미어리그는 스페인의 라리가, 이탈리아의 세리에A, 독일의 분데스리가와 함께 세계 4대 프로축구 리그 중 하나이다.

33. 프리즈서울(Frieze Seoul)

세계 최대 아트페어 주관사인 '프리즈'가 영국 런던, 미국 뉴욕·로스앤젤레스를 거쳐 2022년 9월 아시아 최초로 한국 서울에서 개최한 아트페어이다. 런던에서 처음 시작한 이후 다섯 번째로 출범된 아트페어로 아시아 첫 개최지로 서울이 선택되면서 국제 미술계의 주목을 받은 바 있다. 프리즈는 스위스 '아트 바젤(Art Basel)', 프랑스 '피악(FIAC)'과 함께 세계 3대 아트페어로 손꼽힌다.

34. 필즈상(Fields Medla)

1936년 제정되었으며, 4년마다 수학계에서 뛰어난 업적을 이루고 앞으로도 학문적 성취가 기대되는 40세 미만 수학자에게 주어지는 수학 분야 최고의 상으로, 아벨상과 함께 '수학계의 노벨상'으로 불린다. 국제수학연맹(IMU)에서 선정하며, 수상자에게는 금메달과 1만 5,000캐나다달러(약 1,500만 원)의 상금이 주어진다. 4년에 한 번 열리는 국제수학자대회(ICM)에 맞춰 수여되는데, ICM은 기초과학분야 최대 학술대회로 전 세계 수학자가 참여한다. 2022년에는 허준이 미국 프린스턴대학교(Prinston University) 교수 겸 한국 고등과학원(KIAS) 수학부 석학교수가 한국계 최초로 필즈상을 수상하였다.

35. 허슬 플레이(Hustle play)

'허슬 플레이'란 보통 체육 운동 경기에서 선수가 몸을 아끼지 않고 과감하게 경기하는 것 또는 과감하게 경기한 플레이 자체를 가리킨다. 야구를 예로 들면 포수가 몸을 사리지 않고 홈으로 들어오는 주자를 막을 때나 수비수가 다이빙 캐치를 하는 등 몸을 사리지 않는 민첩하고 투지 넘치는 플레이를 말한다.

Chapter 03 공무원 헌장

01 우리 시대가 요구하는 공무원의 공직가치

1. 왜 공직가치인가?

최근 급변하는 시대 흐름에 대응하고 국민들의 기대에 부응하기 위해 공직가치 재정립을 통한 바람직한 공무원상 구현이 우리 사회의 화두가 되고 있다. 공직가치(Public Service Value, 公職價値)란 공공의 이익에 봉사하기 위해 공적 영역에서 추구해야 하는 바람직한 신념체계와 태도를 의미하며, 이러한 가치가 내재화된 공무원상이 구현될 때 신뢰받는 유능한 정부와 국민이 행복한 대한민국을 만들어 갈 수 있다. 공직가치를 통한 공무원상(公務員像)의 구현은 다양한 차원에서 이루어져야 한다. 공무원은 국가와 사회를 위해 지향해야 할 가치를 갖고 있어야 하며, 직무 수행 과정에서 지켜야 할 가치도 갖고 있어야 한다. 또한 윤리적 덕목으로써 갖춰야 할 가치도 매우 중요한 부분이다. 이러한 공직가치가 내재화되면 공무원은 각자의 자리에서 공복으로서 소명의식을 갖고 맡은 바 책임을 다할 수 있다. 공직가치의 구체적인 역할은 다음과 같이 정리해 볼 수 있다.

2. 공직가치의 역할

- 공직가치는 공무원에게 의사결정의 기준을 제공하여 정확한 판단을 유도함으로써 정책의도의 실현, 업무관행의 합리화에 영향을 미침
- 또한 국민들의 행정에 대한 기대감을 높여 정책수용성 향상에 영향을 미침
- 이러한 결과들은 행정거래비용을 줄여 정부경쟁력 제고에 기여

– 서울행정학회, 2007

- 공직가치는 공무원의 업무 태도와 마음가짐에 영향을 미치고 공무 수행의 동기를 부여하며, 공적인 목표를 향한 구성원의 협동적 노력을 유도하는 등 행태 변화에 영향을 미침
- 윤리적 가치는 공무원의 부패를 줄여 신뢰받는 정부를 구현하고 국가경쟁력 제고에 기여하며, 공직자가 보여주어야 하는 도덕성과 솔선수범은 사회 전체의 조화와 발전을 불러옴

3. 핵심 공직가치

구분	의미	핵심 공직가치
국가관	국가·사회에 대한 가치 기준	애국심, 민주성, 다양성
공직관	올바른 직무 수행 자세	책임감, 투명성, 공정성
윤리관	공직자가 갖춰야 할 개인 윤리	청렴성, 도덕성, 공익성

4. 기존 공무원 헌장 vs. 개정 공무원 헌장

구분	기존('80.12.29. 제정, 대통령훈령)	개정
명칭	공무원윤리헌장	공무원 헌장
구성	전문, 본문, 공무원의 신조	전문, 본문으로 간소화
내용	• 공직 수행의 판단 기준 및 방향성 부재 • 거시적 관점의 가치로 구체성 미비	• 국가관, 공직관, 윤리관을 종합 제시 • 미래지향적이고 보편 타당한 가치 내포

02 공무원 헌장

우리는 자랑스러운 대한민국의 공무원이다.
우리는 헌법이 지향하는 가치를 실현하며 국가에 헌신하고 국민에게 봉사한다.
우리는 국민의 안녕과 행복을 추구하고 조국의 평화 통일과 지속 가능한 발전에 기여한다.
이에 굳은 각오와 다짐으로 다음을 실천한다.

하나. 공익을 우선시하며 투명하고 공정하게 맡은 바 책임을 다한다.
하나. 창의성과 전문성을 바탕으로 업무를 적극적으로 수행한다.
하나. 우리 사회의 다양성을 존중하고 국민과 함께하는 민주 행정을 구현한다.
하나. 청렴을 생활화하고 규범과 건전한 상식에 따라 행동한다.

03 공무원 헌장 실천강령

하나. 공익을 우선시하며 투명하고 공정하게 맡은 바 책임을 다한다.
- 부당한 압력을 거부하고 사사로운 이익에 얽매이지 않는다.
- 정보를 개방하고 공유하여 업무를 투명하게 처리한다.
- 절차를 성실하게 준수하고 공명정대하게 업무에 임한다.

하나. 창의성과 전문성을 바탕으로 업무를 적극적으로 수행한다.
- 창의적 사고와 도전 정신으로 변화와 혁신을 선도한다.
- 주인 의식을 가지고 능동적인 자세로 업무에 전념한다.
- 끊임없는 자기 계발을 통해 능력과 자질을 높인다.

하나. 우리 사회의 다양성을 존중하고 국민과 함께 하는 민주 행정을 구현한다.
- 서로 다른 입장과 의견이 있음을 인정하고 배려한다.
- 특혜와 차별을 철폐하고 균등한 기회를 보장한다.
- 자유로운 참여를 통해 국민과 소통하고 협력한다.

하나. 청렴을 생활화하고 규범과 건전한 상식에 따라 행동한다.
- 직무의 내외를 불문하고 금품이나 향응을 받지 않는다.
- 나눔과 봉사를 실천하고 타인의 모범이 되도록 한다.
- 공무원으로서의 명예와 품위를 소중히 여기고 지킨다.

04 공무원 헌장 전문 해석

1. 우리는 자랑스러운 대한민국의 공무원이다.

우리는 반만년의 유구한 역사를 간직해 온 대한민국의 공무원이다. 우리나라는 근대화 이후 짧은 기간 동안 괄목할 만한 경제적, 문화적 성장을 이루었다. 오늘날 우리가 이루어 낸 성장의 근간에는 맡은 바 소임을 다하기 위해 묵묵히 일한 공무원들이 있다. 이제 우리는 새로운 도전과 위기에 직면해 있다. 대한민국이 처한 어려운 상황을 극복하고 선진국으로서의 국제적 위상을 다져가기 위해서는 공무원의 역할이 더욱 중요해졌다. 공무원 스스로 국가의 안정과 발전, 국민의 행복을 위해 공무원 헌장이 지향하는 가치를 실현하는 데 힘써야 한다.

2. 우리는 헌법이 지향하는 가치를 실현하며

헌법(憲法)은 국민적 합의에 의해 제정된 최고의 법규범으로서, 국가가 나아가야 할 기본원리와 국민의 기본권을 보장하는 근본 규범이다. 또한 대한민국 헌법에는 헌법가치의 수호자로서 공무원의 역할을 명시하고 있다. 따라서 공무원은 헌법에서 보장하고 있는 국민주권의 원리, 자유민주주의, 법치주의 등 국가 운영의 기본원리를 지켜나가고, 인간으로서의 존엄과 가치에 대한 국민의 기본권을 보장하기 위해 노력해야 한다.

3. 국가에 헌신하고 국민에게 봉사한다.

공무원의 국가에 대한 헌신은 청렴한 생활을 바탕으로 역량을 키워 맡은 바 책임을 다하고 궁극적으로는 공익을 증대하는 것이다. 그리고 공무원의 국민에 대한 봉사는 섬기는 자세로 국민의 다양한 의견과 요구를 청취하면서, 이를 실현하기 위해 노력하는 것이다. 이 두 가지 개념은 시대 상황이나 환경에 따라 그 배경이 달라져 왔다. 예를 들어, 과거 산업화 시대에는 경제 발전, 국토 개발 등에 초점이 맞춰져 있었다. 급변하는 현대를 살고 다가오는 미래를 대비해야 하는 오늘날 공무원의 헌신과 봉사는 또 다른 모습이어야 한다. 미래지향적이고 생산적인 가치를 창출하여 세계와 경쟁하는 공무원, 공직의 무거움을 알고 국민을 진정으로 섬기는 공무원이 대표적인 예라고 할 수 있다.

4. 우리는 국민의 안녕과 행복을 추구하고

안녕(安寧)은 아무 탈 없이 편안함을 의미하며, 행복(幸福)은 생활에서 충분한 만족과 기쁨을 느끼는 상태를 의미한다. 국민에 대한 보호 의무와 국민의 행복추구권은 대한민국 헌법에서도 보장된 사항으로, 공무원은 강한 국방력과 치안 확보, 선제적 재난 대응, 인권의 보장, 포괄적 사회복지 실현 등을 실천하면서 국민의 안녕과 행복을 위해 노력해야 한다.

5. 조국의 평화 통일과 지속 가능한 발전에 기여한다.

대한민국 헌법 전문에는 평화적 통일의 방향성이 명시되어 있으며, 본문에는 평화 통일을 위한 대통령의 의무에 대해 규정하고 있다. 대한민국이 추구해야 하는 통일은 단순히 분단 이전의 상태로 복귀하는 것이 아니라 자유·복지·인간존엄성이 구현되는 선진민주국가를 향한 미래지향적이고 창조적인 과정이다. 공무원은 올바른 통일의식을 가지고 각자의 자리에서 통일을 준비하는 실천 의지와 역량을 키울 수 있도록 끊임없이 노력해야 한다.

지속 가능한 발전(Sustainable Development)은 미래 세대의 필요를 충족시킬 수 있는 범위 내에서 현재 세대의 필요를 충족시키는 개발을 의미한다. 개발을 할 때 생태계의 수용 능력을 초과하지 않고, 생활 수준만이 아닌 삶의 질에도 관심을 기울여 환경과 경제를 통합적 차원에서 다루어야 한다는 개념이다. 최근 국제 사회는 지속 가능한 발전의 목표를 환경, 경제뿐만 아니라 전체 사회의 균형 있는 성장으로 설정하였다. 따라서 오늘날의 지속 가능한 발전을 위해서는 환경적·경제적·사회적 차원의 노력이 다각적으로 이루어져야 한다.

05 공무원 헌장 본문 해석

1. 공익을 우선시하며

공익(公益)은 사회 전체의 이익을 의미하며, 공무원은 공익을 가장 중요한 가치로 고려해야 하는 점을 공무원 헌장 첫 문장에 명시하고 있는 것이다. 공직자로서 갖추어야 할 공익 추구란 특정 개인이나 집단의 이익이 아닌 공공(公共)의 이익을 위한 의사결정과 행위를 의미한다. 우리나라 「헌법」에서는 공무원으로서 추구해야 할 공익의 방향성을 다음과 같이 제시하고 있다. 모든 공무원들은 국민 전체에 대한 봉사자로서 국민전체의 이익 실현을 위해 직무에 충실해야 한다. 또한 「헌법」은 국민전체의 이익을 실현하기 위해 공무원에게 권한과 책임을 부여한다.

> **헌법 제7조**
> ① 공무원은 국민전체에 대한 봉사자이며, 국민에 대하여 책임을 진다.

2. 투명하고 공정하게

공무원이 제고해야 할 투명성은 국민의 알권리를 존중하고, 국민의 관점에서 정부의 정책 결정과 집행 과정을 공개하는 한편, 국민들이 제공된 정보를 쉽게 이해하고 예측할 수 있도록 노력하는 것이다.

공정(公正)은 공평하고 올바름을 의미하며, 공무원으로서 공정하게 업무를 처리한다는 것은 균형감각을 가지고 모든 국민을 법과 규정에 따라 동일하게 대하는 것을 의미한다. 또한 공무원은 결과는 물론 그 절차의 공정성을 확보하기 위해서도 노력해야 한다.

투명성과 공정성이 서로 밀접한 관련이 있는 이유는 공무원으로서 공정하게 처리한 모든 일들이 투명하게 공개될 때 비로소 국민들이 생각하는 공정한 행정과 투명한 정부가 완성되기 때문이다.

3. 맡은 바 책임을 다한다.

책임(責任)은 맡아서 해야 할 임무나 의무를 의미한다. 공무원 헌장에 언급된 책임을 다하는 자세는 법률과 규정을 충실히 준수하는 객관적 의미뿐만 아니라 공무원으로서 스스로의 역할을 깨닫고 그 소임을 다하는 것까지 포함된다.

공무원의 업무에 대한 책임감은 국가와 국민에 대한 기본적인 책임이라고 할 수 있다. 그러므로 일선 현장에서 공무원 스스로 책임의 범위를 한정하여 '이것만이 나의 책임'이라는 생각으로 직무를 회피하는 것은 옳지 않다.

공익성, 투명성, 공정성, 책임감의 실천

공무원 헌장 실천강령에서는 공익성, 투명성, 공정성, 책임감을 실제 공직 생활에서 실천하기 위한 구체적인 행동지침을 아래와 같이 세 가지로 나누어 제시하고 있다.

- 부당한 압력을 거부하고 사사로운 이익에 얽매이지 않는다.
- 정보를 개방하고 공유하여 업무를 투명하게 처리한다.
- 절차를 성실하게 준수하고 공명정대하게 업무에 임한다

4. 창의성과 전문성을 바탕으로

창의성(創意性)은 새로운 것을 생각해 내는 특성을 의미하며, 독창성, 가치, 실현성을 포함하는 개념이다. 즉, 독창적인 새로운 가치를 창출하면서, 실현 가능할 때 비로소 창의성이 발현되었다고 할 수 있다(김대호, 2009).

공무원의 창의성이란 어떤 문제에 대해 기존과 다른 아이디어를 생각하고, 이를 실행하기 위해 정책화하는 과정을 의미한다(김동현, 2014).

전문성(專門性)은 지식과 경험을 바탕으로 자신이 맡은 분야의 일을 잘 수행해 나가는 것을 의미한다. 공무원의 사회적인 책임을 고려했을 때, 공무원에게 요구되는 전문성은 보다 넓은 의미로 해석될 필요가 있다. 즉, 공무원은 직무수행을 위해 필요한 지식과 기술 외에도 문제 해결 능력, 의사소통 능력, 조정·통합 능력, 자원확보 능력, 업무 추진력, 홍보 능력 등 정책 성과를 제고할 수 있는 역량을 키우기 위해 노력해야 한다(노승용, 2010).

5. 업무를 적극적으로 수행한다.

적극성(積極性)이란 의욕적이고 능동적으로 활동하는 성질을 뜻한다. 즉, 업무를 적극적으로 수행한다는 것은 임무에 대한 열정을 바탕으로, 주도적으로 문제를 해결하는 자세를 의미한다. 공무원의 능동적이고 성실한 업무처리 자세는 흔히 적극행정이라는 용어로 표현되기도 한다. 이러한 공무원의 적극적인 업무처리는 보다 신속하게 국민의 불편을 해소하고 불필요한 규제를 정비할 수 있다는 점에서 정부 경쟁력에 긍정적으로 작용한다.

창의성, 전문성, 적극성의 실천

공무원 헌장 실천강령은 창의성, 전문성, 적극성을 실제 공직 생활에서 실천하기 위한 구체적인 행동지침으로 아래와 같이 세 가지로 나누어 제시하고 있다.

- 창의적 사고와 도전 정신으로 변화와 혁신을 선도한다.
- 주인 의식을 가지고 능동적인 자세로 업무에 전념한다.
- 끊임없는 자기 계발을 통해 능력과 자질을 높인다.

6. 우리 사회의 다양성을 존중하고

다양성(多樣性)은 사전적으로 모양, 빛깔, 형태, 양식 따위가 여러 가지로 많은 특성을 의미하며, 좁게는 다른 사람의 의견을 받아들이는 태도부터, 넓게는 다른 문화를 받아들이는 자세로 이해할 수 있다. 오늘날 우리 사회는 종교, 인종, 지역 등 다양한 배경을 가진 구성원이 함께 살아가고 있으며, 공무원은 이러한 환경에서 발생하는 여러 요구들에 대응해야 한다. 다양성은 정부 운영의 관점에서도 여러 배경을 가진 사람들을 위한 정책을 개발한다는 점에서 반드시 고려해야 할 사회적 가치이다.

7. 국민과 함께하는 민주 행정을 구현한다.

민주(民主)는 주권이 국민에게 있음을 뜻하며, 국민이 모든 결정의 중심에 있는 것이라는 의미를 포함하고 있다. 즉, 민주란 국가를 이끄는 권력이 국민으로부터 나온다는 사실을 의미한다. 한편, 행정이라는 측면에서 민주주의는 문제 해결 방식의 하나로서 국민들의 다양한 의견을 종합적으로 수렴하고 이러한 것에 대한 문제 해결이 가능하도록 제도적으로 장려하는 것이다.

행정(行政)은 정치나 사무를 행함을 의미하며, 공익 증진 및 공공 문제 해결과 같은 국가 목적을 실현하기 위한 사람과 물자의 관리 또는 공공정책을 수립하고 집행하는 활동 등 국가 전체의 총체적인 움직임을 의미한다. 법률적으로는 입법 작용과 사법 작용을 제외한 국가 작용 혹은 국가 활동을 뜻한다.

앞서 언급된 민주와 행정을 하나의 개념으로 합친 것이 바로 민주 행정이라고 할 수 있다. 민주 행정은 모든 행정행위를 민주적으로 한다는 것으로, 국민 모두의 이익과 의사가 반영되는 방향으로 행정행위가 이루어져야 한다는 것을 뜻한다.

민주 행정은 정치적 의사결정을 분권화해 부패 가능성을 낮추고, 대중 참여를 제도화하여 시민 개인의 선호와 선택을 존중하며, 경쟁을 통해 공공서비스를 공급하여 사회 전체의 능률성을 극대화하는 것을 목표로 한다.

다양성, 민주 행정의 실천

공무원 헌장 실천강령에서는 다양성과 민주 행정을 실제 공직 생활에서 실천하기 위한 구체적인 행동지침을 아래와 같이 세 가지로 나누어 제시하고 있다.

- 서로 다른 입장과 의견이 있음을 인정하고 배려한다.
- 특혜와 차별을 철폐하고 균등한 기회를 보장한다.
- 자유로운 참여를 통해 국민과 소통하고 협력한다.

8. 청렴을 생활화하고

청렴(淸廉)은 성품과 행실이 높고 맑으며 탐욕이 없음을 의미한다. 유교 전통의 가치관에서 청렴은 단순히 돈을 받지 않는다는 것에 그치지 않고 어떠한 흠결도 지니지 않으며 고귀한 가치를 추구하는 강직함이라는 뜻도 동시에 지닌다.

공직사회에서 청렴이라는 개념은 포괄적으로 이해할 필요가 있다. 즉 청렴은 부패하지 않아야 한다는 소극적 의미도 있지만, 모든 공무원의 행위와 결과가 떳떳하고 완벽을 추구해야 한다는 의미까지 확장된다. 영어권에서 청렴성에 해당되는 단어 'integrity' 역시 정직하고 공정하며 완벽을 추구하는 상태를 의미한다.

9. 규범과 건전한 상식에 따라 행동한다.

규범(規範)은 인간이 사회생활을 하는 데 있어 구성원으로서 지켜야 할 행동 규칙을 의미하며, 그 강제의 정도에 따라 관습, 도덕적 관습, 법의 3가지 단계로 나누어진다. 따라서 규범에 근거한 행동을 한다는 것은 사회적 관습과 규칙에 어긋나지 않아야 한다는 의미이다(『두산백과』, 2016). 한편, 건전한 상식은 사회적으로 널리 사용되는 개념 정도로 해석될 수 있다. 규범과 건전한 상식은 사회의 대다수 구성원들에게 공유된다는 점에서 유사한 성격을 지닌다.

청렴성, 규범 준수, 건전한 상식에 따른 행동의 실천

공무원 헌장 실천강령에서는 청렴성, 규범 준수, 건전한 상식에 따른 행동을 실제 공직 생활에서 실천하기 위한 구체적인 행동지침을 아래와 같이 세 가지로 나누어 제시하고 있다.

- 직무의 내외를 불문하고 금품이나 향응을 받지 않는다.
- 나눔과 봉사를 실천하고 타인의 모범이 되도록 한다.
- 공무원으로서의 명예와 품위를 소중히 여기고 지킨다.

Chapter 04 | NCS 기반 면접 알아보기

1. 국가직무능력표준(NCS; National Competency Standards) 기반 공무원 채용 제도 운영

① 공무원 채용시험 시 공무원 직무수행에 요구되는 지식·기술·태도 등을 반영해 직급·직렬(류)별 시험과목을 지정한다.

> **NCS(국가직무능력표준) 기반 능력 중심 채용**
> 불필요한 스펙(over-spec)이 아니라, 해당 직무에 맞는 스펙(on-spec)을 갖춘 인재를 NCS 기반의 평가 툴(tool)을 활용하여 선발하는 채용방식을 말한다.

② NCS의 직업기초능력과 직무수행능력은 공무원 채용시험에서 '필기시험'과 '면접시험'을 통해 측정하고 있다.

작업 기초 능력	직무 수행 능력
직업인으로서 기본적으로 갖춰야 할 공통 능력	해당 직무를 수행하는 데 필요한 지식·기술·태도

2. 전통적 면접과 NCS 기반 면접의 차이

전통적 면접	NCS 기반 면접 - 구조화 면접

• 일상적이고 단편적인 대화
• 인상, 외모 등 다른 외부 요소의 역량
• 주관적인 판단에 의존한 판단 가능성
↓
• 면접 내용의 일관성 결여
• 직무 관련 타당성 부족
• 주관적인 채점으로 신뢰도 저하
	• 일관성
	  - 직무 관련 역량에 초점을 둔 구체적인 질문 목록
	  - 응시자별 동일 질문 적용
	• 구조화: 면접 진행 및 평가 절차를 일정한 체계에 의해 구성
	• 표준화
	  - 평가 타당도 제고를 위한 평가 매트릭스 구성
	  - 척도에 따라 항목별 채점, 개인 간 비교
	• 신뢰성
	• 면접 진행 매뉴얼에 따라 면접위원 교육 및 실습
	• 면접위원 간 신뢰도 확보

3. NCS 기반 면접 문항의 종류

① 경험 면접
- 목적: 선발하고자 하는 직무 능력이 필요한 과거의 경험을 질문함
- 평가요소: 직업 기초 능력과 인성 및 태도적 요소를 평가

② 상황 면접
- 목적: 특정 상황을 제시하고, 응시자의 행동을 관찰하고 평가함으로써 실제 상황의 행동을 예상하기 위함
- 평가요소: 직업 기초 능력과 인성 및 태도적 요소를 평가

③ 발표 면접
- 목적: 특정 주제와 관련된 응시자의 발표와 질의·응답을 통해 응시자의 역량을 평가함
- 평가요소: 직업 기초 능력과 인지적 능력을 평가

④ 토론 면접
- 목적: 제시한 토의 과제에 대한 의견 수렴 과정에서 응시자의 역량은 물론 상호작용 능력을 평가
- 평가요소: 직업 기초 능력과 인지적 능력을 평가

Chapter 05 인성검사

01 인성검사의 개요

인성검사는 응시자 개인의 성격 특성을 객관적으로 파악하고 그 결과를 바탕으로 필요로 하는 인재상과 가치에 부합한지를 평가하기 위한 검사이다. 대표적으로 한국인재개발진흥원, SAD(한국사회적성개발원), SHR(에스에이치알), KIRBS(한국행동과학연구소) 등의 전문기관을 통해 각 기관의 특성에 맞는 검사를 선택하여 실시한다. 대표적인 인성검사의 유형에는 다음과 같은 세 가지가 있다.

(1) KPDI

개인의 심리적 특성을 개별적으로 해석하고 판단하기보다는 여러 특성을 종합적으로 해석하는 프로파일 패턴분석(Profile Pattern Analysis)을 통한 성격진단법을 채택하고 있어 개인의 성격에 대한 종합적인 이해가 가능하다.

(2) SHR

다양한 직업영역의 응시자들에게 포괄적으로 사용될 수 있으며 대인관계 · 사고유형 · 감정 및 정서의 3개 영역과 30개의 하위 성격차원들로 구성된다. 또한 측정결과에 근거하여 직무별 해당 역량의 프로파일을 제공한다.

(3) KAD(Korea Aptitude Development)

남녀 간의 성향별 유형을 파악하고 비정상적으로 행동하는 대상을 면밀히 관찰 · 분석하여 정상인들과의 차이점을 수치로 표시함으로써 사회적으로 필요로 하는 정상적인 인성의 형성 정도를 파악하는 데 주력한 검사이다. 개인의 성향과 지적인 능력, 기호 · 관심 · 흥미도를 종합적으로 분석하여 가장 적성에 맞는 업무가 무엇인가를 파악한다.

02 인성검사 예시

번호	내용	예	아니오
01	나는 솔직한 편이다.		
02	나는 리드하는 것을 좋아한다.		
03	법을 어겨서 말썽이 된 적이 한 번도 없다.		
04	거짓말을 한 번도 한 적이 없다.		
05	나는 눈치가 빠르다.		
06	나는 일을 주도하기보다는 뒤에서 지원하는 것을 선호한다.		
07	앞일은 알 수 없기 때문에 계획은 필요하지 않다.		
08	거짓말도 때로는 방편이라고 생각한다.		
09	사람이 많은 술자리를 좋아한다.		
10	걱정이 지나치게 많다.		
11	일을 시작하기 전 재고하는 경향이 있다.		
12	불의를 참지 못한다.		
13	처음 만나는 사람과도 이야기를 잘 한다.		
14	때로는 변화가 두렵다.		
15	나는 모든 사람들에게 친절하다.		
16	힘든 일이 있을 때 술은 위로가 되지 않는다.		
17	결정을 빨리 내리지 못해 손해를 본 경험이 있다.		
18	기회를 잡을 준비가 되어 있다.		
19	때로는 내가 정말 쓸모없는 사람이라고 느낀다.		
20	누군가 나를 챙겨 주는 것이 좋다.		
21	자주 가슴이 답답하다.		
22	나는 내가 자랑스럽다.		
23	경험이 중요하다고 생각한다.		
24	전자기기를 분해하고 다시 조립하는 것을 좋아한다.		
25	감시받고 있다는 느낌이 든다.		
26	난처한 상황에 놓이면 그 순간을 피하고 싶다.		
27	세상엔 믿을 사람이 없다.		
28	잘못을 빨리 인정하는 편이다.		

29	지도를 보고 길을 잘 찾아간다.			
30	귓속말을 하는 사람을 보면 날 비난하고 있는 것 같다.			
31	막무가내라는 말을 들을 때가 있다.			
32	장래의 일을 생각하면 불안하다.			
33	결과보다 과정이 중요하다고 생각한다.			
34	운동은 그다지 할 필요가 없다고 생각한다.			
35	새로운 일을 시작할 때 좀처럼 한 발을 떼지 못한다.			
36	기분 상하는 일이 있더라도 참는 편이다.			
37	업무 능력은 성과로 평가받아야 한다고 생각한다.			
38	머리가 맑지 못하고 무거운 느낌이 든다.			
39	가끔 이상한 소리가 들린다.			
40	타인이 내게 자주 고민 상담을 하는 편이다.			

응시자 자기기술서 작성용지

응시번호: 성명:

1.

2.

※ 본 자기기술서는 면접 응시자 연습용 모의 자기기술서 작성용지입니다. 면접시 제공되는 실제 자기기술서와는 차기가 있을 수 있으니 연습용으로 참고해 주세요.

응시자 자기기술서 작성용지

응시번호: 성명:

1.

2.

※ 본 자기기술서는 면접 응시자 연습용 모의 자기기술서 작성용지입니다. 면접시 제공되는 실제 자기기술서와는 차기가 있을 수 있으니 연습용으로 참고해 주세요.

응시자 자기기술서 작성용지

응시번호:　　　　　　　　　성명:

1.

2.

※ 본 자기기술서는 면접 응시자 연습용 모의 자기기술서 작성용지입니다. 면접시 제공되는 실제 자기기술서와는 차기가 있을 수 있으니 연습용으로 참고해 주세요.

응시자 자기기술서 작성용지

응시번호: 성명:

1.

2.

※ 본 자기기술서는 면접 응시자 연습용 모의 자기기술서 작성용지입니다. 면접시 제공되는 실제 자기기술서와는 차기가 있을 수 있으니 연습용으로 참고해 주세요.

응시자 자기기술서 작성용지

응시번호: 성명:

1.

2.

※ 본 자기기술서는 면접 응시자 연습용 모의 자기기술서 작성용지입니다. 면접시 제공되는 실제 자기기술서와는 차기가 있을 수 있으니 연습용으로 참고해 주세요.

응시자 자기기술서 작성용지

응시번호:　　　　　　　　　성명:

1.

2.

※ 본 자기기술서는 면접 응시자 연습용 모의 자기기술서 작성용지입니다. 면접시 제공되는 실제 자기기술서와는 차기가 있을 수 있으니 연습용으로 참고해 주세요.

좋은 책을 만드는 길, 독자님과 함께 하겠습니다.

2025 시대에듀 에이플러스 공무원 면접

개정8판1쇄 발행	2025년 03월 05일 (인쇄 2025년 01월 21일)
초 판 발 행	2017년 06월 15일 (인쇄 2017년 05월 23일)
발 행 인	박영일
책 임 편 집	이해욱
저 자	시대적성검사연구소
편 집 진 행	박종옥 · 이수지
표지디자인	박종우
편집디자인	김예슬 · 채현주
발 행 처	(주)시대고시기획
출 판 등 록	제10-1521호
주 소	서울시 마포구 큰우물로 75 [도화동 538 성지 B/D] 9F
전 화	1600-3600
팩 스	02-701-8823
홈 페 이 지	www.sdedu.co.kr
I S B N	979-13-383-8604-3 (13350)
정 가	21,000원

※ 이 책은 저작권법의 보호를 받는 저작물이므로 동영상 제작 및 무단전재와 배포를 금합니다.
※ 잘못된 책은 구입하신 서점에서 바꾸어 드립니다.

시대에듀의 지텔프 최강 라인업

1주일 만에 끝내는 지텔프 문법

10회 만에 끝내는 지텔프 문법 모의고사

답이 보이는 지텔프 독해

스피드 지텔프 레벨2

지텔프 Level.2 실전 모의고사

공무원 수험생이라면 주목!

2025년 대비 시대에듀가 준비한
과목별 기출이 답이다 시리즈!

 9급 공무원

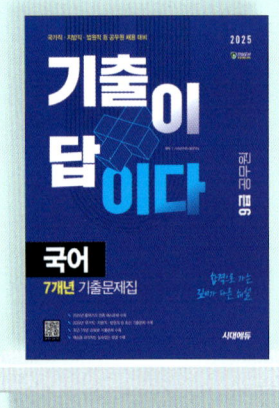
국어
국가직·지방직·법원직 등 공무원 채용 대비

영어
국가직·지방직·법원직 등 공무원 채용 대비

한국사
국가직·지방직·법원직 등 공무원 채용 대비

행정학개론
국가직·지방직·국회직 등 공무원 채용 대비

행정법총론
국가직·지방직·국회직 등 공무원 채용 대비

교육학개론
교육행정직 공무원 채용 대비

합격의 길! 공무원 합격은 역시 기출이 답이다!

※ 도서의 이미지 및 구성은 변경될 수 있습니다.

군무원 수험생이라면 주목!

2025년 대비 시대에듀가 준비한
과목별 기출이 답이다 시리즈!

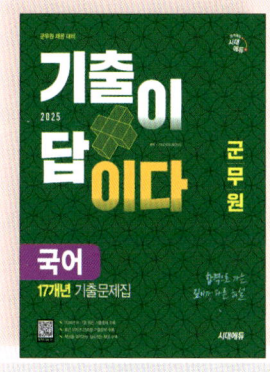

국어
군무원 채용 대비

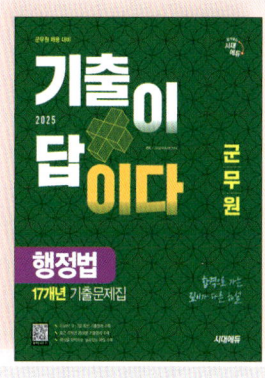

행정법
군무원 채용 대비

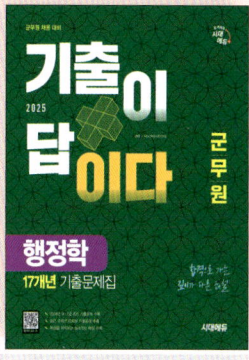

행정학
군무원 채용 대비

군수직
군무원 채용 대비

전자공학
군무원·공무원·공사/공단 채용 대비

합격의 길! 군무원 합격은 역시 기출이 답이다!

※ 도서의 이미지 및 구성은 변경될 수 있습니다.

나는 이렇게 합격했다

자격명: 위험물산업기사
구분: 합격수기
작성자: 배*상

나는 할 수 있다
69년생 50중반 직장인 입니다. 요즘 자격증을 2개 정도는 가지고 입사하는 젊은 친구들에게 일을 시키고 지시하는 역할이지만 정작 제자신에게 부족한 점이 많다는 것을 느꼈기 때문에 자격증을 따야겠다고 결심했습니다. 처음 시작할 때는 과연 되겠냐? 하는 의문과 걱정이 한가득이었지만 시대에듀 인강을 우연히 접하게 되었고 잘 차려진 밥상과 같은 커리큘럼은 뒤늦게 시작한 늦깎이 수험생이었던 저를 합격의 길로 인도해주었습니다. 직장생활을 하면서 취득했기에 더욱 기뻤습니다.

합격은 시대에듀

감사합니다! ♥

당신의 합격 스토리를 들려주세요.
추첨을 통해 선물을 드립니다.

QR코드 스캔하고 ▷▷▶
이벤트 참여해 푸짐한 경품받자!

베스트 리뷰	상/하반기 추천 리뷰	인터뷰 참여
갤럭시탭/버즈 2	상품권/스벅커피	백화점 상품권

합격의 공식

시대에듀